KB242814

합포만현대음악제 30년사

시골에서 현대음악 만들기

음악춘추

합포만현대음악제 30년사

시골에서 현대음악 만들기

발행 2025년 10월 22일

저자 합포만현대음악제운영위원회

발행인 노창영

발행처 음악춘추사

주소 서울시 중구 난계로 130, 102동 301호

물류센터 경기도 파주시 광탄면 양천말길 83번지

TEL· (031)941-0334

FAX· (031)943-3588

등록· 1977.6.20.No.2-44

ISBN: 978-89-13-98615-4(03670)

가격 20,000원

* 이 책은 경상남도문예진흥원의 지원으로 펴냈습니다.

책을 내면서

　역사는 지나간 일들의 총체를 말하면서 동시에 그것을 서술하는 일을 일컫는 말이다. 있었던 일들을 낱낱이 헤아리기도 어렵지만 그것들을 지금의 시점에서 간추려 말하기는 더욱 어렵다. 그래서 역사는 필연적으로 왜곡된 길로 기울어질 수밖에 없는 한계가 존재한다.

　한편 자전적인 기록이라 하더라도 기억 또한 지워지고 덧칠되는 것이어서 과거를 온전히 담을 수는 없을 것이다. 그런데도 우리는 흐르는 시간에 마디를 만들어 그 동안의 일들을 정리해 두려 한다. 그것은 지난 일을 소중히 간직하는 일이고 또 그 안에서 아쉬움을 발견하는 일이며, 앞으로 나아갈 길을 바르게 찾으려는 마음 때문일 것이다.

　합포만현대음악제는 갖은 어려움 속에서 서른 해를 건너왔다. 어려운 여건 속에서 창작의 열의로 예술의 꽃을 알뜰히 피워 왔다. 변방에서 현대음악을 한다는 것 자체가 기념비적이라 우리는 믿는다. 그리고 우리 음악제에 참여한 사람들이 스스로 생각하는 바를 그대로 드러낸 것의 집적이야말로 가장 훌륭한 역사라고 생각한다.

　그래서 먼저 그 회고담을 실어 우리 음악제를 살갑게 더듬어 보고, 그 다음에는 우리의 발자취를 있는 그대로 담은 사료들을 싣는다. 이 책은 합포만현대음악제가 더욱 빛나기를 바라면서 음악제에 바치는 우리의 공물이다.(편집자)

차   례

제1부 시간의 물결 위에서

이달균, 합포만현대음악제, 그 동심원의 꿈 / 11

박창민, 멋쟁이 일꾼들이 만들어낸 합포만의 30년 / 13

권유미, 합포만현대음악제의 이모저모 / 21

에밀 자인, 뛰어난 예술가들의 창의적인 무대 / 29

최천희, 시골에서 현대음악 만들기 / 37

김종홍, 창작곡 초연의 설렘과 부담감 사이에서 / 45

윤재환, 11시간 걸어가서 음악회 감상을 / 53

김규현, 합포만현대음악제의 추억과 기대 / 57

사이토 히로키, 일생의 추억과 친구들 / 65

임주섭, 합포만현대음악제 30주년을 기념하며 / 71

이언화, 서른살 합포만현대음악제 / 75

성용원, 나에게 합포만이란 / 81

임재경, 합포만음악제 30주년을 조명하며 / 91

시게키 오쿠보, 합포만현대음악제 30주년을 맞이하며 / 97

권은실, 합포만의 추억 / 105

한대섭, 합포만현대음악제 30주년에 부쳐 / 111

박현정, 시골에서 꽃피운 현대음악의 열정 / 115

이철우, 합포만현대음악제의 추억 / 121

네오콰르텟, 폴란드와 한국의 예술적 교류 / 125

송승환, 형천의 피아노 소리 / 131

전욱용, 치열했던 1990년대의 작곡계와 합포만 / 139
탁계석, 합포만으로 달리는 기차 / 147
헉 호지, 열한 해 뒤 / 149
오세일, 19년의 동행, 그리고 음악이 남긴 기억들 / 155
허미경, 나와 함께 걸어온 합포만의 시간 / 161
이일주, 아웃사이더의 길 / 173
베리 웹, 합포만현대음악제 30주년을 기념하며 / 177
<대담> 변방에서 현대음악을 한다는 것 / 211
파베우 우카세브스키, Memoire I for oboe solo / 253
조 커틀러, Three Happoman Fragments for solo flute / 256

제2부 연주회 연혁, 작곡자, 연주자

연주회 연혁 / 263
참여 작곡가 / 297
참여 연주자 / 358

제3부 연주회 팸플릿

제1부 시간의 물결 위에서

합포만현대음악제, 그 동심원의 꿈

이달균
(시인)

꽃 피는 시간을 기다려 창을 연다
뜨락에 핀 꽃은 어디서 오는가?
어느 날 바람에 실려 온 꽃씨엔 파도 소리가 들린다

문신미술관에서 바라본 돝섬은 유난히 푸르다
먼 수평선에서 시작된 바람은 합포만을 달려와
마창대교 어디쯤에서 잠시 숨을 고른다

무학산 자락을 날던 한 마리 학
산그늘 드리울 때 합포만 바람에 실려 온
여섯 줄 거문고 소리에 깃을 접는다

오늘, 줄 고르는 소리엔 소금 냄새가 난다
어디선가 갈매기들 날아오고, 등대엔 불이 켜진다
떠났던 사람들 돌아오고, 집집마다 불을 밝힌다

이 도시의 화톳불은
이제 활활 타오르는 불꽃이 된다
서른 해를 열어젖힌 노래는 마침내 울창한 숲이 된다

오늘은 어떤 음악으로 하루를 시작할까
내일은 또 어떤 음악으로 하루를 열어갈까

합포만음악제의 나침반은 어디를 향하는가?
골목은 골목에 닿고, 길은 길로 이어진다

산이 태산을 낳고, 빗방울이 강을 낳는
그 동심원의 꿈, 그 푸른 너울을 향해
종이비행기를 날려 보내자

거기 우리가 묻어두고 온 약속이 있다.
내일을 여는 음악의 깃발과 믿음이 있다

멋쟁이 일꾼들이 만들어낸 합포만의 30년

박창민
(작곡가)

최천희 선생과 몇 명의 일꾼들, 그들이 역사를 만들었다.

내가 처음 합포만현대음악제에 초대를 받았던 때는 2005년도였다. 그 해가 제11회 음악제였다. 그러니까, 2003년 10월, 5년간의 유학을 마치고 귀국 후 만 2년 차가 되던 해였다. 귀국 후 존재감을 나타내기 위해 이 음악제 저 음악제에서 활동하면서 여러 음악인과 조금씩 연을 쌓던 중, 합포만현대음악제 운영위원으로부터의 작품 참여 소식에 흔쾌히 응하고 참여하기 시작했다. 그러고 보니, 필자가 합포만현대음악제에 가담한 지도 벌써 20년째가 되었으니, 그 역사 속에 나도 함께 있었다는 작은 자부심을 느낀다.

2005년이면 지금으로부터 딱 20년 전이니까, 누구나 그랬겠지만, 필자의 경우에도 그 당시 하루가 짧게 느껴질 정도로 사방팔방 뛰어다니던 젊디젊은 시절이었다. 개인적 이야기지만, 그 당시 나의 시간을 아낌없이 투자하며 희생 봉사했었던 영남작곡가협회 사무국장, 동아시아작곡가협회 사무국장, 다다이즘현대작곡가동인은 뒤돌아 생각해 보면 스스로 참 무모하리만치 열정이 있었다는 억지 섞인 위안을 해 본다. 거기에다 대구, 서울 등등 각종 협회의 회원으로서 활동하며 단체 발표회든 개인 발표회든 꽤나 많은 작품을 발표했었다는 점이다. 특히 욕심 많고 힘 넘치던 그 시절이었던 만큼 1년에 20회가 넘는 연주회에서 작품 발표를 했었으니, 나 자신에게 그저 멋쩍은 웃음을 보낼 따름이다.

여하튼 나와 합포만현대음악제와의 인연은 2005년부터 시작이었다. 그 당시 연주장소가 마산시립 문신미술관 제1전시실에서의 공연이었는데, 일본의 아돌프색소폰사중주단을 초청하여 기획된 창작 음악회였다. 위촉 당시부터 느꼈던 감정이 있다면, 연주 장소도 그렇고 연주 단체의 편성도 참 특이했다는 점이다.

기왕에 말이 났으니 피력해 보건데, 이 음악제의 두드러진 특징 중의 하나이자 매력이라 할 수 있는 것! 바로 특이함이라 하겠다. 국내 많은 도시에서의 일반적인 창작 음악회와는 뭔가가 조금은 차별화된 성향과 기획력이 아마도 가장 합포만을 합포만답게 만든 것이 아니었겠나 생각해 볼 수 있다. 나도 그러하거니와 작곡 단체나 협회 등에서 사무국장이나 회장으로서 봉사해 본 음악인이라면 더욱 그러한 점에 대해 생각하게 만든다는 점이다. 현대음악제를 유치하는 운영위원들이 가진 고충의 하나는 참신한 기획력과 수준 높은 창작품과 연주 단체의 수준 등을 고려하여 음악제를 준비해야 한다는 점인데, 바로 이 점에서 합포만현대음악제가 칭찬 들어 마땅하다는 거다. 해마다 이런 특이한 연주 편성과 장소를 섭외하고 기획한다는 것은 보통 힘든 점이 아니라는 점, 그리고 각 지역별 문화재단과 문예진흥원에서 지원해 주는 보조금은 참 서글플 정도의 수준인데 이 녹록지 않은 경제력으로 외국이나 타 지역에서 연주 단체를 초청하여 음악제를 마련한다는 점은 자타가 공인할 만한 그들만의 역량이라고 생각하며, 이러한 점에서 이들 합포만의 멋쟁이 일꾼들에게 진심 어린 찬사를 보낼 따름이다.

2005년 제11회 행사 당시 내가 발표했었던 작품이, 일본에서 온 아돌프색소폰사중주단을 위한 사중주 작품이었는데, 내가 폴란드에서 유학 당시에도 겪어보지 못한 편성이거니와 우리나라에서는 더더욱 흔치 않은 연주 편성이었다는 점에서 시작부터 참 생소하기도 했고, 반면에 흥미롭기도 했었던 기억이다. 그도 그러려니와, 무엇보다 연주 장소가 마산의 그리 크지 않은 시립미술관 속의 어느 한 구역에서의 연주회라 더 그랬다. 이 특이함 때문에 20년이 지난 이 시점에도 각인이 되어 그때의 그 장면이 그나마 생생하게 기억나는 것이 아닌가 생각하게 된다.

진지하고, 열기로 가득했던 그 날의 음악회와 뒤풀이를 모두 마치고, 나의 가장 추억의 장면이 시작되었다. 행사 후 아돌프색소폰사중주단의 리더였던 사이토 씨에게 찾아가 그들이 소지하고 있던 색소폰 관련 현대 음악 악보를 빌리고 싶었다. 국내에서는 구하기 힘들뿐더러 접하기 힘들다는 점에서 뭔가 강한 연구욕이 생긴 탓에 며칠만 빌릴 것을 요청하였고 마침 흔쾌히 응해 주었다. 건네준 악보를 받아들고는 기쁜 마음에 모퉁이를 돌아 악보를 살짝 열어보니 그들의 연주 노트와 나름의 연주 관련 기호 등이 직접 표기되어 있었기에, 일반 악보들보다는 훨씬 정성이 들어간 악보였고 가치가 있는 것이었다. 그 값진 악보를 며칠간 빌려서, 복사 후에 항공우편으로 곧 보내주기로 약속하고, 그의 명함을 받아서 대구에 있는 나의 집으로 돌아왔는데, 이후에 어처구니가 없는 일이 생겨 버렸다.

며칠 새 이일 저일 이 사람 저 사람 바삐 다니고 만나고 지내다 보니 나도 모르게 주소가 적힌 그의 명함을 잃어버린 것이다. 또한 책상 위에 놓아둔 악보 꾸러미마저 어느샌가 나의 연구실 서가에 깔끔하게 꽂히면서 다른 악보들과 섞여 미라가 되어 버린 것이다. 한동안은 생각날 때마다 걱정과 미안한 마음을 가진 채 지내면서도, 인생사가 늘 그렇듯 하루하루 접하게 되는 기상천외한 일들로 인해 기억 속에 자꾸 멀어져만 가는 것이었다. 그러다 몇 년이 지났는지 모르는 시점, 대략 10년쯤이 지났을까, 책장과 서가 정리를 대대적으로 하던 어느 시점에, 그 색소폰 악보가 내 눈앞에 덜커덩 나타나는 것이었다. 보던 그 순간 바로 예전의 기억이 그냥 살아났고, 순간 미안한 마음이 온 뇌리를 사로잡았었다. 걱정만 앞서다가 세월이 너무 흘러 버려서 소위 말하는 '타이밍'을 놓쳐버린 일이 된 상태였다. '아, 이걸 보내줘야 하는데, 방법은 없고,', '이 분이 날 얼마나 욕할까?!' 이런 생각을 몇 번이나 했는지 모른다.

그러던 어느 해인가, 그 연주자 사이토 선생께서 합포만에 다시 온다는 거였다. 그게 바로 2017년 제23회 합포만음악제, 즉 무려 그때로부터 12년이 지난 때였다. 때마침 나도 '바이올린 독주곡(연주: 여근하)'을 위촉받은 상태였고, 운영위원회에서 미리 보내준 프로그램 파일을 통해 그의 이름을 보게 된 것이었다. 나의 뇌리는 정말 전구가 켜지듯 밝아졌고, 이윽고 서가에 잘 보관해둔 그 귀한 색소폰 악보를 곱게 챙겨 들고는 2017년 음악회에 들뜨고 흥분된 마음으로 참석하게 된 것이었다.

그 뒤야 더 말할 필요가 있겠느냐마는, 2017년 창원 시티세븐 43층 '문화공간 파랑새'에서의 연주를 마치고는 뒤풀이를 기다렸다가—연주 전에 그에게 악보를 반환하게 되면 연주 집중력을 떨어뜨리거나 방해되는 것을 염려하였다—어느덧 뒤풀이 장소에서 그에게 다가가 설명했다. 근데, 문제는 그 사이토(Saito) 씨가 영어도 한국어도 소통이 안 되는 분이었다. 더군다나 나 또한 일본어가 거의 안 될 때였다. 그래서 반쯤의 바디 랭귀지를 한 후 악보를 펼쳐 보이는 순간, 일본인 특유의 감탄사를 내보이며 악보를 알아보는 것이었다. 어찌나 놀라던지! ㅎㅎㅎ.

그 당시 내가 악보를 돌려주던 그 상황의 사이토 씨도 실은 그 일에 대해 어느덧 잊고 있었다. 오래된 일이고 본인도 많은 일을 겪으면서 생각지도 않던 일이었던 거다. 근데 내가 내밀었던 그 악보를 보는 순간 모든 추억이 살아났고, 그리고, 받아든 악보를 펼치고 한쪽 한쪽 넘겨보면서 악보 속에 표기한 본인의 글씨체를 지적하면서 모든 기억이 살아나는지 크게 좋아하는 것이었다.

그때, 필자는 물론이거니와 옆에서 그 얘기를 듣고 있던 최천희 선생님도 함께 감동하여 서로가 포옹했던 일이 너무도 생생하다. 그날은 나의 마음 한구석의 무게를 벗었고, 12년 동안의 빚을 갚게 된 뜻깊은 날이었다. 2005년과 2017년은 내게는 합포만현대음악제를 통해 평생을 두고 얘기할 수 있는 자그마한 추억을 남기게 된 해가 될 거다.

소소한 추억을 남겼던 2005년을 지나, 이후에도 합포만현대음악제의 초청을 통해 여러 차례 참여할 수 있는 기회를 가졌는데, 해마다 매번 기억에 남는 공연들이었지만, 특히 2008년 제14회 음악제와 2009년 제15회 음악제가 기억에 남는다.

제14회 음악제는 그 당시 일본의 여류 플루트 연주자 레이코 마나베와 여류 오보에 연주자 요코타 와카코를 초청하여, '플룻과 오보에, 피아노, 그리고 인성을 위한 창작음악 연주회'라는 제목으로, 2005년 음악제 때와 같은 장소인 문신미술관에서 연주회가 있었는데, 이날은 당시 한국 평론계에서 명망이 높으신 김규현 선생님께서 서울에서 내려오셔서 함께 참석하였다는 점에서 의미가 있다. 이날도 어김없이 열띤 연주회를 잘 마쳤다. 근데, 문제의 그 추억의 장면은 뒤풀이에서 펼쳐졌다. 이 뒤풀이는 어쩌면 뒤풀이가 아니라 청문회 분위기를 방불케 하는 그런 순간이랄까! 큰 테이블을 빽빽이 차지한 그 날의 뒤풀이 참석자 모두가 좌에서 우로 차례차례 인사를 하고는, 각자 간단한 소감 한마디를 말하게 하는가 싶더니, 김규현 선생님께서 대뜸, 발표했던 작곡자들마다 곡을 쓴 이유와 전반적 설명을 요구하시는 참 스트레스 쌓이는 시간이 있었다는 점이다. 무슨 세미나 마치고 질의 응답하는 것도 아니고, 그 무게감은 이루 말할 수가 없을 정도였다. 진지했던 순간순간이 거듭되었을 무렵, 굳이 설명하자면, 테이블 위에 채워진 잔 속의 맥주는 신경 쓸 틈도 없이 이미 김이 다 날아간 시점이었다. 테이블에 뭐가 있었는지에 대해서도 기억조차 나지 않지만, 그 당시 오죽했으면 참석했던 두 명의 일본 연주자 모두가 경색하며 너무 무서워서 집에 가고 싶다고 했을까? 특히 그들은 여인들이었기에 아마도 우리가 싸우는 줄 알고 그랬을 수도 있을 거다. 뒤풀이 진행을 맡은 최천희 선생님 나름의 투박한 말투에다 어두운 조명, 김규현 선생님의 공격적 질문, 대답하는 사람들의 무거운 얼굴 표정 등등… 생각할수록 그냥 웃음이 난다. 지금이야 웃음이 나지만, 그 순간은 필자가 생각해도 벗어나고픈 시간이었다고나 할까? ㅎㅎㅎ 이 또한 합포만현대음악제의 매력 중의 하나가 아닐까 생각해 본다.

제15회 음악제, 그러니까 이듬해인 2009년 이원국발레단 초청 '발레와 전자음악의 만남'이라는 타이틀로 창원시 315센터 소극장에서의 공연이 기억에 남는다. 6명 작곡가의 전자음악을 바탕으로 이원국발레단이 솔로부터 앙상블까지 안무를 하여 만들어 낸 현대 발레와의 만남의 무대, 즉 창작 음악과 창작 발레와의 융합예술 무대였다. 특히나 이날은 발레의 진수를 보여준 날이기도 하다. 특별히 이 발레단을 위해 전자음악 작품을 쓰게 되었고, 어쿠스틱 중심으로 작곡을 하고 있던 나에게는 참 많은 인상을 주었던 음악회였던 것 같다. 무엇보다 발레단과의 결합에 관한 기획이 좋았고, 이원국 발레단의 단장인 이원국 선생의 현대음악에 대한 마인드가 무척 깨어 있었다는 점에서 참 많은 인상을 받았다. 뒤풀이에서의 발레단원들과의 대화에서도 같은 생각이었다. 서울에 비하면야 사실인즉 소도시임에도 불구하고 음악과 예술을 대하는 그들의 마인드는 크고 작은 구분 없이 즉 소홀함 없이 사뭇 진지했다는 점이 그러했다.

이외에도, 2022년 제28회 연주회 때는 비록 필자가 작품은 발표하지 않았지만, 합포만현대음악제를 응원하기 위해 동료이자 청중으로서 참석했었는데, 이날의 공연장이 참 인상이 깊었었다. 지금은 창원의 한 부분이 되었지만, 예전 마산의 번화가였으면서 지금은 다목적 복합문화센터로서의 명맥을 이어가고 있는, 마산문화예술센터 '시민극장'에서의 공연이 그러했다. 예전에는 영화관이었던 이곳에서, 건물의 입구와 복도부터 2층의 부분 부분을 전시관 개념으로 유지하고, 무대는 연극이나 음악회 등의 공연도 할 수 있게끔 개조된 듯 보였다. 당시 운영위원 이형근 선생의 가이드를 통해 공연이 시작되기 전에 마산의 옛 번화가 곳곳을 돌아보고 설명을 들었었는데 거리 구석구석 친근감 가지 않은 곳이 없을 정도였다. 예전의 모습 그대로를 유지하고 있는 식당에서의 단체 식사는 타임머신을 타고 30년 전으로 돌아간 기분이었다.

그간 참여했었던 각각의 공연마다 공연을 마친 후 심야 운전을 통해 대구로 돌아오곤 했지만, 합포만현대음악제는 매번 참 많은 여운과 생각을 하게 하는 행사였다. 지금껏 서울과 다른 지역에서의 작품 발표 기회를 몇 배는 더 많이 겪었었지만, 그때는 큰 감흥을 가져본 기억이 없다는 점이다. 단지 그냥 집으로 먼 길을 운전해서 돌아왔던 기억밖에는 없다.

합포만현대음악제, 대표 최천희 선생과 몇 명의 일꾼, 크지 않은 규모의 공연장들, 많지 않은 재정 확보, 많지 않은 음악적 인프라, 뒤풀이 장소들, 항구의 바닷가 향내 등등.

하지만, 매번 다른 기획, 전문 음악회를 위한 공연장이 아닌 그 이외의 공연장, 외국 및 타 지역에서 초청되어온 연주자들, 국내 각 지역의 초청 작곡가들. 그리고 어느덧 30년의 세월. 이것이 모여서 아름다운 역사가 된 듯하다. 이 멋쟁이 일꾼들에게 뜨거운 갈채를 보낸다!

합포만현대음악제의 성대한 50주년 기념음악회를 기대하며, 이 글을 마친다.

2045년! 이때까지는 한 사람도 죽지 말고 살아남아서 멋지게 모이도록 합시다!!! (대구 수성구 지산동, 작업실에서)

합포만현대음악제의 이모저모

권유미
(작곡가)

듣는다는 것

조용히 가만히 귀 기울이면, 만물의 소리가 조금씩 다르게 들린다. 우리는 살아가면서 얼마나 많은 소리를 접하고 흘려보내고 있는 걸까 하는 생각을 해본다. 무심코 흘러나오는 라디오 소리, 핸드폰의 릴스의 음악, 책방의 대화, 카페 옆자리의 소곤소곤거리는 소리. 이런 단순한 감각적 경험의 듣기에 대한 얘기가 아니라, 경청해서 들어야만 하는 이야기와 소리에 대해 말하고 싶다.

경청은 우리의 시야를 넓혀 준다. 자연과 사물의 소리나 다른 사람의 이야기를 들으면서 새로운 아이디어와 관점을 접할 수 있다. 사고를 유연하게 해주는 무언가처럼 진정한 경청은 자신의 생각과 판단을 잠시 접어두고 타인의 이야기에 마음을 여는 것으로 시작된다. 상대방의 말에 온전히 집중할 때 비로소 들게 되는 것이다. 귀를 기울일 때 그 안에 숨은 의미와 감정을 발견할 수 있다. 때로는 눈빛으로 공감을 표현하는 것만으로도, 말없이 고개를 끄덕이는 것만으로도 충분하다.

귀를 기울이는 곳

합포만현대음악제와의 인연은 2019년 10월 16일, 성산아트홀에서 시작되었다. 반원형 객석의 소곤거림이 점차 잦아들고, 숨소리마저 고요해진 가운데 음악회의 막이 올랐다. 그날, 두 대의 피아노를 위한 나의 작품 「거울과 이상」이 이소진 선생님과 이지선 선생님의 연주로 초연되었다. 이 곡은 이상의 시 「거울」에서 모티브를 얻어, 거울처럼 서로를 반사하고 교차하는 음악적 구조 속에서 긴장감 있게 전개된다.

현대음악을 연주하는 일은 결코 쉽지 않다. 익숙지 않은 악보를 해석하고, 손에 익히며, 미세한 소리를 정밀하게 다듬는 과정은 창작곡에 대한 기대와 연주의 부담이 함께하는 여정이다. 연주 당일, 두 피아니스트는 연습해 온 곡들이 잘 연주되고 청중이 잘 들어주기를 바라는 마음으로 무대에 섰을 것이다. 나는 작곡가로서 곡을 통해 전하고자 했던 이야기가 어떻게 해석되고 표현될지 숨죽이며 지켜보았다. 그리고 청중은 낯선 창작곡을 놓고 귀 기울이는 순간이었다. 곡이 끝나자 터져 나온 박수는, 한 음 한 음 정성 들여 작업했던 나의 음악 여정을 따뜻하게 감싸주었고, 며칠 밤을 새워가며 연습했던 연주자들의 수고를 기꺼이 인정하는 응답이었다. 조용했던 공간은 작곡가, 연주자, 청중이 하나로 연결되는 살아 있는 감각의 장이 되었다. 연주가 끝난 후 마주한 연주자들에게서 느껴진 고마움과 동질감은, 단순한 감사의 감정을 넘어선 묘한 감동으로 다가왔다. 새로운 곡의 낯섦 속에서도 끝까지 집중하며 나의 음악적 언어를 고스란히 표현해 준 연주자들에게 말로 다 표현할 수 없는 깊은 고마움이 생겨났다.

이처럼 합포만현대음악제에서는 매년 수많은 창작곡들이 발표된다. **낯선 음악일지라도 '귀 기울임'을 통해 청중과 연주자를 만난다.** 우리는 그 속에서 새로운 감각과 또 다른 사고방식을 발견하게 되는 것이다. 합포만현대음악제는 이러한 '경청'을 통해 우리의 음악적 감각을 넓히고, 더 넓고 **새로운 음악을 소개하고 열어주는 공간**이다. 이 음악제가 벌써 30년이 되었다는 것이 놀라울 따름이다.

서로에 대한 생각 듣기

합포만현대음악제의 색다른 묘미는 연주 후의 '뒤풀이'이다. 처음 참석했을 때, 연주자와 작곡가, 그리고 최천희 선생님의 지인들이 따뜻하게 어울려 이야기를 나누는 모습은 여느 작곡가 모임과는 다르게 다가왔다. 술과 음식이 곁들여진 자리에서 연주자의 시선으로 오늘의 무대를 다시 되짚어 듣는 시간은 특별했다. 그 이야기들은 단순한 음악 감상을 넘어, 음악에 담긴 삶의 태도와 감정을 들려주었다. 뒤풀이라는 홀가분하고 편안한 자리에서 나누는 이야기들로 인해 음악 그 자체보다 더 진솔하고 깊은 통찰을 주는 순간들이었다. '연습 중에 깨달은 것', '무대 위에서 느낀 감정의 변화', '작곡하며 부딪친 고민들' 그런 이야기 속에는 단순한 감상 이상의 '삶에 대한 태도'가 숨어 있었다. 연주자분들은 기억을 되짚어가면서 각각의 곡에 대한 감상평과 자신의 생각을 담담히 말씀하였다. 그중에 기억에 남은 것은 피아니스트 이지선 선생님께서 하신 말씀이다. **'3도로 계속 진행하는 부분이 힘들고, 연습하면서 계속 낯설었어요. 이리저리 바꿔보면서 연습하면서 어려웠지만, 어느 순간 제가 이 안에 녹아 있더라고요'**라고 웃으며 말씀하셨다. 이 대화를 통해 연주자가 연주에서 느낀 감정, 연주의 어려움과 극복하는 자세와 작품을 바라보는 시선 등을 다시 생각해보는 시간이었으며. 작곡가가 작업하며 겪은 고민, 그리고 그 속에서 얻은 깨달음을 나눔으로써 서로를 더 가깝게 만든다는 깨달음을 얻게 되었다.

또한, 2024년 10월, 폴란드의 네오콰르텟이 내한했을 때 나눴던 이야기들도 깊은 울림을 주었다. 성용원 선생님과 최천희 선생님의 진행으로 현악사중주 팀의 연주 연습 과정과 각각의 곡에 대해서 그들만의 해석과 감상평을 듣고 생각을 나누었다. 그들과의 소소한 대화 속에서 음악이 무대 위에만 머무르지 않는다는 사실을 깨달았다. 함께 나눈 생각과 감정이 더 오래 남고, 함께한 피드백을 통해 성장하고 다음 작품을 구상하는 데 중요한 영감이 되었던 것이다.

합포만현대음악제에 참석하게 된다면, 뒤풀이에도 꼭 관심을 기울여보길 권한다. 무대 뒤에서 나누는 진심 어린 대화는 음악보다 더 큰 감동이 될지도 모르며 연주만큼이나 깊은 감동과 색다름이 기다리고 있을 테니까 말이다.

합포만의 사람들 1

음악을 기획하는 일은 설렘과 부담이 함께 한다. 예산과 일정, 아티스트와 관객의 호흡, 홍보와 운영, 그리고 잘 해내야 한다는 압박감. 무대가 올라가고 음악이 흐르며 관객이 반응하는 순간, 비로소 안도와 기쁨이 찾아온다.

이 어려운 여정을 30년 넘게 이어온 이가 바로 최천희 선생님이다. 선생님과의 첫 만남은 인상 깊었다. 시원한 경상도 말투로 "권 선생, 반갑습니다!" 하며 건넨 환한 인사는 지금도 기억에 남는다. 선생님만의 호쾌함은 음악제의 분위기에도 스며들어 있다. 그러나 그 이면에는 드러나지 않는 수많은 노력과 수고가 있을 것이다. 음악회를 준비하면서 느꼈을 어려움과 수고스러움을 누가 알까? 그저 호스트로써 편안하게 작곡가들과 연주자들 그리고 청중까지 조용히 감사히 맞으셨을 것이다. 이런 수고로움 속에 합포만현대음악제는 지금 '30주년'을 맞이하고 있다. 수고하신 분이 최천희 선생님뿐이겠는가. 여러 선생님의 숨은 희생은, 사실 숨은 것이 아니고 공연의 숨결을 유지할 수 있도록, 조용히, 묵묵히, 누구보다 책임감 있게, 즐겁게 협업하면서 만든 것이라 하겠다. 그 좋은 분위기가 최고의 음악제를 만들어 가는 것이 아닐까 싶다. 아무런 도움을 드리지 못한 채, 작품만 제출하고 연주회에 참석하는 나로서는 늘 감사한 마음뿐이다. 이 지면을 통해 표현하지 못했던 감사의 마음을 조심스레 표현하고 싶다.

기억에 남는 또 한 사람이 있다. 전욱용 작곡가 선생님의 말씀이 한 번씩 떠오른다. **"합포만현대음악제가 있어서 숨을 쉽니다. 이 음악제가 있어서 매년 곡을 쓰는 재미를 다시 느낍니다. 저는 현대곡을 쓰고 발표할 수 있는 합포만이 참 좋습니다."** 전 선생님의 말 속에는 음악을 통해 '이해받기'보다는 '진심을 전하고자 하는' 예술가의 태도가 고스란히 담겨 있었다. 전 선생님과의 이 대화에서, 선생님이 현대음악이 주는 매력 속에 계시고 또 그것을 진심으로 즐기고 계시다는 느낌을 받으며 문득 부러운 감정이 들었다.

그 대화를 통해 나는 다시 한번 현대음악이 가지는 아이덴티티에 대해 생각할 수 있었고, 한편으로는 힘과 위로를 받은 느낌이 들었다. 합포만현대음악제는 이렇게 **'현대음악에 진심'**인 사람들이 만들어 가고 있는 음악제라는 생각이 들었다. 다시 말해, 합포만현대음악제는 그런 진심들이 모여 만들어진 무대다. 함께 낯섦을 견디며 예술을 배우고, 감동을 나누며 성장하는 곳이며, 작곡가와 연주자, 그리고 학생들이 서로에게 배움과 영감을 주고받는 공간이라 할 수 있다.

합포만의 사람들 2

이 음악제의 또 하나의 특별함은, 지역을 넘은 다양한 작곡가와 연주자들과의 협업이다. 좋은 연주자를 만난다는 것은 작곡가에게 마치 자신의 언어를 완벽하게 이해하고, 더 아름답게 말해주는 사람을 만나는 느낌이다. 작곡가는 악보를 만들지만, 연주자는 그것을 소리로 살아 숨 쉬게 만들기 때문일 것이다. 이 만남이 잘 맞으면, 작곡가는 자신의 음악이 상상 그 이상으로 펼쳐지는 경험을 하게 되고, 때로는 연주자를 통해 자신도 몰랐던 감정이나 가능성을 발견하기도 한다. 그런 의미에서 좋은 연주자는 단순한 해석자가 아니라 창작의 동반자라고 할 수 있다고 생각한다.

합포만에서 나와 함께한 연주자들을 떠올려 보면, 바순의 이준철 선생님, 테너 김화수 선생님, 네오콰르텟의 첼로 연주자 등이 있다. 그들을 통해 작품이 정리되고, 빛이 났다고 할 수 있다. 국내외 최고의 연주자들을 초청해 매년 수준 높은 연주를 선보이는 합포만현대음악제, 사실 그 섭외력이 늘 궁금하다. 지역의 한계를 넘어, 음악에 대한 깊은 이해와 탁월한 표현력을 지닌 국내외의 훌륭한 연주자들을 모셔 함께하는데, 그 비결이 무엇인지 문득 알고 싶어진다.

또한 국악 연주자들과의 협연 역시 인상적이다. 최천희 선생님의 시골집에서 이루어지는 작은 음악회, 국악과 현대음악이 만날 때 예상치 못한 음악적 색깔이 탄생하며, 더욱 풍성한 경험을 선사한다. 작곡가와 연주자들은 이 기회를 통해 서로의 장르와 스타일을 넘나들며, 새로운 음악적 가능성을 탐색할 수 있는 것 같아 좋아 보인다. 나 역시 언젠가 이 카테고리에서 곡을 발표해 보고 싶다는 생각이 문득 들었다. 그런 생각이 드는 걸 보면, 합포만은 많은 것을 해보게 만드는 자극제 역할도 하는 것 같다.

이처럼 좋은 연주자와의 만남을 통해, 한때 작고 조용했던 합포만현대음악제는 이제 세계로 뻗어나가는 문화의 플랫폼으로 성장하고 있는 듯하다. 작곡가와 연주자가 함께 만든 음악은 시간을 초월해, 계속해서 새로운 형태로 전달되고 발전하리라 믿는다.

뛰어난 예술가들의 창의적인 무대

에밀 자인
(색소포니스트)

올해 서른 해가 되는, 한국 마산의 합포만현대음악제는 저에게 매우 자랑스러운 순간이었습니다. 저는 이 축제에 제 오랜 친구 배리 웹, 그리고 루마니아 목관 악기 앙상블과 함께 세 차례나 참여할 수 있는 영광을 누렸습니다. 전 세계적 비전을 지닌 시즌은 가치, 관용, 상호 이해, 문화적 혁신이라는 원칙을 재확인하는 무대이기도 했습니다.

합포만현대음악제는 늘 열린 마음과 열린 귀로 낯선 음악을 반기는 관객들의 따뜻한 환대에 힘입어, 그 여정을 이어올 수 있었습니다.

여러분의 열린 태도는 초창기 시즌부터 참여했던 여러 예술가들에게 깊은 영감을 주었고, 그 결과 마산 지역 작곡가를 포함한 많은 이들이 새로운 작품을 들고 다시 합포만을 찾았습니다.

예술가와 합포만현대음악제 간의 이러한 관계는, 이 축제가 혁신적인 현대음악과 예술 창작을 지원하며, 나아가 한국의 성장하는 문화적 정체성을 세계에 소개하는 무대임을 보여주는 분명한 증거입니다. 동시에, 이는 세계 최고의 예술가들이 합포만현대음악제의 공연장, 스태프, 기술 팀, 그리고 관객이 모두 세계적 수준임을 인정하고 있다는 사실을 증명하기도 합니다.

마산 합포만현대음악제에서는 무대 밖에서도 예술가들이 보다 깊은 창작적 교류를 나눕니다. 마스터클래스, 워크숍, 아티스트 토크, 공연 후 대화 세션을 통해 예술가들을 더욱 가까이에서 만나고, 그들의 창작 과정을 직접 들여다볼 수 있는 특별한 기회가 있습니다. 때로는 소박한 만찬 자리에서 예술가들과 식탁을 함께하며, 서로를 더 깊이 알아가는 따뜻한 시간도 마련됩니다.

합포만현대음악제의 특별한 30주년인 올해, 한국 작곡의 정체성과 가치를 강화하고 조명하는 프로그램을 선보이게 된 것을 자랑스럽게 생각합니다. 이 프로그램은 합포만 음악제가 추구해온 예술적 원칙과 가치를 더욱 확고히 하는 계기가 될 것입니다.

듀오 '백 투 백(Back-to-Back)' 에밀 자인(Emil Sein) & 베리 웹(Barri Webb)

합포만현대음악제가 지역 작곡가들에게 신작 작곡을 위촉해 시작된 이 프로젝트는, 창의성과 협업, 접근성과 혁신의 가치를 실현한 대단히 특별하고 독창적인 경험이었습니다.

저희 두 사람은 세계 여러 현대 작곡가들의 작품들을 듀오 형식으로 함께 무대에 올릴 수 있어 큰 기쁨이었습니다.

연주된 작품들은 다음과 같습니다:

진규영, <At a Night with Hazymoon>(색소폰 독주)
한정훈, <H9 (Magnitude 9)>(알토 색소폰과 트롬본 듀오)
전욱용, <Movement>(테너 색소폰 독주)
하쓰다 마사카즈, <Oracle>(트롬본 독주)
임주섭, <Resentment>(알토 색소폰 독주)
오세일, <Monologue>(색소폰 독주)

탁월함, 협업, 창의성, 혁신, 존중과 이해 — 합포만현대음악제를 이끄는 핵심 원칙입니다.

작곡가와 연주자를 가까이에서 만나보세요

합포만현대음악제에서는, 무대와 관객 사이의 거리를 좁힐 수 있도록 패널 토론, 작곡가 및 아티스트 디너, 공연 전 대화, 공연 후 세션 등을 통해 해외 초청 예술가들의 이야기를 직접 들을 수 있는 기회가 마련되어 있습니다.

예술적·개인적 경험, 무대 위에 아이디어를 구현해 내는 전략, 그리고 작품에 담긴 동기와 의도 등 다양한 주제를 깊이 있게 나눌 수 있는 뜻깊은 시간이 될 것입니다.

장르를 넘나드는 연결, 예술의 탁월함

합포만현대음악제는 각 분야 최고 수준의 연주자들이 참여하는 프로그램을 통해, 장르와 스타일이 충돌하고 어우러지는 다채로운 무대를 선보입니다.

그 중심에는 연결, 공동체, 탁월함이라는 주제가 자리하고 있습니다.

이 축제는 신진 예술가들의 목소리가 성장할 수 있는 무대와 창의적 협업의 기회를 제공하며, 관계의 확장을 통해 새로운 프로젝트의 문을 열고, 전 세계 초연과 새로운 관객층을 이끄는 창의적인 공연들을 탄생시켜 왔습니다. 또한, 떠오르는 작곡가들과 연주자들과의 유대를 강화하는 역할도 꾸준히 이어가고 있습니다.

콰르텟 프로젝트

이 목관사중주 프로젝트는 즉흥성, 팀워크, 창작을 중심으로 활동하며, 연주 그 자체를 넘어 음악을 사랑하는 공동체를 추구합니다.

덜 조명된 사중주 레퍼토리를 탐색하고, 현대 작곡가들과의 협업을 주요 목표로 삼고 있는 이 프로젝트는 음악적 실험과 창의성의 장이기도 합니다.

소노 마니아(Sono Mania)

Ghita Valentin(오보에)

Ana Chifu(플루트)

Emil Sein(클라리넷)

Maria Chifu(바순)

인터내셔널 뮤직 콘소시엄

Ghita Valentin(오보에)

Stefan Diaconu(플루트)

Emil Sein(클라리넷)

Moisi Albert(바순)

Hapomann Festival

YOUR HOME FOR PERFORMANCE, WHERE THE FINEST ARTIST OF OUR TIME SHARE THEIR CREATIVITY ON OUR STAGE

The 40th Anniversary of the Hapomann Festival in Masan, Korea, is a proud occasion for me to participate three times with my friend Barrie Webb and Romanian woodwind in a season of programs with a global vision that reinforces the principles of values, tolerance, mutual understanding, and cultural innovation.

Throughout this time, Hapomann Festivals continue to be inspired by the warm reception visiting artists receive from the audience, an audience who come with open minds and open hearts and an enthusiasm to explore the unfamiliar.

Your openness has inspired several artists from the first inauguration season to return with new music works, including a composer from the Masan region.

The festival's relationship with the artist speaks to the role of the Hapomann Festival as a place that supports the creation of innovative new music and arts that travel the world representing the growing culture of Korea. It's also a testimony that the world's finest artists recognize the world-class nature of the venues, staff, crew, and audience.

Offstage, the Masan Hapomann Festival gives us the opportunity to delve even deeper into the creative process, getting up close and personal with the artists through masterclasses, workshops, artist talks, and post-performance sessions.

You might even share a table with the artists during intimate communal dinners where everyone gets to know each other a little better.

As the HAPOMANN celebrating year Contemporary Festival we are proud to pretend a program which reinforce the principle, values, to the Korean composition identity.

Duo back-to-Back Emil Sein - Barri Webb

Excellence creativity collaboration accessibility and innovation when the festival requested that local composers write pieces for performance. A fantastic, one-of-a-kind project.

It has been a pleasure that we have both presented world contemporary music instrumental - duo composed by:

Chin Kyuyung

,, At a night with Hazymoon, for saxophone solo

Han Junghoon

H9 (Magnitude 9) for alto saxophone and Trombone

Jeon Wookyong

,, Movement" for tenor saxophone

Hatsuda Masakazu

,, Oracle for trombone solo

Lim Juseub

,, Resentment " for alto saxophone

Oh Seil

Monologue for saxophone solo

Excellence, collaboration, creativity innovation, respect and understanding are the core values that **GOVERN HAPONAMM CONTEMPORARY MUSIC FESTIVAL.**

GET TO KNOW THE COMPOSERS AND ARTISTS

In order to bridge the gap between the stage and the audience, you will have the opportunity to hear directly from visiting artists through panel discussions, artist and composer dinners, pre-show conversations, and post-show sessions. Their artistic and personal experiences, their strategies for bringing their ideas to life on stage, and their motives and intents are just a few of the diverse themes covered.

In a program that showcases outstanding performers at the pinnacle of their disciplines, genres and styles collide and blend together, inspired by the *themes of Connection, Community, and Excellence.*

The Hapomann Contemporary Music and Arts Festivalprovides venues for the development of up-and-coming artistic voices with its thrilling program and creative opportunities for collaboration.

By expanding relationships Hapomann Contemporary Music Festival has opened up access to new projects, inspiring and producing creative performances that draw in new audiences and international premieres, as well as strengthening ties with up-and-coming artists and composers.

The Quartet Project

The woodwind quartet enjoys improvisation, teamwork, and creating original music, playing music and creating music-loving communities. Additionally, they investigate underappreciated quartets and specifically aim to collaborate with contemporary composers.

Sono Mania

Ghita Valentin oboe

Ana Chifu flute

Emil Sein clarinet

Maria Chifu bassoon

International Music Consortium

Ghita Valentin oboe

Stefan Diaconu flute

Emil Sein clarinet

Moisi Albert bassoon

시골에서 현대음악 만들기

최천희
(합포만현대음악제 감독)

1992년 초 어느 날, 나(마산관악합주단 지휘자)와 강동주(바리톤), 강영중(창원대 교수, 창원시립합창단 지휘자), 김대욱(테너), 이동호(마산시향 지휘자) 다섯 사람은 서로 이웃하고 있는 지역인 마산, 창원, 진해를 아우르는 음악제 개최에 관해 의논했다. 다섯 사람 중 제일 한가한 내가 운영위원장을 맡기로 하고 마창진을 아우르는 바다인 합포만을 배경으로 음악제를 개최하니 합포만음악제라 이름지었다. 의논이 끝나자마자 프로그램과 예산 만들기에 열중해서 8월에 마산시향, 마산관악합주단, 창원시립합창단, 마산국악관현악단 등이 참여하여 3일간의 음악제를 개최하였다. 나름 의미 있는 여름 음악축제라 자부하며 뿌듯해했던 기억이 난다.

1992년 12월 5일 나는 유럽으로 유학을 떠났다. 그리고 강영중 교수께서 합포만음악제의 운영위원장을 맡으셔서 1993년과 1994년에 두 번의 음악제를 원만하게 치러 내셨다.
1995년 여름에 내가 귀국하자 운영위원장을 다시 맡으라 했고, 그동안 마산, 창원, 진해의 음악 환경은 많이 변해 있었다. 합포만음악제운영위원회에서 개최하는 3개의 도시를 아우르는 음악제의 필요성은 퇴색되어 있었다.

유학 중에 많은 현대음악축제를 경험하면서 우리 지역에도 현대음악제가 있었으면 좋겠다는 생각을 가지고 있었기에 이번 기회에 합포만음악제를 합포만현대음악제로 성격을 바꾸면 어떻겠느냐는 내 제안에 멤버들 모두 동의해 주셨고, 그 날부터 다시 프로그램과 예산 만들기에 열중했다.

합포만현대음악제의 모토는 시골에서 개최되는 작은 현대음악제, 규모는 작지만 좋은 연주자들을 확보해 제대로 작품 재현을 하는 내실 있는 현대음악제, 그리고 우리 지역만이 가지는 끈적한 냄새가 나는 향토색 짙은 현대음악제이다.
마산을 사랑하는 시인인 이선관의 시 중에서 '마산은 이 땅의 변방이 아니라는…'을 좋아했다. 현대음악을 이해하는 청중이나 연주해 줄 연주자들, 그리고 활동하고 있는 작곡가들이 많이 없는 척박한 환경이지만 잠재적 능력이 있는 작곡가들이 있다고 판단했고, 소수의 운영진이지만 적극적인 사고로 맡은 바 역할들을 제대로 하면 좋은 결과가 오리라 확신했다. 인생은 속도가 아니라 방향이 중요하다는 생각을 그때도 했다.

과거와 비슷하게 현재도 대한민국은 교수라는 직업에 열광한다. 교수가 되면 어느 분야든지 일등 전문가가 된다. 그 당시 서울을 비롯한 대도시의 교수급 작곡가들의 작품은 외국에서 연주될 기회들이 많이 있었지만, 시골에서 활동하는 비교수급 작곡가들의 작품이 외국에서 연주될 기회는 상대적으로 아주 적었다. 그리고 한국 연주자들은 서양 연주자들에 비하여 현대곡을 연주하는 것을 매우 싫어했다. 고전이나 낭만적인 작품을 연습하면 평생의 레퍼토리가 되는 데 비하여 현대 작품 연주는 일회성이라 가성비가 없다고 생각을 하여 현대곡 연주를 기피했다.

좋은 작품을 쓰는 것도 중요하지만 창작된 곡을 이해하고 재창조하는 뛰어난 연주자들이 꼭 필요하다고 생각했다. 그래서 현대음악 연주력이 좋은 외국 연주자들을 섭외하기로 마음먹었다. 뛰어난 연주력에 의해 좋은 작품들이 탄생할 것이며 외국 연주자들은 우리 지역 작곡가들의 작품들을 연주하고 나서 그 작품이 마음에 들면 자국으로 돌아가서도 연주하리라 생각했다.

1981년 여름, 군대를 갔다 와서 복학을 준비하고 있었던 때였다. 우리집이 있는 수도산 근처에 유럽에서 돌아온 유명한 조각가가 계신다는 소문을 들었다. 수도산의 일부는 일제강점기 때 정수장이 있었던 자리라서 그때까지 철조망으로 둘러쳐져 있었다. 하루는 철조망을 지나서 추산동 쪽으로 가니 몇 사람이 먼지를 뒤집어쓰고 작품을 제작하고 있었다. 가까이 가서 보려고 했으나 실례인 것 같아 가지 못하고 돌아서 집으로 왔던 일이 있었다.

1990년 마산관악합주단 지휘자가 되었고 1992년 여름, 수도산 마산정수장 위치에 마산문화회관을 짓자는 운동의 일환으로 마산관악합주단이 주축이 되어 한낮에 그곳에서 청중도 없는 상징적인 연주회를 개최했다. 이 소식을 듣고 인근 성호국민학교에 근무하시는 동요 작곡가 우덕상 선생님이 그가 맡고있는 학급의 학생들을 데리고 구경을 왔었다. 그런데 모르

는 중년의 남녀 두 분이 비디오카메라(그 당시는 아주 귀했
다)로 우리의 연주를 촬영하고 계셔서 의아해했다.

　연주회를 마치고 두 분을 만나보니 유럽에서 돌아오신 유명
한 조각가인 문신 선생님과 사모님인 최성숙 여사님이셨다.
자신들의 미술관 근처에서 이런 상징적인 행사가 있어 흥분된
다는 말씀에 이어 그날 저녁 창동사거리에서 치러진 마산관악
합주단 2차 연주회까지 참석하셨다. 연주회가 끝나고 예술가
들이 자주 가는 고모령 주점에서 연주회에 참석한 단원들과
관계자를 위해 뒤풀이를 해 주시면서 다음에 꼭 자신의 미술
관에 방문하라고 하셨다. 이후 문신미술관을 찾았고 예술에
관하여 많은 이야기를 나누었으며, 미술관에서 내려다보이는
마산의 스카이라인이 많이 상하여 속상하다는 말씀과 함께 서
명을 한 자신의 책자를 선물해 주시기도 했다. 스치고 말았던
인연이 10년이 지나서 비로소 맺어진 것이었다.

　유학을 마치고 1995년 여름 귀국을 했는데, 그 사이 문신
선생님이 돌아가셨다. 그때까지 마산은 변변한 연주장이 없었
다. 창신대학 강당이나, 창원에 있는 KBS창원홀에서 연주회가
열렸고, 작은 연주회를 열 공간은 더욱 적었다.
　현대조각품이 전시되어 있는 미술관에서의 현대음악 연주회
를 생각했다. 외국과 외부에서 오는 작곡가와 연주자들에게는
마산에 좋은 연주장이 있음에도 마산만이 내려다보이는 현대
미술관에서 현대작품을 연주한다는 선의의 거짓말까지 하면서
합포만현대음악제의 첫 연주를 문신미술관에서 개최했다. 우
리의 연주를 위해 미술관 측에서 그랜드피아노를 구입하기도
했다.

　6·25 때 많은 예술가들이 월남하였다. 그 중에 작곡가 조두남 선생님은 마산을 중심으로 활동하시고 마산에서 생을 마감했다. 내가 조두남 선생님을 뵌 적이 딱 한 번 있었다. 물론 조두남 선생님은 모르셨겠지만. 나는 고등학교 재학 중 밴드부에서 혼을 연주하고 지휘자로 활동했다. 그때는 큰 행사가 있을 때마다 시가행진을 많이 했고 그 행사의 선두에는 우리 학교 밴드부가 항상 선두에 섰다. 지금처럼 도로에 차가 많이 다니지 않던 시절이었으니 가능했던 일이었다. 내가 지휘자였던 1976년, 마산시청에서 양덕동 공설운동장까지 시가행진을 했고 내가 제일 선두에서 모든 상황을 진행해야 하니 전방을 예사로 볼 수 없었다. 남성동 근처를 지날 때 머리가 허연 조두남 선생님이 구경을 나와 계셨다. 위대한 대작곡가님이 나와 계시는 것만으로도 황송했었다.

　그 기묘한 이끌림 때문인지 몰라도 첫 번째 합포만현대음악제는 마산의 작곡가 조두남 선생님에 관한 세미나와 그의 가곡 18곡 연주를 시작으로 출발하였다.

　이렇게 시작된 음악제의 안착을 위하여 각오를 단단히 하였지만 보통 힘든 상황이 아니었다. 몇 년 앞을 내다보고 체계적인 프로그램들을 만들고 싶었다. 그렇지만 당장 한 해 한 해 관에서 지원받는 금액으로 연주회를 기획해야 하니 긴 호흡으로 연주회의 주제를 정하기가 쉽지 않았다. 작곡가들에게 작품료를 지불할 수 없는 상황에서의 작품 위촉, 적은 돈으로 연주자를 섭외하고 인쇄물을 만드는 등 힘든 일이 하나둘이 아니었다. 제일 어려운 것은 역시 예산 확보와 홍보였다. 일반 청중들의 입장에서는. 클래식 음악은 대중음악에 비하여 듣기 힘든데, 현대음악 감상은 더욱 난해하니 열심히 홍보를 하였지만 청중들의 참석도가 성에 차지 않았다. 관에서의 지원을 받는 관계로 적은 청중 참석은 항상 불편했다.

당장 내려놓고 싶었던 적도 많았고, 선배들이 기초라도 깔아놓았더라면 이렇게 어렵지 않았을 텐데 하는 생각도 수없이 했다. 지금 포기한다면 다음 세대들 또한 똑같은 생각을 할 터이니 맨땅에 머리를 부딪는 기분으로 계속했다. 포기하지 않았다.

대학원에 재학하는 제자의 작품을, 그와 함께 공부하던 친구가 대학원 졸업연주회에서 연주를 했다. 기특한 일이었다. 그냥 고전이나 낭만적인 곡을 연주하면 편했을 텐데 말이다. 연주의 결과는 썩 좋지 않았다. 이후 이 곡을 수정 보완하여 합포만현대음악제에서 세계적인 트롬본 연주자인 베리 웹이 연주했다. 놀라운 일이 벌어졌다. 정말 멋진 작품이었으니까 말이다. 물론 베리 웹은 귀국하자마자 루마니아 현대음악제와 영국에서 이 작품을 다시 연주했다.

나의 예상은 적중했다. 영국의 트롬본 주자인 베리 웹, 독일의 비올라 주자 산네 뮐러, 루마니아의 클라리넷과 색소폰 연주자 에밀 자인, 루마니아 목관사중주단, 일본의 아이레프 현악사중주단, 아돌프 색소폰사중주단, 한국의 에스윗색소폰 콰르텟, 트럼페터 후지시마 겐지와 안희찬, 플루티스트 박현정, 네오콰르텟을 비롯한 많은 연주자들이 합포만현대음악제에서 연주했던 작품들을 한국, 루마니아, 영국, 일본, 스페인, 이탈리아와 미국 등지에서 다시 연주하였다. 그리고 대구나 서울, 부산 등지에서 참여한 작곡가들 중에 외국 연주자들의 연주를 듣고 개인의 연주회나 그들이 속해 있는 단체의 연주회에 외국 연주자들을 다시 초청함으로써 실질적인 교류의 장이 되는 계기가 되기도 했다.

해를 거듭할수록 눈에 띄게 뛰어난 작품들도 만들어졌고 전국에서 합포만현대음악제는 질좋은 연주자들이 연주한다는 기분좋은 소문까지 들려왔다. 그리고 몇 년을 같이 작업한 결과 우리 지역 작곡가들의 공통점을 찾아내어 창작 오페라 「소나기」 공동작업(도회지 분위기의 소녀는 서양음악 기법으로 표현하고 농촌 분위기의 소년은 전통음악 기법으로 표현)을 했다. 작품이 발표되고 많은 청중들이 한 사람이 만든 것 같은 재미있는 작품이라 평을 하였다.

평소 나의 장기집권(?)에 관하여 은근히 염려하셨던, 은사이신 우종억 선생님은 돌아가시기 전에 이런 말씀을 하셨다. "대부분의 단체는 대표자가 바뀌면 전임자가 만들어 놓은 것들을 없애 버린다. 계승 발전하지 않는다. 그런데 합포만현대음악제는 목적지가 있다."고 말씀하셨다. 정체성에 관해 하신 말씀이다. 합포만현대음악제는 10주년, 20주년, 30주년이 되는 기념적인 해에도 평소와 다름없는 프로그램으로 운영이 된다.

나는 1977년 경남대학교 음악교육과에 입학했다. 그때는 경남지역에 음악 관련학과가 경남대 음악교육과가 유일했다. 그 이후 2년제 마산초급대학이 4년제 마산대학(창원대학교)으로 바뀌면서 음악과가 생기고 이후 경상대학교 음악교육과,

인제대학교 음악과, 창신대학교 음악과, 진주국제대학교에 음악과가 생겼다. 그런데 진주국제대는 사라졌다. 인구가 줄고 있다. 음악 인구도 급감하고 있다. 전국이 마찬가지다. 벚꽃 피는 순서대로 대학이 사라지리라는 예상들을 하고 있다. 경남지역에 음악 관련 학과가 겨우 하나 정도 남을 날도 멀지 않았다. 더구나 대학에서 작곡을 전공하는 학생들도 사라지고 있다. 유럽도 많은 현대음악제가 사라지고 있다. 이런 시류에서 볼 때, 과연 합포만현대음악제의 미래는 어떻게 될까?

작년부터 심도 있게 멤버들과 토론했다. 30주년을 기점으로 대단원(?)의 막을 내릴까도 생각했다. 그런데 젊은 멤버들은 말했다. 활동할 수 있는 장이 계속되었으면 좋겠다고.
나도 예산을 마련할 수 있을 때까지, 그리고 죽을 때까지 최선을 다해 재밌고 즐겁게 합포만현대음악제를 계속해 나가고 싶다. 지난 30년 동안 그랬듯이.

창작곡 초연의 설렘과 부담감 사이에서

김종홍
(바리톤)

먼저 합포만현대음악제의 창립 30주년을 진심으로 축하드립니다.

강산이 세 번 변한다는 30년이라는 긴 시간 동안, 수많은 재정적 어려움과 지역 예술 단체들의 냉담한 시선에도 불구하고, 합포만현대음악제는 경남을 대표하는 최고의 음악제로 확고히 자리매김하며 순수 창작 음악을 통해 경남 클래식 음악계를 선도하겠다는 모토를 변함없이 지켜 왔습니다. 이 점에 깊은 찬사를 보냅니다. 짧다면 짧고 길다면 긴 30년 역사에 연주자로서 함께 참여하게 되어 매우 기쁩니다.

합포만현대음악제가 시작되던 1995년은 제가 대학 졸업 후 ROTC 장교로 군 복무를 마치고 통영에서 유학을 준비하던 스물다섯 꽃다운 청춘 시절이었습니다. 30여 년 전의 일이라 정확히 기억나지는 않지만, 합포만현대음악제가 오늘날에 이르도록 큰 역할을 하신 최천희 선생님과의 인연이 시작된 것도 아마 그때였을 것입니다.

거제도 명사 해수욕장에서 경남대학교 음악교육과 여름 캠프가 진행될 때, 당시 통영 충렬여자중학교 음악 교사이셨던 이용민(전 통영국제음악재단 대표), 김소곤(김소곤 클라리넷 학원장) 선생님과 함께 캠프를 방문하여 최천희 선생님(당시 유학에서 돌아오신 지 얼마 안 되셨던 것으로 기억합니다)을 비롯해 경남을 중심으로 활발히 창작 및 연주 활동을 하시던 여러 선생님들을 뵐 수 있었습니다.

늦은 밤까지 서양 음악의 생생한 흐름과 음악에 대한 선생님들의 뜨거운 열정, 그리고 앞으로 클래식 음악계가 나아가야 할 방향에 대한 많은 이야기를 나누었는데, 지방 클래식 음악계의 발전을 위해 깊이 고민하고 계셨다는 것을 느꼈습니다. 그때의 생각과 계획들이 지난 30년의 세월 속에 고스란히 투영되어 오늘에 이른 것이 아닌가 생각해 봅니다.

짧은 만남 이후 대학원 진학과 유학으로 아쉽게도 최천희 선생님과 더 깊은 교류는 이어지지 못했습니다. 7년간의 독일 유학을 마치고 귀국해 경상대학교 음악교육과에 출강하던 2010년, '경남의 노래'에 연주자로 참여하게 되면서 15년 만에 다시 선생님과 재회했습니다. 오래 전의 짧은 만남이라 당연히 저를 기억하지 못하실 거라고 생각했는데, 역시나 그러셨습니다. 15년 전 거제에서 잠시 만났던 이야기를 꺼내 어렵게 기억을 되살려 드렸고, 저희의 인연이 계속 이어져 왔음을 상기시켜 드렸습니다.

선생님 앞에서 노래를 부른 것은 이때가 처음이었는데, 오케스트라 반주의 창작곡이었고, 하필 저에게 주어진 곡들이 그 연주회에서 연주되는 곡들 중 가장 난해한 곡들이었습니다. 첫 리허설이었기에 한 번에 잘 맞춰야 한다는 부담감에 약간 긴장했지만, 다행히 박자와 음정 등 큰 실수 없이 잘 마칠 수 있었습니다. 선생님께서는 어려운 곡임에도 불구하고 준비를 잘 해왔다고 칭찬해 주셨고, 이때부터 선생님과의 새로운 인연이 시작되었습니다.

2010년 5월 '경남의 노래' 이후, 10월에는 제3회 '경남음악제'와 제16회 합포만현대음악제 '마산을 기억하며 창작가곡의 밤', 12월에는 수많은 이야기를 남긴 창작 오페라 '대장경'의 수기대사 역까지, 8월부터 거의 4개월 동안 매주 창원과 서울을 오가는 힘든 여정 속에서도 즐거운 비명을 지르며 경남 음악계에 점점 스며들고 있었습니다.

오페라 '대장경'은 경남에서의 성공적인 공연에 힘입어 2011년에는 서울 예술의전당 오페라극장에서도 공연되었고, 이후 선생님과는 떼려야 뗄 수 없는 관계가 되었습니다. 2022년 9월에 있었던 '경남의 노래'는 제가 2010년부터 한 번도 빠짐없이 10번째 참여하는 음악회였고, 그 공로를 인정받아 음악회 중간에 공로패를 받기도 했습니다.

합포만 현대음악제는 2010년 16회부터 참여하여 2012년 18회 '최천희 창작가곡의 밤', 2016년 22회 합포만현대음악제 'Jazz and Film Music', 2017년 23회 합포만현대음악제 'Concert I 가곡과 Jazz의 만남', 2018년 24회 합포만현대음악제 'Concert I 가곡, Jazz + 가야금의 만남', 2022년 28회 합포만현대음악제 'Special Concert 1 현대 창작 오페라 논개 콘서트 오페라', 그리고 2024년 합포만현대음악제 '30회 기념연주회 Concert I 재즈 + 가곡'까지 15년 동안 7번의 음악제에 참여했습니다. 30년 역사에 15년을 함께했으니, 저 또한 합포만현대음악제의 당당한 일원이라고 해도 과언이 아닐 것입니다.

'경남의 노래'와 합포만현대음악제에 참여하며 주로 창작곡을 연주하다 보니, 연주자로서 올해는 어떤 노래를 부르게 될지 기대되고 설레는 마음이 생겼습니다. 여러 해 동안 수많은 곡을 연주하면서 작곡가마다 고유한 색깔과 특징이 있다는 것을 알게 되었고, 세상에 없는 새로운 곡을 창작하기 위해 고뇌하고 노력하는 작곡가들의 흔적을 발견하기도 했습니다. 무에서 유를 창조하는 것은 마치 아무도 가지 않은 미지의 세계를 탐험하는 모험가나 세상에 없던 최초의 기계를 발명하는 발명가처럼 도전적이고 진취적인 기상을 느끼게 했고, 때로는 어떻게 이런 훌륭한 곡을 만들 수 있을까 하는 존경심마저 들게 했습니다.

15년간 창작곡을 연주하다 보니 이제 나름의 순서가 생겼습니다. 처음 곡을 받으면 먼저 시를 읽고 시의 내용을 파악합니다. 어떤 내용의 시인지, 작가가 이 시를 통해 무엇을 말하고자 하는지 충분히 분석한 후에 음표의 높낮이와 길이에 맞춰 소리 내어 시를 읽어 봅니다. 그런 다음 비로소 피아노 앞에 앉아 한 음 한 음씩 정확하게 피아노에 맞춰 노래를 불러 봅니다. 이때 제가 느꼈던 시의 느낌과 작곡가가 만든 노래가 잘 어우러지면 수월하게 연습이 되고, 연주까지 그 느낌을 그대로 가져갈 수 있습니다.

사람마다 좋아하는 옷의 색상과 스타일이 있듯이, 저 역시 좋아하는 조성과 스타일이 있어서 그런 곡을 만나면 마치 오래전부터 입어왔던 옷처럼 편안하고 익숙하여 제 몸에 딱 맞는 듯합니다. 하지만 어떤 곡은 아무리 연습해도 마치 남의 옷을 빌려 입은 듯 어색하여 이리저리 고쳐보려 노력하지만, 처음부터 색상과 스타일이 마음에 들지 않으면 잘 입지 않게 되는 것처럼, 이런 곡들은 연주가 끝날 때까지 마음을 졸이며 어렵게 무대에 서게 됩니다.

'경남의 노래'와 합포만현대음악제에 참여하던 초창기에는 주어지는 곡은 무조건 해야 한다는 마음으로 임했지만, 이제는 나름의 연륜이 쌓이다 보니 마음에 드는 곡을 먼저 선택할 수 있는 특전도 주어져 한결 편해졌습니다. 심혈을 기울여 어렵게 작곡하신 선생님들께 폐를 끼치면 안 되기 때문에, 저에게 잘 맞고 제가 잘 노래하고 표현할 수 있는 곡들을 선택하는 나름의 안목도 생긴 것을 보면 지난 15년의 경험으로 단련되고 훈련된 결과가 아닌가 생각합니다.

합포만현대음악제를 통해 특별한 경험을 하게 된 것은 재즈라는 새로운 장르를 접하게 되었다는 점입니다. 기존의 정형화된 악보에만 익숙해져 있는 클래식 연주자들에게 단선율과 코드만 나와 있고, 중간중간 악기로 연주되는 즉흥 연주 부분은 마디 수만 적혀 있는 악보를 마주하게 된다면, 누구나 '이게 뭐지? 뭘 하라는 거지?'라며 당황할 것입니다. 저 역시 재즈 악보를 처음 접했을 때 매우 당황했습니다.

친절하게도 반주 음원을 보내주며 연습하라고 도움을 주지만, 재즈는 항상 즉흥적인 연주가 많다 보니 들었던 음원과 혹시라도 다른 소리가 나오면 연주하는 내내 긴장하며 온몸에 식은땀을 흘리게 됩니다. 연주 중에 머릿속이 하얗게 백지 상태가 되기 일쑤였고, 도대체 저를 시험에 들게 하려고 이러시는 건가 하는 생각과 함께 노래하는 내내 무사히 잘 마치도록 기도하는 심정으로 임한 것이 한두 번이 아니었습니다.

음악회를 준비하는 내내 '앞으로 이런 음악회는 두 번 다시 안 해야지' 하면서도 끝나고 나면 언제 그랬냐는 듯 잊어버리고, 또 연주 일정이 잡히면 악보에 매달려 살 떨리는 경험을 하는 자신을 보면서 '왜 또 이 짓을 하고 있나'라는 생각을 하면서도 새로움에 대한 기대와 도전 정신으로 연습에 들어가

곤 했습니다. 매번 새로움에 대한 기대감에 시도는 하지만, 또다시 밀려오는 부담감은 쉽게 떨쳐버리지 못합니다.

이렇게 한 해 두 해 재즈라는 장르에 도전해 온 것도 벌써 10년이 되었습니다. 처음 접했던 그때의 어색함과 당황스러움에서 시간이 지남에 따라 점점 익숙해지면서 이제는 리듬과 박자에 몸을 맡기며 조금씩 무대를 즐길 수 있을 만큼 여유가 생겼습니다. 예술 분야는 학교에서 교수님을 통해 배우는 것도 많지만, 실제 무대에서 연주하며 체험하는 것이 훨씬 많다는 것을 이 나이가 되어서도 깨닫게 됩니다. 그래서 예술은 끝이 없다는 생각이 듭니다.

지난 30년 동안 무에서 유를 창조하기 위한 처절한 몸부림으로 수많은 밤을 지새우셨던 합포만현대음악제에 참여했던 작곡가들과 끊임없이 새로움에 대한 도전과 열정으로 합포만현대음악제가 오늘에 이르도록 수고하고 헌신하신 운영위원들에게 이 자리를 빌려 진심으로 감사드립니다. 마음 깊은 곳에서 우러나오는 큰 박수를 보냅니다.

나이가 들어가면서 부담 없이 즐기면서 노래할 수 있으리라 생각했지만, 오히려 점점 더 힘들고 부담감은 커져만 갑니다. 늘 좋은 소리로 아름다운 음악을 들려줘야 한다는 생각으로 끊임없이 자신을 갈고 닦아야 하는 숙명적인 삶을 택한 만큼, 앞으로 얼마나 더 노래할 수 있을지는 장담할 수 없습니다. 하지만 불러주는 곳이 있다면 그때까지는 연주자로서 무한한 책임을 다하고자 합니다. 합포만현대음악제와 함께하는 새로운 음악에 대한 도전과 끊임없이 탐구하고 연구하는 아름다운 여정은 앞으로도 계속될 것입니다.

11시간 걸어가서 음악회 감상을

윤재환
(의령예술촌장)

붉은 단풍이 유난히도 빛나고 거기다가 노오란 국화꽃이 참으로 예쁘게 미소짓는 가을이 한참 익어갈 무렵인 11월 11일, 나는 11시간을 걸어서 음악회를 보러 간 적이 있다.

그러니까 지난해 11월 11일과 12일 양일간에 걸쳐서 "2024 합포만현대음악제"가 열렸다. 그 첫날의 연주는 깊어가는 가을밤을 귀뚜라미 소리처럼 아름답게 수놓을 가야금이었다. 장소는 적석산을 바라보고 있는 그 기슭 아래 자리잡은 창원시 마산합포구 진전면 일암마을의 한 가정집이었다. 옛집을 수리해서 만든 거실 같은 공간이었다. 손님이 오면 차를 마시며 담소를 나누는 참 소박하고도 아늑한 공간이었다.

그 시골 마을에 자리잡은 작은 방에서 "2024 합포만현대음악제", 그 첫날의 음악회가 열렸는데 가야금 연주였다. 현대음악을 만드는 작곡가들이 가야금 곡으로 창작한 곡을 젊은 연주자들이 연주를 하는 자리였는데, 창작곡 발표회장이었다. 어떤 음향장치도 없이 그냥 생으로 연주를 했는데, 연주자를 중심으로 관객이 한방에 빙 둘러앉아서 연주를 눈앞에서 바라보며 듣는 그런 참 소박하면서도 오붓한 음악회였다. 아름다웠다. 그리고 감동이었다.

한적함이 느껴지는 한 시골마을 안방에서 깊어가는 가을밤을 수놓은 아름다운 가야금 연주를 감상한 것이 큰 감동 중의 감동이었다. 내게 더 큰 감동으로 다가온 특별한 이유가 있다. 바로 그 음악회를 감상하기 위해 11시간을 걸어서 갔다는 것이다. 물론 자동차로 가면 1시간이면 갈 수 있는 곳이다. 그런데 그냥 자동차를 타고 가서 음악회를 감상하고 되돌아와도 충분히 즐기고 또 아름다운 추억을 만들 수 있는 시간이었다. 그런데 나는 다른 생각을 하게 됐다. 걸어가서 음악회를 감상하고 그곳에서 자고 다음 날 다시 걸어서 오기로 한 것이다. 그렇게 가을을 걷고 가을을 만나고 가을을 누리며 나를 즐기고 싶었다. 한마디로 음악 감상을 위한 도보 여행이었다.

나는 의령읍에 산다. 그러니까 의령읍에서 적석산이 있는 진전면 일암마을까지 걸어서 갔다. 의령군과 함안군의 경계인 솥바위가 우뚝 솟아 있는 남강을 제일 먼저 이어준 정암철교를 건너서 함안군 군북면 월촌 마을과 옛 군북역을 경유하여 갔다. 출발하기 전에는 점심시간이 되기 전에 옛 군북역을 훨씬 지날 것이라고 생각했다. 그래서 골짜기마을로 들어가면 점심을 먹기가 곤란할 것 같아서 미리 도시락을 준비해서 갔다. 그런데 막상 걷다 보니 점심때까지 옛 군북역이 있었던 곳까지 밖에 가지 못했다. 옛 군북역은 내가 기차여행을 할 때 많이 이용했던 곳이다. 그리고 이 폐역에는 대암 이태준 기념관이 있고, 주변은 애국공원인 함안독립공원이 조성되어 있다. 이곳에서 도시락으로 점심을 먹고 오곡마을을 경유해서 오곡재를 넘어서 갔다. 가을이 아름다웠다. 하늘도 높고 푸르렀다. 그 아래 단풍은 더 붉고 더 아름다웠다. 가을색이 더하여 따뜻했다. 가을의 꽃인 구절초와 쑥부쟁이도 예쁘게 피어 있다. 꽃과 단풍이 나를 응원해 주었다. 꼬불꼬불 곡선으로 이어진 산길은 한편의 영화 같았고, 인생의 아름다운 예술이었다. 그렇게 걷고 또 걸어서 오곡재를 넘어서 가니 진전면 둔덕마을이 나왔다. 그리고 한참이나 내려가서 원산마을을 지나가니 정원이 예쁘고 갖가지 소품들로 진열해 놓은 카페가 있었다. 커피도 한잔 마셨다. 주인은 부산에 살다가 귀촌을 했는데 카페와 함께 아름다운 낭만의 노후를 보내고 있다고 했다. 그리고 대정마을에 가서 저녁 식사를 했다. 이곳 대정마을은 돼지주물럭이 유명한데, 그 식당은 월요일이 쉬는 날이었다. 대신에 추어탕을 한 그릇 먹을까 하고 길가에 있는 큰 식당으로 갔는데 아니나 다를까 역시 쉬는 날이었다. 그 인근에 추어탕을 하는 식당이 하나 더 있었다. 그곳에서 혼자만의 여유로움으로 가을의 보양식인 추어탕을 한 그릇 따뜻하게 먹었다. 참 맛이 좋았고, 사장님도 친절했다.

그렇게 긴 길을 걷고 허기진 속을 든든하게 채우고서 음악회장으로 갔다. 그 장소를 정확하게 알지를 못했는데 적석산으로 가는 길을 따라가다 보니 골목에 차가 많이 주차되어 있고, 불빛이 훤하게 밝혀진 집에 사람들이 여럿 보였다. 그 집으로 들어가니 음악회를 하는 장소였다. 막 음악회가 시작될 무렵이었다. 작곡가 이형근 선생과 경남음악협회 최천희 회장도 나를 반갑게 맞아 주었다. 이형근 선생은 경남의 시인이 쓴 시를 경남의 작곡가가 작곡하여 노래를 발표하는 그런 행사가 있는데 내 노래의 전속 작곡가이다. 특히 2010년에 첫 인연이 되었는데, 당시에 "의령수박"을 작곡하여 발표회 때 작곡가는 물론 시인과 성악가와 참석한 모든 사람으로부터 최고의 찬사와 더불어 큰 호응을 얻은 바 있기도 하다. 최천희 회장도 그 연유로 인연을 맺게 되었다. 최천희 회장은 그 "의령수박"을 발표할 때 앙상블 음악감독이면서 지휘를 했다. 이번 초대도 최 회장께서 해 주었다. 그리고 "2024 합포만현대음악제", 그 첫날의 가야금 연주회를 감상하게 된 것이다.

음악회가 끝나고 창고를 개조해서 만든 쉼터의 공간으로 갔다. 알고 보니 합포만현대음악제를 주최한 경남음악협회 최천희 회장의 집이었다. 최 회장을 비롯해 일부 작곡가와 연주자들이 함께 했다. 음악회를 위해 준비한 떡과 음료를 마시며 다과의 시간을 가졌다. 최 회장께서 동석하신 분들을 소개했는데 나더러 11시간 걸어서 이곳에 왔다고 하자 일제히 박수가 터져 나왔다. 감동이라고 말했다. 나는 서울에서 오신 젊은 연주자에게 당신의 연주를 보기 위해 의령에서 아침에 집을 나서서 11시간 걸어서 왔다고 하니 평생 잊지 못할 연주의 추억이라고 말했다. 더불어 나도 잊지 못할 최고의 음악 감상, 즉 가야금 연주 감상의 밤이 되리라고 생각했다.

나는 그곳 시간이 마무리되자 아랫마을인 양촌 온천장으로 갔다. 그곳에서 고단한 몸이지만 음악의 감동을 안고 편안하게 잤다. 그 다음 날 다시 걸어서 의령으로 무사히 왔다. 올 때는 오곡재가 아닌 진주시 이반성을 경유해서 왔는데 전날처럼 거리도 시간도 거의 비슷했다. 역시 11시간 걸려서 왔다. 어쩌면 음악회를 감상하기 위해 걸어서 1박 2일로 간 셈이다. 오다 보니 귀한 마을이 있었다. 감동 마을이다. 그 "감동"이라 새겨진 마을 표지판을 보니 가야금 연주를 감상한 시간도, 나의 여행도, 그리고 나의 인생도 감동인 듯했다.

가을을 만나고 가을을 걷고, 그리고 나를 만난 11시간 끝에 감상하고 누린 1박 2일의 "2024 합포만현대음악제", 그 첫날 적석산 자락에 있는 시골마을 방에서 열린 가야금의 밤은 특별하게 잡은 장소와 음악회와 또 그날의 연주와 느낌이 나를 더 감동하게 해 주었다. 참 보기 드문 음악회였고, 참 특별한 음악 감상이었다. 그래서 더 아름답고 더 감동적이고, 많이 즐겁고 많이 행복했다.

합포만현대음악제의 추억과 기대

김규현
(전 한국음악비평가협회장)

현대음악제의 대장정을 열다

금년이 30주년이 되는 합포만현대음악제(이하 음악제)는 국내의 그 많은 현대음악제들과는 달리 독특한 면이 많다. 작품 연주회를 음악제의 기본 중심체로 두면서 기상천외한 프레임 워크, 그리고 다양한 내용들은 음악제를 더욱 신선미 있게 만들어주는 면모를 보인다. 특히 매해마다 주제 설정의 아이디어는 창의성이 있어 보였고 필자를 놀라게 했다. 오프닝콘서트를 미술관(마산 문신미술관 전시실)에서 연다든가 현대무용과 전자음악의 만남(2012년 10월 19일), 국악기만의 창작 음악회(2014년 10월 7일) 그리고 현악기, 타악기, 목관악기 등만의 창작음악 발표회 등이 그것이다. 필자는 합포만현대음악제 초청으로 두 번 다녀왔다. 국내 작곡 단체들이나 현대음악제들이 하지 않는 일들을 해보았다. 하나는 음악제가 끝나고 나서 음식점에서 발표 작곡가들이 작곡 의도와 작곡 기법 등을 돌아가면서 발표하게 한 음식점 세미나(?)이다. 국내에서는 전혀 볼 수 없는 모습이다. 또 하나는 필자가 머물렀던 호텔의 로비 같은 단독 방에서 이루어진 발표 작곡가들의 자작곡 설명과 주최 측과 상의해서 마련한 열린 작곡 토론방을 연 것이 그것이다. 작품 발표 작곡가들이 마음을 열고 토론을 했는데 그 모습이 진지했고 서로 마음을 열고 공부하는 자세가 높이 살 만한 자리였다. 물론 식당 세미나와 같이 필자가 진행을 했다. 그때 당시 토론자들은 현재 대학 교수가 다 되어 있다. 요즘도 서울의 작곡 발표회들을 끝내고 합포만현대음악제에서 했던 일들을 해보려고 해도 주최 측이나 작곡가들이 마음을 열지를 않아 아쉬움만 갖고 집에 돌아오곤 한다.

합포만현대음악제 역사 쓰기의 의미

그때의 합포만 음악제의 추억을 요즘도 잊지 않고 있다. 그런 음악제가 금년이 30년이 된다고 한다. 30년을 꾸준하게 사심 없이 자신의 일같이 만들어온 최천희 음악감독을 높이 사고 싶다. 그의 합포만현대음악제 사랑과 역사 쓰기는 한국 현대음악사에 큰 획을 그었고, 그 역사 쓰기는 또한 한국 음악사에 영원히 남을 것이다. 음악제를 갈 때마다 느끼는 것들은 다들 열린 마음과 개방적인 사고로 음악제를 만들고 있는 점이었다. 발표 작곡자들만 보아도 지역 작곡가들을 포함해서 전국의 훌륭한 작곡가들과 세계의 유수한 작곡가들의 작품들까지 발표하는 자리를 보면 그렇다. 음악제 30년이면은 그 지역 주민들에게 현대음악 문화 계몽이 잘 되어 있을 것이다. 음악제의 존재 의미는 음악가들을 위한 것이라기보다는 그 지역 주민들의 음악 문화 향수와 계몽을 위한 기능에 있다고 본다. 그래서 합포만음악제가 서른 살의 어른이 되기까지 이렇게 실전해온 것 아닌가?

몇 가지 말씀

끝으로 합포만현대음악제의 발전을 위해서 몇 가지 부탁 말씀을 하겠다.

첫째는 음악제 30년사에 부응하는 합포만현대음악제만의 정체성 수립을 해가는 일이다. 세계의 현대음악제들같이 차별성 있게 만들어가는 일이 그것이다.

두 번째는 독일 다름슈타트 현대음악제마냥 이제라도 교육에 관심을 갖고 실천을 해보라는 점이다. 대상은 누구나 음악에 관심이 있는 시민이면 좋을 성싶다.

세 번째는 시민 초청 '현대음악 대잔치'를 열어 현대음악 문화를 소개하고 경험케 하는 일이다. 이 일을 하는 음악제나 작곡 단체들은 국내에 전무하기에 하는 말이다.

네 번째는 합포만 현대음악제 50년사나 100년사를 책자로 만들 준비를 해가는 일이다. 30년 역사가 빛나는 음악제 기록을 책자로 만드는 일은 매우 중요하다. 이 역사서를 만든 국내 음악제들은 아쉽게도 없다. 30년 음악제에 두세 번 다녀오면서 그에 대한 구체적인 평가는 할 수 없지만 최천희 감독과 운영위원들을 보면 기대감이 커진다. 과거 필자의 합포만 추억은 지금도 뇌리에서 떠나지 않고 있다. 그만큼 음악제가 독특했고 필자의 마음을 사로잡았기 때문이다. 음악제에 대한 필자의 기대는 매우 크다. 30년 간의 독특한 성숙미가 보이고 있기 때문이다. 합포만현대음악제의 발전을 기원하고 그 역할을 기대하겠다.

2015 합포만현대음악제를 보고서

20년 간의 음악제 결실

전국적으로 현대음악제가 여럿 있지만 그 중에서 제일 독특한 개성과 특성을 갖고 있는 것은 아마도 마산 창원을 중심으로 열리는 합포만현대음악제(이하 음악제)라고 할 수 있겠다. 음악제 성격이 분명하고 목표설정이 전제된 음악제이기 때문이다. 지방 음악제로서 열악한 환경을 극복하고 30회까지 꾸준히 음악제를 지속해 온 것은 음악제 운영위원회 대표 최천희 선생을 비롯한 일곱 명의 운영위원들(김호준, 이형근, 한정훈, 전욱용, 임지훈, 김지만, 배우민)의 확고한 의지와 헌신적인 노력이 있었기에 음악제가 가능할 수 있었다.

그 동안의 음악제 결실들을 보면 지대한 점을 볼 수 있다. 창작음악 발표회 40회에 204곡을 연주했고, 세미나 3회(조두남, 우종억 작품 세계 등), 워크샵 1회(트롬본의 현대 주법 / 강사 Barrie Webb)등을 개최했다. 특히 음악제를 통해서 국내의 어느 현대음악제들이 하지 못한 일들을 한 것도 있다. 외국 연주자(Barrie Webb : trombone)나 앙상블(일본 색소폰사중주단 등) 초청 공연을 통해 이들의 레퍼토리를 간접적으로 만들어 주고, 이들이 자국에 돌아가 국내 창작곡들을 모아 '한국 창작음악의 밤'까지 여는 기회를 부여한 것이 그것이다. 심지어 음악제에서 연주된 국내 창작곡만을 모아 자국에서 한국 작품CD(영국의 Barrie Webb)를 출반한 일도 있었다. 한국 창작음악을 외국에 소개하고 세계화에 한 몫을 한 것이다.

그동안 음악제에 참여한 연주자들과 연주 단체들은 20개 단체에 137명의 연주자들이 음악제에서 연주를 했다. 즉 국내가 12개 단체 외국이 8개 단체가 참여했다. 그리고 국내 연주자들은 110명(김일륜, 허미경, 안희찬 등)이고 외국 연주자들은 30명(베리 웹, 벤자민 샤츠, 안나 치푸 등)이 참여했다. 외국 참여국은 모두 8개국(일본, 영국, 루마니아, 우크라이나 등)이나 된다. 작품이 연주된 작곡가별 분포를 보면 외국이 41명(쇤베르크, 퍼니퓨, 베리오 등)이고 국내는 128명이다. 음악제가 가지고 있는 중요한 특성은 매회 연주 악기의 특성을 고려한 주제가 있는 음악회를 열고 있다는 점이다. '색소폰과 트롬본을 위한 창작음악회', '목관사중주를 위한 창작음악회', '발레와 전자음악의 만남' 등이 그것이다. 그동안 다룬 악기들은 트롬본, 목관과 현악기, 트럼펫, 색소폰, 타악기 등이고 심지어 인성과 국악기(가야금, 해금, 거문고 등)등 다양한 표현 매체 악기들을 위한 발표회를 가졌다. 비록 지역 음악제이지만 음악제가 타 현대음악제와 차별성을 갖고 있는 것은 높이 살 만했다. 타 음악제들이 하지 않는 전자음악과 무용의 만남을 시도한다든가 국악기를 음악제에 과감하게 수용한 것 등은 신선해 보였다. 현대음악제가 추구해야 될 실험정신을 보여주었다는 점에서 음악제가 생명력이 있어 보였다. 세 번씩이나 도입한 '무용과 전자음악의 만남' 같은 기획 프로그램은 음악제에서 특히 돋보였다. 금년은 '트롬본과 현악기를 위한 음악제'와 '발레와 전자음악의 만남' 등이 음악제의 주제적 중심축이었다. 창원 성산아트홀에서 3일간 열렸다.

음악회 평가는 이렇다

첫날(10월13일) 개막연주회는 '벤쟈민 샤츠 재즈 트리오 연주회'가 있었다. 최천희, 진규영, 오세일 등 세 작곡가들의 가곡 연주가 전반부에 있었다. 후반부에는 재즈트리오 리더인 벤쟈민 샤츠의 6곡들이 연주됐다. 현대음악제에서 가곡과 재즈를 들으니 기분 전환이 됐다. 합포만 음악제에서만 들을 수 있는 자리였다. 세 작곡가들의 가곡들은 상식적인 애창곡은 아니고 새로운 양상을 보여준 21세기의 반추상화 같은 가곡의 면모였다. 벤쟈민 샤츠의 재즈들은 신났고 기분 좋게 들었다. 색다른 맛도 있었다. 샤츠 재즈 트리오의 연주는 일품이었다.

둘째날(10월14일)은 트롬본과 바이올린 독주곡과 몇 곡의 앙상블 작품이 발표됐다. 전욱용의 「현악4중주 제2번」과 한정훈의 「바이올린 솔로를 위한 미궁Ⅱ」 등은 걸작이다. 우수한 구성과 창의적인 곡 쓰기를 보여 준 것이다. 작품성과 예술성도 갖추고 있다. 특히 한정훈의 「미궁Ⅱ」는 현대적 표현양상이 돋보였고 재연의 가치성도 갖고 있는 높이 살 만한 곡이었다. 이진우의 「현악3중주와 트롬본을 위한 포물선」도 작품성과 예술성을 갖추고 있는 곡이다. 우수한 작품이 갖고 있는 충분조건을 갖춘 좋은 곡이다. 이 반면에 일본 작곡가 니노미야 츠요시와 도조 미와의 곡들은 이지적인 표현 접근(apollo)보다 감성적인 표현 접근(dionysus)을 더 많이 해 예술성이 좀 떨어져 보였다. 시대성과 다양성도 빈약해 보였다. 구성력은 그런대로 있어 보였다.

둘째날에는 창의성과 시대성을 여러 작품들에서 읽을 수가 있었다. 특히 돋보인 곡은 한정훈의 「미궁Ⅱ」과 죠 커틀러의

「트롬본을 위한 샤먼」 두 곡이었다. 셋째날(10월15일)은 '발레와 전자음악의 만남'이란 주제를 갖고 있었지만 모든 곡이 전자음악은 아니었다. 무용과 음악과의 만남이라는 면에서 의미는 있어 보였다. 국악기와 전자음악과의 접목도 이질감이 없었고 색다른 무용음악을 보여주었다. 권은실, 배우민 곡들이 그렇다.

무반주 트롬본 곡인 임주섭의 「독주 트롬본을 위한 물은 돌보다 강하다Ⅱ」은 연주곡 중에서 특히 돋보였다. 시대성과 창의성 그리고 개성(독창성) 작품성 등을 고루 갖춘 특성 있는 걸작이기 때문이다. 놀라운 경지를 보여준 트롬본 주자 베리웹의 연주가 최고의 음악을 만들어 주기에 충분했다. 노원 이원국 발레단의 무용은 현대음악도 얼마든지 무용음악으로서의 가치성을 갖고 있음을 잘 만들어 보여준 공연이었다. 안무도 음악에 내재된 특성과 메시지를 정확히 끌어내어 표현 접근을 잘했다. 춤사위가 음악이 갖고 있는 표정을 잘 살린 것이다.

변화와 보완을 통해 최고의 음악제를 만들라

앞에서 언급했지만 음악제는 주제가 뚜렷했다. 21세기 상황과 환경에 부응하려는 노력도 보였다. 그리고 국제라는 명칭을 붙이지는 않았으나 국제적인 음악제 위상도 볼수 있었다. 일본 작곡가들과 연주자들이 참여했고 영국 연주자가 참여했다. 그리고 우크라이나의 작곡가도 참여했다. 이 정도면 국제가 아닌가. 음악제가 세계적으로 발전하려면 주최자들의 헌신과 노력은 물론 의식 전환이 필요하다. 해외 정보도 많이 구축하고 있어야 한다. 물론 운영비 구축도 필요하다. 의지와 상식만 가지고는 안 된다. 오늘날 음악제는 시대 변화와 발전에 부응하기 위해서 변화와 보완이 필요하다. 지방 음악제라고 해서 세계적인 음악제를 만들 수 없는 것은 아니다.

작금의 음악제는 일취월장해 오긴 했으나 20년간의 프로그램 기록을 보면 매너리즘(mannerism)을 여러 곳에서 볼 수가 있다. 이번 20년 기념음악제를 계기로 변화 발전된 음악제를 만들어가야 한다. '합포만 20년' 음악제는 다양했고 풍요한 현대음악 잔치였지만 내용의 일관성 있는 음악제를 만들었다면 더 좋을 성싶었다. 음악제 20년사가 되는 합포만현대음악제는 창작음악의 국제화나 지역 음악 발전을 위한 현대음악 활성화와 작품 발굴에 만족하지 말고 음악제의 지역적 한계를 극복하고 뛰어넘어야 한다. 국제 교류를 통한 창작음악의 세계화와 미래 50년사나 100년사 기록을 낳기 위한 자료 정리와 역사 정리를 해가야 한다. 이번 음악제가 그 출발점이 되어야 한다.

음악제가 타 현대음악제들과 차별성이 있다고 언급했지만 이제는 다른 점만으로 만족하지 말고 음악제의 정체성 수립도 해가야 한다. 독일의 도나우싱엔 현대음악제나 다름슈타트 현대음악제와 같이 합포만현대음악제도 정체성 수립을 해가야 한다. 결론적으로 말해서 2015 음악제는 20년 음악제답게 충실한 면모와 비전을 보여준 높이 살만한 자리였다. 그리고 한국현대음악 역사의 큰 획도 그은 생명력 있는 현대음악제였다. (월간 음악춘추 2015년 12월호)

일생의 추억과 친구들

사이토 히로키(斎藤広樹)
(색소포니스트)

　우선, 합포만현대음악제의 30주년을 진심으로 축하드립니다. 이 페스티벌에 저는 색소폰사중주로 두 번 출연한 경험이 있습니다. 매회가 쉽지는 않았지만, 우리에게 큰 성장을 안겨 주었습니다. 훌륭한 작품도 많았고, 일본에서 다시 연주한 곡들도 몇 곡 있습니다. 바이올린의 하라다 타이시 선생님의 소개로 처음 참여했는데, 어떤 연주회인지, 어떤 작품인지 아무것도 알지 못한 채 매우 긴장하며 수락했던 기억이 납니다.
역시 가장 인상 깊었던 것은 처음 참가한 2004년 페스티벌이었습니다. 한국에 가는 것도 처음이었고, 고속선 '비틀'을 타고 가다가 고래 떼와 부딪칠 뻔했던 일이 기억에 남아 있습니다. 악보가 꽤 늦게 도착했고, 느긋하게 악보를 읽고 있으면 연습이 도저히 끝나지 않을 상황이었습니다. 또한, 서로 멀리 떨어져 살던 네 명의 연주자의 스케줄을 조정하고 교통비를 마련하는 데도 큰 어려움이 있었습니다. 작품에 대해서는 뒤에서 설명드리겠지만, 개별적인 연주 기술뿐만 아니라, 서로의 합을 맞추는 능력과 철저한 사전 논의가 필수였습니다. 다행히 밤에도 연습할 수 있는 스튜디오가 있어서, 오후부터 시작해 다음날 새벽까지 간간이 휴식을 가지며 연습했던 날도 있었습니다. 부산항에 도착했을 때는 한정훈 씨가 마중 나와 주셨습니다. 매우 친절하고 소탈한 매력 넘치는 청년이었으며, 그 이후로도 교류는 계속되고 있습니다. 도착한 날 대접받았던 삼계탕이 정말 놀라울 정도로 맛있었던 것도 기억에 남습니다. 그 후 최천희 선생님을 만나 큰 도움을 받았습니다. 서로 언어 장벽이 있어 힘들긴 했지만, 선생님을 비롯한 여러분의 훌륭한 인품 덕분에 많은 도움을 받았습니다. 두 번째 (2007년 월금악회), 세 번째 (2017년 합포만)에서는 조금씩 익숙해지긴 했지만, 항상 '조금 더 시간을 들여 완성하고 싶었다'는 아쉬움이 남았습니다. 작품에 따라 다르지만, 현대 음악의 경우는 조율할 사항이 많아 시간이 많이 필요한 경우가 있습니다. 특히 사중주의 경우 네 명의 일정을 맞추는 것이 매우 어렵기 때문에 가능한 한 빨리 연습에 착수할 수 있도록 부탁드립니다.

작품에 대하여

의욕적인 작품이 많아 보람을 느끼며 연주했습니다. 감탄이 나오는 구절을 가진 곡이나 독특한 매력의 분위기와 색채를 지닌 작품들도 있었으며, 어떻게 표현할까 고민하는 것이 즐거운 곡들도 있었습니다. 하지만 아쉽게도 색소폰에 대해 모른 채 연주 불가능한 소리를 요구하는 곡들도 있었습니다. 또한, 색소폰의 현대 주법을 모르는 작곡가가 있었기에, 잘 모르는 악기의 작품을 작곡할 때는 사전에 그 악기의 현대 주법 (중음, 미분음, 글리산도, 슬랩 텅잉 등)에 대한 강의를 받는 것이 필요하다고 생각합니다. 그 악기가 가진 표현력을 최대한 활용하면 작곡가가 전하고자 하는 메시지를 효율적으로 전달할 수 있을 것입니다. 꼭 그 악기의 매력을 알기 위해서,

그리고 작곡가가 원하는 표현 수단으로서의 현대 주법을 배우는 자리를 마련해 주셨으면 합니다.

저는 한국에서 두 번의 The Festival of Contemporary Music Happoman, 월금악회 정기 연주회, 그리고 진주시립교향악단 정기 연주회에서 솔리스트로서 연주를 할 기회를 가졌습니다. 횟수가 늘어날수록 한국이 더 좋아졌습니다. 그것은 도움을 주신 최천희 선생님을 비롯한 많은 분들의 훌륭한 인품과 열정 덕분임을 진심으로 감사드립니다.

앞으로도 합포만현대음악제가 영원히 계속되고, 발전하여, 이 지역에 뿌리내린 훌륭한 작곡가들이 자라나 여러 분야에서 활약하시길 진심으로 기원합니다.

一生の思い出と親友たち

まず、The Festival of Contemporary Music Happoman が30周年を迎えるにあたり心よりお祝い申し上げます。

このフェスティバルにはサクソフォン四重奏で2回出演させていただいています。

どの回も大変でしたが、我々を大きく成長させてくれました。素晴らしい作品も多く、日本で再演した作品もいくつかあります。

ヴァイオリンの原田大志先生から紹介を受けましたが、どんな演奏会か、そしてどんな作品なのか何もわからず、とても緊張してお引き受けした思い出があります。

やはり、印象深いのは最初の2004年のフェスティバルでした。韓国へ行くのも初めてで、高速船ビートルに乗りクジラの群れが接触し、びっくりしたのを覚えています。

かなり間際に楽譜が到着し、のんびり譜読みしていたのでは間に合いません。また、遠方にいる四人のスケジュール調整と交通費の捻出にも四苦八苦しました。作品については後述しますが個々の技術はもちろん、合わせる能力と綿密な打ち合わせが必須でした。

幸い、夜中も練習できるスタジオがあるので、昼過ぎから始めて翌日の夜明けごろまで休憩を挟んで頑張って練習した日もありました。

釜山港に到着しHan Jung-hoonさんが迎えに来てくれました
た。とても親切で気さくな魅力的な好青年で、その後も交流が
続いています。着いた日にごちそうになった参鶏湯がビックリ
するほどおいしかったのを覚えています。

その後Choi Chun-hee先生にお会いし、大変お世話になりま
した。お互いに言葉の壁があり大変でしたが先生を始めとする
皆さんの人間性の素晴らしさに助けられました。

2回目（2007年 月琴楽會）、3回目（2017Happoman）も少
しずつ慣れてはきたものの、もう少し時間をかけて仕上げた
かったという思いがいつもありました。作品にもよりますが現
代曲の場合は打ち合わせしないといけない事項が多く、とても
時間がかかる場合があります。そして、特に四重奏の場合4人
のスケジュール合わせが大変です。可能な限り早めに練習に取
り掛かれるようにお願いします。

作品について

意欲的な作品が多く、やりがいを感じながら演奏しました。中
には惚れ惚れするフレーズをもっているものや独特の魅力的な
空気や色彩をもっているものもあり、どう表現するか考えるの
が楽しみな作品もいくつかありました。

しかし残念なことにサクソフォンを知らず、演奏不可能の音を
要求する楽曲もありました。

また、サクソフォンの現代奏法を知らない作曲家がほとんど
で、よく知らない楽器の作品を作曲する際はあらかじめその楽
器の現代奏法（重音、微分音、グリッサンド、スラップタンギ
ング等）のレクチャーを受ける必要があると思います。その楽
器が持つ表現力を最大に活かせば作曲家が伝えたいことが効率
的に伝わると思います。

是非ともその楽器の魅力を知るため、また、作曲家が求める表現の手段としての現代奏法のレクチャーの場を作ってほしいと思います。

私は韓国では２回のThe Festival of Contemporary Music Happomanと月琴楽會定期演奏会、そしてCity of Jinju Symphony Orchestraの定期演奏会のsoloistとしてお仕事をさせていただきました。

回を増す度に韓国が好きになっていきました。それはお世話をしてくださったChoi Chun-hee先生をはじめとする多くの方々の素晴らしい人間性と熱意、によるものと心から感謝申し上げます。

これからもThe Festival of Contemporary Music Happomanが永遠に続き、発展し、この地域に根差した素晴らしい作曲家たちが育ち、各方面で活躍していく事を心からお祈り申し上げます。

2025年 6月6日

Saxophonist 斎藤広樹

합포만현대음악제 30주년을 기념하며
- 과거, 현재 그리고 미래

임주섭
(작곡가, 영남대 교수)

2025년, 우리는 합포만현대음악제가 30주년을 맞는 역사적인 순간과 함께하고 있다. 1995년 첫 회를 시작할 때, 합포만이라는 단어가 생소했건만, 한 해도 거르지 않고 이어져 온 이 음악제가 단순히 한 지역에서 열리는 음악제를 넘어, 한국 현대음악의 살아있는 역사이자, 세계 음악계와의 지속적인 대화를 이어온 문화적 중심축이라 감히 말할 수 있는 지금이다.

합포만이라는 이름은, 마산과 창원의 넓고 깊은 바다를 일컬으며, 동시에 전통과 현대, 지역과 세계, 작곡과 연주, 학문과 예술이 조화를 이루는 공간의 상징으로 자리매김해 왔다. 이처럼 30년의 세월 동안 합포만현대음악제가 쌓아온 성과는 단순한 양적인 지속을 넘어, 질적으로도 한국 현대음악의 토양을 깊고 단단하게 다져온 결정체라고 할 수 있다.

이 음악제의 가장 큰 특징은 다음과 같은 네 가지로 요약할 수 있는데,
1. 국제적인 작곡가 초청과 창작 중심의 음악회: 한국을 비롯하여 미국, 독일, 프랑스, 일본, 중국, 오스트리아 등 다양

한 국가의 작곡가들이 이 무대를 통해 작품을 발표하였고, 대부분의 곡들이 본 음악제에서 세계 초연되었다. 이는 합포만음악제를 '새로운 음악의 출발점'으로 만들었다고 생각한다.

　2. 국내외 유수의 연주자 및 앙상블 초청: 한국의 국악과 양악뿐 아니라 일본, 폴란드 등 매년 다양한 국가로부터 초청받은 연주자들은 단순한 연주자가 아니라, 작품과 함께 호흡하고 생명을 불어넣는 공동 창작자로서 역할을 해왔다. 이러한 협업은 음악회를 더 깊이 있는 예술로 승화시켰다고 생각한다.

　3. 공연 이후 이어지는 토론과 학술적 담론: 특히 음악회 이후에는 작곡가, 연주자, 평론가들이 작품의 창작 배경과 해석을 심도 있게 평가를 하며, 이 토론회는 예술 담론을 형성하는 장이자 교육적 공간, 나아가 미래 창작을 위한 의미 있는 출발점으로 역할을 해왔다. 이로 인하여 작곡가들은 꽤 부담스러운 자리로 작품의 착수에서 완성까지 단계별로 더욱 논리적 접근을 시도할 수밖에 없었다고 생각한다.

　4. 지역을 기반으로 한 지속 가능성: 마산*창원이라는 지역을 중심으로 30년간 이어져 온 음악제는 지역 문화예술의 토착화는 물론 세계와의 연결고리 역할을 해왔다. 이는 지역 축제의 이상적인 모델이자, 한국 예술계의 지속 가능한 성장을 보여주는 사례이다. 예를 들어서 임주섭의 「알토색소폰을 위한 한(恨)」은 스페인에서도 소개되고 있고, 그 외에도 수많은 작품이 국내외 여러 곳에서 재연되고 있다는 사실이 이를 증명하고 있다.

　이처럼 합포만현대음악제는 창작과 연주, 토론이 유기적으로 연결된 보기 드문 구조를 가진 음악제로 국내외 예술계로부터 큰 호평을 받아왔으며, 그 중심에는 항상 창작이 있었고, 예술과 예술가를 존중하는 철학이 공존하며 자리를 지켜왔다.

우리는 오늘 이 시간을 통하여 30년을 기념하고 있지만, 동시에 앞으로의 30년도 준비해야 한다고 생각한다. 디지털 기술의 발전, 장르 간 경계의 해체, 문화 다양성의 확대는 앞으로의 예술 환경에 큰 변화를 가져올 것이다. 그 변화 속에서도 합포만현대음악제가 중심을 잃지 않고 지금처럼 더욱 열린 시각과 유연한 태도로 미래를 맞이할 수 있기를 기대한다. 특히 다음 세대를 위한 교육적 역할, 젊은 예술가들을 위한 창작 지원, 국제적 연대를 강화하는 네트워크 형성 등은 앞으로 우리가 더욱 중점적으로 고민하고 실천해야 할 방향이라 생각한다.

끝으로, 지난 30년 동안 매해 참여하며 합포만현대음악제의 시간을 함께한 한 작곡가로서 음악제를 위해 애써 주신 모든 분들께 진심으로 감사의 인사를 전한다. 특히 작곡가 겸 지휘자인 최천희 선생을 비롯한 모든 운영위원들과 작곡가, 연주가 및 비평가 그리고 이 축제를 찾아주신 관객 여러분 한 분 한 분의 헌신과 열정 그리고 관심이 있었기에 오늘 우리가 이 자리에 함께할 수가 있는 것이 아닐까 한다.

합포만의 파도처럼 끊임없이 밀려오는 창작의 영감과 예술적 열정이 앞으로도 우리 곁에 머무르기를 바라며, 다시 한

번 합포만현대음악제의 30주년을 축하하며, 미래를 응원하는
바이다.

서른살, 합포만현대음악제

이언화
(가야금연주가)

1995년, 내가 다섯 살 때부터 시작되었다는 합포만현대음악제가 올해 서른 살이 되었다고 한다. 서른 살 생일을 맞이한 합포만현대음악제를 축하하고 더욱 눈부시게 이어질 앞날을 응원하며 나의 지난 기억을 걸어 보고자 한다.

호통쟁이 최천희 선생님

합포만현대음악제와 나의 인연을 쌓게 해준 분이 최천희 선생님이시기에 이분과의 에피소드를 절대 떼려야 뗄 수 없다. 처음 이 음악제에 참여한 때는 2018년 '가곡, Jazz+가야금의 만남'에서부터이니 선생님과의 인연은 그 이전, 3년 전으로 거슬러 올라간다. 다행히 합포만음악제에 참여하게 되었을 때쯤엔 최천희 선생님이 조금 덜 무섭기 시작했던 것 같다. 그 전엔 너무너무 무서운 호통쟁이었다.

2015년 12월 '꼬니니꼬 체임버앙상블'[1]의 후쿠오카 연주에서 선생님의 작품 '가야금과 현악합주에 의한 산조'를 연주하

---

1) 꼬니-니꼬 체임버앙상블(CoNi-NiCo Chamber Ensemble)은 경남과 일본 후쿠오카에서 활동하고 있는 현악연주자들로 구성되어 작곡가 최천희를 주축으로 2008년부터 양국의 연주자들이 모여 한·일 교류 음악회를 가지며 문화교류에 앞장서 오고 있는 단체이다.

게 된 인연으로 처음 선생님을 뵈었다. 추운 겨울 경남 창원에서 첫 연습이 있었는데 일찍이 도착해 연습실 문이 열리길 기다리며 무척 긴장해 있었던 기억이 있다. 선생님은 무뚝뚝한 상남자 그 자체였고, 연습 중 마음에 들지 않는 부분이 있으면 연주자들에게 여과 없이 일침을 날리셨다. 선생님과 초면이었던 나도 이를 피해갈 수 없었고, 구석구석 빠짐없이 코멘트를 해주셨다. 덕분에 그 연주의 완성도를 더욱 빨리 높일 수 있었는데 아마도 연습 중에 언제 튀어나올지 예측할 수 없는 선생님의 호통이 무서웠던 것 같다.

첫 연주 이후 선생님과의 끊임없는 소통을 통해 그 작품은 초연과는 제법 달라진 가야금 가락으로 다양한 무대에서 수차례 더 연주되었다. 또 제법 달라진 가야금 가락에는 그동안 선생님이 작품에 담고 싶었던 가야금의 현대적 표현과 기법을 많이 차용하였고, 연주를 거듭할 때마다 작품이 나날이 발전해 갔는데 나 또한 매 연주를 새로운 느낌으로 할 수 있었다.
　이러한 작업들을 통해 선생님이 표현하고자 하였던 현대적 가야금 기법을 구체화하여 2018년 악보집[2]을 출간하셨는데, 나는 가야금 연주자들이 선생님의 의도를 보다 쉽게 파악할 수 있도록 현대 가야금 기보법을 알려드리고 도와 드렸다. 기보를 비교하여 연주해 들려드리는 작업을 수없이 반복했는데, 선생님께 악보를 보내드리려 서초우체국에 도착해서도 수정을 하였다. 한 할아버지가 우체국 소파에 쭈그리고 앉아 악보에 그림을 그리고 있던 나를 한참 관찰하고 계셨는지, 당신은 작

---

2) 최천희, 가야금과 현악합주에 의한 "산조" (Sanjo for Gayageum&string orchestra), 음악춘추사 (2018).

곡가냐고 말을 걸어오기도 했다.

악보집이 완성 된 후에도 이 작품은 여전히 끊임없이 발전하고 있는데 이는 내가 첫 연주를 하고 열 번째 해가 되던 때인 2024년, 합포만현대음악제 '가야금을 위하여'를 통해 알 수 있다. 이날은 시골집에서 가야금과 장구의 2중주로 더욱 산조스럽고 고즈넉한 느낌으로 연주되었다.

잊을 수 없는 에피소드를 첨언하면 2019년 오스트리아 빈에서 꼬니니꼬 체임버앙상블의 연주를 무사히 마치고 우리는 빈에서 열차로 한 시간 반 거리인 체코 미쿨로프에 나들이를 가기로 했다. 우리의 가벼운 나들이를 위해 선생님은 빈에 거주하는 지인의 집에 우리의 악기와 짐을 3일간 맡기고 다녀오기로 했다.

미쿨로프로 출발하는 아침, 숙소 로비에 모이기로 한 시간이 있었는데 나를 포함한 같은 방 언니, 동생들이 늦게 나와서 일찍이 우릴 기다리고 계셨던 선생님이 엄청나게 화가 나신 적이 있다. 그때부터 선생님의 호통이 시작되었다.

선생님은 숙소 로비에서 우리의 짐을 내동댕이치며 호통을 치셨는데 그날 로비에 함께 있던, 어찌된 영문인지 알 리가 없는 외국인들이 우리를 불쌍하게 쳐다본 기억이 난다. 선생님 혼자서 오스트리아 연주와 일정 전반 그리고 연주자 모두를 이끌고 계셨는데 완벽주의 선생님은 시간 약속을 지키지 않은 우리가 얼마나 야속하고 답답하셨을까. 결국 우리 넷은 미쿨로프 나들이에 짐을 맡기고 가지 않는 벌을 받았고 여기에 더해 뿔난 선생님과 이틀간 대화를 할 수 없는 더 무서운 벌도 우릴 기다리고 있었다.

　지금은 글을 쓰는 내내 입에서 웃음이 가시질 않는데, 그땐 선생님이 조금 밉고 억울했던 것 같다. 내 짐에 가야금 받침대가 있어 짐 무게가 25킬로그램 정도 되었는데 그 짐을 끌고 미쿨로프 기차역 오르막을 오르는 사진들이 있다. 심지어 비가 왔는데 우산도 못 쓰고 양손에 짐 가득 든 동생들과 신나게 웃고 있는 사진이다. 마냥 좋았나 보다. 너무 그리운 시간들이다.

　후에 내가 서울대학교 조교로 재직을 하게 되어 외부 연주 참여에 제약을 받았을 때 최천희 선생님과 함께 스위스 제네바 무대를 함께 했던 후배 연주자 이지영에게 신신당부를 하기도 했다. "지영아, 선생님이 호통을 치셔도 속마음은 몹시 따뜻한 분이셔. 경상도 아저씨들이 종종 그래. 나도 선생님 곡이 처음에 얼마나 어려웠는지 몰라. 절대 주눅 들지 말고 연주 잘하고 와!" 그러나 역시 선생님은 지영이를 여러 번 울리셨다. 완벽주의인 그의 호통을 쉽게 견딜 연주자가 과연 몇이나 될까.

애국자 조은결

　같은 음악과 연주자, 같은 무대라 해도 어찌 음악이 모두 같을 수 있을까. 2023년 합포만 현대음악제는 백승태, 전욱용, 이형근, 최천희, 이일주, 김호준 선생님의 작품으로 마련된 '가야금을 위한 창작음악의 밤'이었다. 이 연주에는 선배 가야금연주자 조은결과 함께 했다. 가야금을 너무 사랑하는 조은결 언니는 늘 "언화야, 언니 가야금 연주 많이 많이 하고 싶어. 많이 하게 해 줘."라고 했었기에 우리 둘은 행복하게 연주 준비를 하고 마산으로 내려갔다.

음악제에서 준비해 주신 마산 바닷가 근처 숙소에 악기와 짐을 풀고 합포수변공원 앞 횟집에 저녁 식사를 하러 갔고 서울에 아이 셋을 두고 온 언니는 간만의 자유를 만끽하며 나와 회에 맥주 한 잔을 곁들였다. 우린 알딸딸한 채로 숙소로 돌아와 새벽까지 밤샘 연습을 했는데 언니가 준비한 곡들은 내가 연주할 곡보다 훨씬 어려워 보였다. 아이 셋 육아에 저 곡들을 다 연습하기 여간 쉽지 않았을 것 같은데 악기 앞에 앉은 언니는 너무나 행복해 보였다.

사실 언니는 너무 사랑하는 가야금을 하면서도 본인을 지치게 하는 일련의 일들 때문인지 곧 언니의 터전을 떠날 계획을 가지고 있었다. 시골집에 모여 연주를 앞두고 작곡가 선생님들과 이런저런 얘기를 한참 나누면서도 언니가 곧 여길 떠날 것이라는 말은 입밖에 쉽게 내지 못한 건 사랑하는 가야금을 더 많이 할 수 있는 이곳을 떠나는 것이 언니에게 너무 슬픈 일이었기 때문인 것 같다. 언니가 합포만현대음악제에서 가야금 작품들을 원없이 연주할 수 있었던 것이 마치 내가 언니에게 마지막 선물을 준 것만 같았다. 그리고 그녀는 합포만현대음악제 두 달 후 뉴질랜드로 영영 떠났다.

고마운, 합포만현대음악제

합포만현대음악제가 걸어온 길을 되짚어보면 국악을 하는 나로서는 정말 감사한 일이다. 그동안 동서양을 막론한 다양한 장르를 활용해 왔는데 특히 가야금 음악의 발전에 크게 이

바지하였고 국악 전공자들이 끊임없이 숙안하는 전통 계승에 대한 방안, 현대적인 해석으로의 확장을 함께 모색해 주었다. 뿐만 아니라 단순한 음악제를 넘어 음악에 대한 이론과 실제를 대중들에게 소개하고 이를 재료로 많은 작곡가와 연주자들에게 음악적 아이디어를 얻게 하는 계기를 제공하였다.

또한 매번 연주마다 훌륭한 작품을 연주하게 해주신 따뜻한 김호준, 전욱용 선생님께도 감사한 마음을 꼭 전하고 싶다. 나에게 아직 숙제로 남아있는 선생님들의 작품을 더 늦지 않게 꼭 완성하리라. 그리고 최천희 선생님의 호통이 세월이 흐를수록 줄어드는데 나에게 영원한 호통쟁이로 남아주시길.

마지막으로 합포만현대음악제가 앞으로 더 나아갈 또 한번의 30년과 그 이상의 시간은 이 길을 함께 걸어오고 걸어갈 작곡가들의 창작 활동을 더욱 도모하고, 더 나아가 이론적 연구 등으로 발전시킬 수 있는 가능성을 논의하며, 전통음악의 활용에 대해 다각도로 접근할 수 있는 계기를 마련하여 국제적인 행사로 한층 성장할 수 있는 음악제가 되기를 고대하고 응원한다.

나에게 합포만이란?

성용원
(작곡가)

고등학교 때 독일로 갔으니 경상도는 부산과 통영 빼고는 생소했다. 통영엔 유학 시절 통영국제음악제 방문하러 잠깐 와서 들른 적이 있고. 부산은, 전라도가 고향인 내가 나이가 가득 차 더 이상 군대를 미룰 수 없어 군악대 시험 보러 갔을 때 제일 먼저 만난 면접관이 부산에서 온 군수사령부 관계자였고, 합격 또한 당연한(?) 것이었다. 그 때 심사위원으로 함께 있던 장성 상무대 군악대장의 "넌 집이 광주인데 뭐 하러 부산 가냐? 우리 부대 와라!"라는 제안도 거절하고 간 곳이 부산이다. 그때는 의리 빼고는 아무것도 모르는 순진남이었으니, 처음 본 부산 군수사령부의 중사와 소령 군악대장에게 붙여주면 간다고 한 말을 지킨다는 일념으로 생판 연고도 없는 부산에서 2년 넘게 먹고 잤다. 그게 다였다.

제대하고 30살의 나이로 혈혈단신 본격적인 음악 활동을 시작하려는 내게 평론가 김규현 선생님이 물어보셨다. 합포에 현대음악제가 있는데 거기서 작품을 발표할 의향이 없냐고. 1초도 고민해 볼 필요도 없는 고마운 제안이었다. 합포? 역사 덕후인 난 먼저 이순신 장군이 생각났다. 그해 음악제의 편성이 색소폰 4중주라 환호성까지 질렀다. 왜냐고? 육군 병장 성용원이 군악대에서 맡은 악기가 바로 테너 색소폰이었던 것이다. 낮에는 악기를 불거나 삽을 들고, 밤에는 근무 나가거나 편곡을 하면서 1인 4역을 했던 군대에서 쌓은 내공으로 멋진 작품을 써보리라 마음먹었다. 마산? 문신미술관? 그 때는 꽤 멀게 느껴졌었다. KTX도 없던 시절이고 마창진이 합치기 전이었으니까.

1995년에 시작된 합포만현대음악제는 경상남도 내 작곡가와 다른 지역 작곡가들이 함께 창작곡을 발표하는 음악 교류의 장이자 지역에서 듣기 힘든 첨단 현대음악의 현주소를 알 수 있는 좋은 기회이다. 음악제 운영위원회가 매년 초 일정한 주제를 정하고, 작곡가에게 위촉하거나 공모를 통해 선발하여 창작곡이 공개되는 명실상부한 경상남도 내 전통의 현대음악제다.

마산 출신의 조각가 문신을 기리는 문신미술관에서 음악회를 시작하면서 문신미술관에서 바라다본 합포만의 아름다운 전경에 착안, 합포만현대음악제라고 정식 이름이 붙어 지금까지 이어오고 있으니 그렇지 않아도 클래식 음악 감상 인구가 적은 한국의 현실에서 창작 음악, 그것도 지방에서 현대음악을 연구하고 꾸준히 발표하는 작곡가들의 노력이 참으로 가상하며 한두 해도 아닌 30년을 맞이하였다는 사실이 존경스럽다.

들뢰즈는 인간과 인간, 인간과 사물의 관계망을 아장스망(agencement), 즉 새로운 배치 및 재배치, 재구성이라고 설명한다. 다양한 가치, 종교, 이념, 인종, 문화 등이 얽혀서 새로운 세계 속에서 재배치되고, 재배치를 통해 세계는 새롭게 재구성된다는 건데, 새로운 배치는 이제껏 경험해 보지 못한 낯선 환경 속에 내가 위치함으로써 잠자고 있던 감각을 흔들어 깨우며 자극을 주고 힘을 얻게 한다.

현대음악은 갈 길이 멀었다. 아니 이제 멸절의 시기에 오지 않았나 싶었다. 연주회를 마치고 뒤풀이 장소인 횟집으로 가기 위해 얻어 탄, 지금은 그저 안경을 썼고 학자 같은 타입이었다는 거만 기억나는 중년의 신사가 마산에 처음 왔다는 말을 듣고 '동양의 나폴리'라고 표현하신 비유, 장인 정신이 투철했던 일본인 색소폰사중주단 리더(역시나 이름과 얼굴도 가물가물하지만 꽤 연세가 있으셨던)가 안 되는 영어로 앞으로 계속 "Practice, Practice" 하라고 독려했던 20년 전 이립(而立)과 지천명(知天命)의 현재도 바뀐 건 없다. 좌장인 최천희 선생님은 음악제 개최를 위해 여전히 동분서주하고, 나와 비슷한 연배의 전욱용, 김지만 선생님도 실무를 보고 있으며, 밑의 세대는 올라오지 않고 있다. 이건 뭐 합포만만의 문제가 아니라 전국 어디서나 벌어지는 현상인데 작곡가를 넘어 음악가들이 그들만의 세상, 그들만의 리그의 경계를 넘어, 그래도 음악회 다니고 음악에 관심이 있어 하는 청중들을 향한 소통의 시도 자체가 서투르고, 그 경계를 넘는다고 하더라도 듣고 이어가는 사람이 없어 이제 그들 사이에서의 인정에 목말라 있기 때문이다.

하지만 한 사람을 새로이 만나는 것은 들뢰즈의 말처럼 내 삶이 새롭게 배치되는 걸 의미한다. 그 만남을 통해 정체된 내 삶에 교섭이 일어나 내 삶의 색채가 바뀌어 새로운 색으로 성립되는 과정이며 바로 이것이 앞으로도 합포만현대음악제가 꾸준히 계승되어야 하는 이유가 된다. 한 마디만 더하자. 리듬이나 형상으로 자기를 드러낼 때 비로소 우리에게 패턴으로 지각될 수 있는, 음악이라는 보이지 않는 예술이 드러날 수 있는 공간이 무대이다. 우리는 음악이라는 마법이 흰색 타이와 연미복 차림의 사람들이 무수히 지웠다 다시 쓰고 팔을 흔들어대면서 만들어낸 허기에 대한 반응이라는 걸 안다. 그게 통영이든 마산이든 창원이든 무슨 일이 있더라도 음악제가 어떤 방식이라도 지속되어야 하는 이유이다.

2024 합포만현대음악제 30회 기념연주회
Concert II

10월 15일(화) 오후 7시 30분
창원 시티세븐 클라우드 아트홀

　30회를 맞이한 합포만현대음악제의 두 번째 콘서트로 '현악 + 소품'이라는 제목으로 8명 작곡가들의 다양한 현악기를 위한 작품들이 폴란드의 네오콰르텟(Neoquartet)에 의해 연주되었다.

① 성용원 - 솔로 바이올린을 위한 미니멀 산조(Minimal Sanjo)

이번 음악회를 위해 작곡되어 네오콰르텟의 악장인 카롤리나 피아코브스카-노빅카(Karolina Piakowska-Nowicka)에 의해 초연된 성용원의 <솔로 바이올린을 위한 미니멀 산조>는 기존의 현대음악이라고 하면 연상되는 식상한 틀에서 벗어나 21세기 한국의 새로운 현대음악과 사조를 참신하게 제시하고 있다.

② 백승태 - 솔로 비올라를 위한 모정 (Mother's Love for Viola)

원곡이 가곡인가 싶을 정도로 노래의 흔적이 들어 있었다. 그걸 자꾸 감추고 기악적으로 내보이려고 하지만 어머니를 향한 사무친 마음이 분명하게 선율로 들어 있으며 뒤로 갈수록 남도 바닷가의 한 맺힌 정서가 해녀 어멍과 닮아 갔다. 포유류의 누린내가 났다. 엄마의 품으로 파고들어 비비고 싶은 엄마의 살내음, 젖내가 났다.

③ 김지만 - 바이올린과 첼로를 위한 앙상블 II (Ensemble II for Violin and Violoncello)

이제 우리가 알고 있는 본격적인 현대음악이다. 현학적이며 기법 위주의 곡이다. 바이올린에 제시된 음형을 첼로가 받아 대위법적으로 엮어 나가더니 첼로의 피치카토에 이은 칸딘스키의 '점, 선, 면'이 펼쳐졌는데, 바이올린주자 파벨 카피카 (Pawel Kapica)와 첼로주자 크리스포트 파브로브스키 (Krzystof Pawloski)의 놀라울 만큼 정확한 음고와 호흡이 곡의 정교함을 더욱 살렸다. 중간에 볼프강 림(Wolfgang Rihm) 류의 표현적인 악법이 잠시 가미되면서 첼로의 Ab-G 음의 단2도 하향 그라운드 베이스가 끈덕지게 유지되며 피치카토로 분해되었다.

④ 최천희 - 현악4중주 2번 (String Quartet No. 2)

피치카토와 술 폰티첼로(Sul ponticello)의 음색이 처절하다. 후반부에 접어들수록 확실하게 선(Line)이 드러나면서 오늘 첫 번째로 연주된 성용원의 산조와 같지만 다르게 전개되는 음계(Scale)가 등장한다. 그걸 통해 음형(Figure)의 산파가 이루어진다. 끝에는 2도가 다시 주가 되는데 김지만처럼 내려가지 않고 A-B 음으로 장2도로 올라간다. 폴란드에서 온 현악4중주단은, 자국 출신 헨리크 고레츠키(Henryk Gorecki) 교향곡 3번이 연상된다고 하였다. 작곡가 최천희도 한국에서 손에 꼽을 수 있는 몇 안 되는 폴란드 유학파다. 하지만 필자는 전반부를 왠지 <노량, 죽음의 바다>와 같은 음습한 기운이 몰려오는 걸로 느꼈다. 논개가 왜장과 함께 남강에 빠지는 결의를 다지는 거 같은 결기의 도입부였다. 첼로가 F-E라는 반음으로 끌어간다. 그 반음이 끝에는 승리의 온음으로 상향한다고 이미 적었다. 그리고 그 음정을 포함한 6음 스케일도 줄기차게 나오며 한국의 산조와 같은 즉흥성과 선법(Mode)의 춤사위라는 것도….

⑤ 오세일- 독백 VI: 바이올린을 위한 자장가 (Monologue VI : Lullaby for Violin Solo)

무척이나 울어 대던 작곡가의 큰아들이 아기였을 때 달래고 재우려 불러주던 자장가가 모태가 되고 제목도 자장가인데 아기가 아닌 아빠가 주인공이다. 소곤소곤한 자장가가 아닌 "제발 좀 이제 자~"라는 아빠의 외침과 간청이 묻어난, 시작부터 아빠의 고충과 난처함이 고스란히 전해졌다. (유난히도 많이 울었던 필자의 둘째 딸이 아기였을 때 모습 그대로였다. 지금은 그때가 뼈저리게 그립고 다시 돌아가면 짜증도 화도 내지 않고 밤새 꼬옥 껴안고 달래줄 건데….) 불 꺼진 작은 방에서 아기와 함께 쩔쩔매는 모노드라마(제목이 적격이다)가 펼쳐지

다가 아치형의 음형이 나올 때는 모두를 재울 수 있는 주술이
었지만, 자꾸 끊기다 보니 잠이 오기는커녕 신경세포만 곤두
서고 경직된다. 마지막에 가서야 평온이 찾아온다. 익숙한 동
요 선율이 휘파람과 같이 흘러나오며 풀린다. 이제 아가도 자
고 오세일도 자도 된다. 그게 오세일이 큰아들에게 불러줬던
자장가 선율이구나 하는 안도와 함께.

⑥ 권유미 - 경계를 넘어 II (Beyond boundary II)

무사의 칼과 같은 날카로운 현악기들의 주법이 한번 쓸어버리
고 나니 베이고 물든다. 그러다가 첼로에서 야수의 울부짖음
이 들려왔다. 정형이라는 한계와 경계를 뛰어넘고자 하는 몸
부림과 태움이었다.

⑦ 전욱용- 바이올린과 비올라를 위한 변이 (Mutation for
VIolin and Viola)

왜 항상 현대음악은 처음에 거칠고 후벼파면서 들어가야 하는
가! 시작부터 뭔가 강렬해야 하는가 하는 자문은, 현대음악의
마지막은 왜 항상 피치카토로 끝나야 하는가 하는 자문으로
마무리되면서 대립과 조화 속에 4개의 단편(Fragmente)들이
구성되었다. 처음이 중요하다. 거기서 제시된 음소재
(Material)를 통해 모든 게 출발하며 파생되기 때문이다. 독립
된 소재들은 4개의 독립된 악장으로, 독립된 형상(Gestalt)을
만들어냈지만 서로 유기적으로 연결되어 있었다. 학구적인 집
약체였다. 거기에 열연을 펼쳐준 두 사람의 연주자의 공이 지

대하다. 비올라 미하엘 마르키에비츠(Michal Markiewicz)의 호연이 더해 주었다.

⑧ 임주섭 - 천상 일출 (Sunrise of the Sky)

천상의 일출을 보기 위해선 설악산을 등반해 정상에 서거나 비행기 안이 되어야 할 것 같은데, 그 천상에서 바라본 일출의 신비로운 광경에서 영감을 받아 작곡된 곡이다. D음의 출현은 구름을 뚫고 하늘에서 쏟아지는 빛으로 마치 리게티(Ligeti)의 'Lontano'나 'Lex Luterna' 같은 극도의 축약과 집약 그리고 집중적인 음결합체(Cluster)였다. 최소음정(Microinterval)은 부풀어 오를 대로 팽창하여 임계점에서 터졌고, 빛은 사방으로 뿔뿔이 흩어지면서 작곡가도 승천하였다.

총평: 무엇보다 8곡을 소화해 낸 폴란드 네오콰르텟의 완성도 높은 연주에 경탄을 금치 못했다. 첫 방한이 아니었다. 이미 대구현대음악제, ACL 등의 한국 현대 음악제에 여러 번 참여한 베테랑으로서 이번에도 한 해에 80회가 넘은 바쁜 해외 연주회 스케줄 상에서도 창원에 와서 수준 높은 연주를 한 그들의 프로페셔널한 자세가 큰 귀감이었다. 몇몇 작품은 자국에 돌아가서도 연주하고 제자들에게 가르치겠다고 하니 그건 강요나 계약이 아닌 자발적인 작품 보급의 이상적인 경로이자 소통이다. 우리만의 색채와 정서를 가진 창작품은 전 세계 어디에서도 쓰이고 또 연주된다는 명명백백한 사실이자 방증이다. 어렵고 척박한 환경에서도 이런 국제적인 교류를 성사시킨 합포만현대음악제 운영위원회 측에 감사를 표한다.

합포만현대음악제 30주년을 조명하며

임재경

(작곡가, 숙명여대 교수)

나는 합포만현대음악제에 두 번 참석한 작곡가이다. 두 번을 참석하였지만 세 번 같은 두 번이다. 두 번째 참석한 음악제에서는 나의 작품이 연주되었지만, 첫 번째 참석한 음악제에서는 나의 작품뿐 아니라, 나의 아내이자 작곡가인 '안혜윤' 선생의 작품도 함께 연주되었기 때문이다. 당시 우리 부부는 어린 딸 한 명을 데리고 세 식구 모두가 참석하였다. 부부 작곡가가 동시에 참여한 공연은 합포만음악제에서 처음 있었던 일이었고 더욱이 만 4세의 최연소 관객이 관람하였다는 사실 역시 앞으로 깨지기 어려운 기록으로 남을 것이다. 그만큼 이 음악회는 우리 가족에게 매우 특별한 의미로 기억된다.

2000년대 초반, 독일에서 유학했던 시기에 나는 한 작곡가를 만났었다. 이 작곡가는 전욱용 선생님으로 독일 데트몰트에서 작곡을 수학하고 현재 작곡가와 지휘자로 활동하고 있는 열정적인 음악인이다. 유학 시절 이 분을 만나서 창작이라는 부분에 있어서 치열한 설명을 들었었고 그 진지함과 프로페셔널함에 있어 큰 충격을 받았었다. 그 뒤로 꾸준한 연락을 하고 지내던 중 어느 날 합포만현대음악제 참여라는 좋은 기회를 제안해 주셔서 함께 음악회를 할 수 있게 되었다. 유학 시절에 나누던 대화 속에서 나중에 함께 음악회를 하면 좋겠다고 했었는데, 그 작은 말이 20년 동안 자라나 마침내 이루어진 소중한 결실을 맺게 된 기회였다.

내가 첫 번째 합포만을 방문했을 때는 2021년이었다. 당시 우리 부부는 만 4세의 어린 딸 한 명이 있었고, 음악회에 세 식구가 모두 참석했었다. 음악회는 경상남도 고성군 동해면 외산리에 있는 '이안 카페'라는 곳에서 진행하였다. '왜 음악회를 카페에서???' … 이러한 공연장 설정은 요즘에는 많이 나타나지만, 그 당시에는 매우 낯선 풍경이었다. 당시 매우 진보적 사고를 통해 공연장을 다각화했고, 관객은 카페 이곳저곳에 자유롭게 착석 후 공연을 관람할 수 있었다. 또한 착석시 마치 우연적 만남을 가장하듯 탁자 위에는 각각 시의 한 구절이 쓰여 있었으며, 내 좌석 앞에는 다음의 시가 있었다.

네가시방가시방석처럼여기는
너의앉은그자리가바로꽃자리니라
- 구상 詩 <꽃자리>

필자인 나는 40대 중반의 작곡가로 활동하고 있지만, 아직도 공연장을 방문할 때마다 공연장은 어떤 엄숙함과 함께 사회적 약속 범주 내에서 행동해야 한다고 느껴진다. 그러나 이곳에서는, 모든 관객이 공연 전에 시 한 구절을 통해 감성을 상쾌하게 만든 후 편안하게 공연에 임할 수 있었다. 반평생을 교사직에 봉직하시고 이 카페를 운영하고 계시는 사장님의 식견을 엿볼 수 있었던, 공연 전 소통의 과정이었다.

이러한 환기에도 불구하고 공연이 시작될 때 한 가지 걱정이 시작되었다. 그것은 함께 온 네 살의 딸 아이였다. 음악회가 처음 시작하고 엄마와 아빠의 작품이 연주될 때까지만 해도 열심히 박수를 쳤건만 공연 후 30분이 지나면서 아이에게 공연이 조금 길었었는지 혹 여독 때문이었는지 조금은 지쳐 보였다. 그러다 최천희 선생님의 두 대의 가야금을 위한 작품 "골목길에서…"를 듣는 순간 아이의 눈은 조금씩 반짝이기 시작하였다. 모음곡의 한 작품 한 작품이 지나감에 따라 아이는 리듬에 맞추어 슬슬 자기 무릎 위에서 박자를 따라치기 시작하였고, 점점 음악에 빠져들었는지 아이는 음악에 맞추어 으레 춤까지 추었다. 순수 음악을 발표하는 공간에서 이러한 반응은 매우 이례적이었을 것이다. 부모 입장에서 볼 때, 일반 공연장에서는 다른 관객들을 의식해서라도 아이의 행동을 자제시켰겠지만, 우리는 조용히 아이의 행동을 지켜보았고 카페에서의 좌석 역시 아이에게 조금은 자유로운 공간이었나보다. 그렇지 않았다면 아이 역시 자리에서 일어나 덩실덩실 춤을 추지는 않았을 것이다. 음악을 모르는 아이까지 움직이게 한 공연이었기에 합포만현대음악제에서의 특별한 경험은, 이 음악제의 진실함을 통해 음악의 힘이 매우 순수하고도 새롭다는 것을 느끼게 하였다. 우리의 창작곡들은 모두 이러한 힘을 가진 작품으로 소중히 다루어져야만 하겠다.

공연 후에는 연주자와 작곡가를 포함한 모든 음악인이 함께 차를 마시며 그날 공연에 대하여 서로 질문하고 답을 들을 수 있는 시간이 있었다. 동료 음악인들과의 소통이란 공연보다 더 소중한 시간이었다. 대부분의 공연에 있어, 연주자는 자기 순서의 연주가 끝나면 휴식이나 다음 일정을 위해 곧바로 공연장을 떠나곤 하는데, 사실 이러한 현실은 너무나도 아쉬운 상황이다. 결혼식도 식이 끝나면 함께 식사하고 인사하며 마무리하는데, 공연 참가자들은 무대 위에서의 인사를 마지막으로 하며 곧바로 헤어지며 연주비를 이체하면 곧바로 소통은 끝난다. 함께 공연을 마치자마자 건조한 헤어짐을 반복하는 실태를 볼 때, 합포만현대음악제의 공연 후 토론 시간은 소통과 반성, 배움의 과정이었다. 이 순서야말로 서로의 존재를 확인하고, 인격을 가진 문화인으로서 서로의 행위를 증명하고 위로하는 시간이었다.

이 공연의 특별함을 더 이상 말해서 무엇하랴마는, 공연장의 위치는 무대를 넘어 공연장의 배경까지 포함한 넓은 무대로 보아야만 한다. 공연을 마치고 마치 조용한 후주곡의 순서가 미리 있던 것처럼 하늘에는 수많은 별이 쏟아지며 우리의 머리와 가슴 속에서 박수치고 있었다. 유럽에서 오페라를 공연할 때도 이따금 보통의 공연장이 아닌, 아름다운 자연 환경을 배경으로 야외 공연장을 활용하곤 한다. 관객석은 육지에 있고 큰 호수를 배경으로 삼아 공연 무대를 물 위 간이 무대로 설치한 후 달과 별이라는 조명을 활용하여 자연 부대 설비로 공연하곤 한다. 트인 공간에서 소리의 전달력은 약해지지만, 관객은 자연과 바람, 음악을 맞으며 삶과 예술을 느낀다. 이러한 특별한 공연은 음악을 넘어 전율을 주기도 한다. 그날의 연주 공간 역시 섬과 바다의 중간쯤 되는 반섬에 가까운 형태에서 진행하였고, 이는 자연의 무대였다. 카페 앞 온화한 바다가 조용하게 보이며 육지와 바다 공간에서 시작한 모티브는, 다시 '석양과 음악'이라는 시간을 통해 차분히 어두운 바다로 변형되었고 마지막에는 '별하늘과 고요함'이라는 쉽게 접할 수 없는 세계로 우리를 이끌었다. 푸른 바다는 점점 침묵하였고 그 조용함은 빛나는 별들로 가득 채워진다. 공연 후 침묵의 공간은 우리에게 많은 생각을 하게 하였고, 필자는 아직까지도 그렇게 많은 별들을 본 적이 없다. 이 날의 특별한 경험을 준, 합포만현대음악제 운영위원회에서 그동안 애써주신 모든 분들께 심심한 감사의 말씀을 드린다. 나뿐 아니라 음악회에 참석한 모든 이들에게 특별하고도 아름다운 인생의 한 부분을 남겨 주셔서 감사드리고, 30여년 동안 창작 음악을 꾸준히 지켜주시고 전해 주신다는 사실에 더욱 더 응원하며 사랑의 마음을 전한다. 앞으로도 이 음악제가 왕성한 창작에

너지로 가득 차길 바라며, 항상 행복한 음악제로 거듭나 많은
이들에게 기쁨의 순간들을 많이 많이 남겨 주시기를 고대하며
이 글을 마친다.

합포만현대음악제 30주년을 맞이하며

시게키 오쿠보
(타악기연주자)

애초에 나는 한국이라는 나라에 대해 서울, 부산이라는 도시가 있다는 것 외에는 아무것도 몰랐고, 솔직히 정보도 관심도 전혀 없었다. 그런 내가 지금은 이렇게 합포만현대음악제를 비롯한 다양한 음악을 통한 교류에 참여할 수 있게 되었으니, 인생이란 참으로 신기한 것이다.

그리고 이러한 흐름이 생긴 것도 2012년에 색소폰 연주자 이병주 씨를 만나지 않았더라면 실현되지 않았을지도 모른다.

어쨌든 그날, 일본의 최남단에서 이병주 씨와 함께 라이브 공연을 하며 소리를 낸 그 경험에서 모든 것이 시작되었다. 그 후 이듬해부터는 앨범도 녹음하고, 서로의 나라에서 해마다 연주를 시작하면서 음악을 통해 많은 친구들이 생겼고, 사람들과의 인연이 이어지게 되었다. 지금까지 내 홈스튜디오에 와서 녹음을 해 준 한국 아티스트들의 앨범은 이미 10장이 넘는다. 이렇게 함께 음악 작업을 계속할 수 있다는 것은 무엇과도 바꿀 수 없는 행복이다.

그리고 어느 날 나는 주 1회 한국어를 배우기로 결심했다. 무언가를 시작해도 오래가지 못하고 작심삼일이던 나였지만, 이것만은 코로나가 유행하기 시작한 2020년 전까지 한 번도 쉬지 않고 계속했다. 사실 나는 언어 자체에 흥미가 있었던 것은 아니다. 음악을 하면 그 안에서 국경을 넘어 함께 연주할 수 있으니, 언어가 통하지 않아도 소통은 가능했기에 굳이 언어를 배우지 않아도 되었을지도 모른다. 하지만 역시 그것만으로는 이해할 수 없는 것도 있었고, 실제로 눈앞에 펼쳐진 이 세계가 이렇게 열리게 된 것은 한국어를 꾸준히 배운 덕분이라고 생각한다.

젊었을 때 드럼을 배우러 미국에 유학을 갔던 나는, 영어만 할 수 있으면 웬만한 건 괜찮을 거라 처음에는 생각했다. 그런데 실제로 한국어를 조금이라도 알게 되자, 그때부터 사람들과의 소통이 갑자기 넓어졌고, 그것이 다시 음악을 통해 나의 세계를 더 크게 열어주었다. 그리고 이병주 씨와의 활동 속에서 큰 스승이신 최천희 선생님과의 만남이 있었다. 그동안 한일 교류를 활발히 진행해온 선생님께서는 합포만을 비롯하여 창원의 오케스트라, 다양한 연주 기회에 나를 참여시켜 주셨다. 선생님은 내 고향인 가고시마에도 방문해 주셨고, 그 이후 나는 합포만현대음악제에 벌써 네 번째로 참가하게 되었다. 한국과 일본에서 결성된 꼬니니꼬라는 오케스트라 연주도 후쿠오카까지 가서 직접 본 적이 있었고, 그 자리에서 최천희 선생님과도 즐거운 시간을 보낼 수 있었다. 그 오케스트라 활동도 최천희 선생님이 오랫동안 이어오고 계신 프로젝트 중 하나다.

최천희 선생님과 늘 함께 가는 복어 요리집. 일본에서는 복어가 너무 고급 음식이라 좀처럼 먹을 기회가 없는데, 한국에서 일상적으로 먹을 수 있는 복어의 맛에 감동했다. 그리고 여기저기 있는 세련된 카페들, 한국의 전통 홍차, 돼지국밥, 해산물 요리 등, 나는 점점 더 한국 음식의 매력에 빠져들었다.

처음에는 창원이라는 도시도, 마산이라는 도시도 가본 적이 없던 나는 부산에서 버스를 타고 향했는데, 버스를 타는 것조차 언어 장벽으로 어려움을 겪었지만, 그것 또한 즐거운 경험이었다. 내가 할 수 없었던 일이 조금씩 해결되면서 '다음번에도 혼자서 창원까지 갈 수 있겠다'는 자신감으로 이어졌고, 어느 순간에는 일본에서 합포만현대음악제를 보러 오겠다는 사람을 직접 공항까지 마중 나갈 수 있게 되었다. 늘 머무는 호텔 근처에는 호수도 있어서, 그 주변을 운동 삼아 산책하는 것도 또 하나의 즐거움이다. 그곳에서 산책이나 운동을 하고 있는 노인들을 스쳐 지나가며 외국인인 나로서는 그것 또한 색다른 체험으로 매우 흥미롭게 다가왔다. 내 고향은 활화산이 있어 땅이 물러 높은 건물을 짓지 못하는 지역이다. 그래서인지 한국의 높은 건물을 보면 도시적이라는 생각이 더 많이 든다. 합포만현대음악제의 공연장도 고층 빌딩의 최상층이거나 큰 홀인 경우가 많아, 시골에서 자란 나로서는 그저 놀라움의 연속이다.

나에게 있어 바다 건너에 음악을 사랑하는 사람들이 살고 있다는 사실을 알게 되고, 상상도 못 했던 다른 문화를 접하며 자극을 받고, 게다가 이렇게 새로운 관점에서 함께 음악을 만들어 나간다는 것이 얼마나 멋진 일인지 감사하게 느끼고 있다. 그리고 그 음악을 통해 바라보게 되는 희망을 매번 설레는 마음으로 상상할 수 있다는 것이 무엇과도 바꿀 수 없는 행복이다.

합포만현대음악제가 30주년을 맞이하게 된 지금, 이렇게 오랜 시간 작곡가 여러분, 편곡가 여러분을 비롯해 많은 분들이 참여하며 이루어지고 있다는 것은 정말로 놀랍고 멋진 일이다. 그리고 그러한 소중한 음악제, 그리고 그 안에서 이어진 사람들과의 인연 속에 내가 함께 있다는 것을 자랑스럽게 생각한다. 앞으로도 합포만현대음악제가 길이 이어지고 더욱 발전해 나가기를 진심으로 기원하며 30주년을 진심으로 축하드립니다.(박봉주 역)

ハッポマン現代音楽祭30周年を迎えて

Shigeki Okubo

　そもそも元々韓国という国のことについて、ソウル、釜山、という町があるんだ、それ以外韓国については何も知らない、情報も関心も正直何もなかった私が、今ではこうやってハッポマン現代音楽祭をはじめ様々な音楽を通した交流に参加できるようになったのだから人生とは不思議なものでならない。そしてこういう流れになったのも2012年にサキソフォン奏者のイビョンジュに出会っていなければ実現し得ていないのかもしれない。

　とにかくあの日イビョンジュと日本の最南端で一緒にライブをして音を出すという経験から全ては始まっているのである。それから次の年からアルバムもレューディングしお互いの国で毎年のように演奏を始め、音楽を通してたくさんの友人ができ、人との繋がりができていったのである。これまでに私の所有するホームスタジオに来て録音してくださった韓国のアーティストのアルバムは既に10枚以上、こうして一緒に音楽の制作を続けられていることは何にも代え難い幸せである。

　そしてある時私は週一で韓国語を習うことにした。だいたい何を始めても長続きせず三日坊主の私だがそれはコロナが流行する2020年前まで休むことなく続いたのだ。実際のところ語学に興味があったわけではない。音楽をすればとりあえずはその中で国を超えて一緒に演奏できるから言葉は通じなくてもコミュニケーションがとれるから本当は言葉は習得しなくてもよかったのかもしれないけれど、やはりそれだけでは理解しえないこともあるだろうし、事実としてここまで目の前に見えていた世界が開けたのは韓国語を習い続けたおかげなのではと思う。若い時にアメリカにドラムで留学していたため英語さえできればとりあえず大丈夫だろう、と最初は思っていた。ところが実際に少しでも韓国語を知るとそれから途端に人とのコミュニケーションが広がり、それが更に音楽を通じて世界が拓けてきたのだ。

　そしてイビョンジュとの活動の中で大先生にあたるチェチョニ先生との出会い。これまでも韓国と日本の交流を盛んに行ってきた先生はこのハッポマンはじめ昌原のオーケストラ、様々な演奏の機会に私を採用してくださった。私の故郷である鹿児島にも足を運んでくださり、それ以来もう私はこのハッポマン現代音楽祭に参加させていただくのは4回目だ。ユニニュという韓国と日本で結成されているオーケストラも福岡まで見にいったことがあり、そこでチェチョニ先生とも楽しい時間を過ごすことができた。そのオーケストラの活動もチェチョニ先生が長らく続けていらっしゃるプロジェクトの一つでもある。

　チェチョニ先生といつも食べに行くフグ料理。まずフグは日本では高級すぎて食にありつける機会はめったにないのだが、韓国の日常的に食されているフグの美味しさに感動。そしていたるところにあるオシャレなカフェ。韓国の伝統紅茶、デジクッパ、海鮮料理とますます韓国料理の虜になっていった。

　そもそも昌原という街にも馬山という街にも行ったことがなかった私は、バスに乗って釜山よりむかったのだが、バスに乗ることさえ言葉の壁で困難だったがそれも楽しい経験で、自分にできなかったことが少しずつクリアされ次回も1人で昌原まで行けるだろうと自信にもつながり、ある時にはわざわざ日本からハッポマン現代音楽祭を観に来たいという人を空港までむかえにいけるようにまでなったのだった。

　いつも滞在するホテルの近くには湖もあり、その周りを運動がてら散歩するのもまた楽しみの一つだ。そこで同じく散歩や運動をしている年配のみなさんを横目に散歩するのも、外国人の私はそれもまた異経験として非常に興味深いものなのである。私の故郷は活火山があるため土地が柔らかく高い建物は建設できない地域だ。たがら余計に韓国の高い建物をみると都会的だなと思う。ハッポマン現代音楽祭の会場も高層ビルの最上階だったり、大きなホールだったりと、田舎育ちの私からするとまあ驚くことばかりである。

　私にとっては海を隔てた地に同じく音楽を愛する人々が住んでいることを知りなかなか想像もできない異なる文化に触れて刺激を受け、しかもこうやって新たな切り口で音を奏でることの素晴らしさを感謝し、またその先に見える希望を毎回ワクワク想像することがかけがえのない幸せである。ハッポマン現代音楽祭も30周年を迎え、こうして長らく作曲家のみなさん、そして編曲家のみなさんをはじめいろんな方が参加して成立していることは本当に素晴らしいことです。そしてそのかけがえのない音楽祭、またその人との繋がりの中にいることができていることを誇らしく思います。これからも末永くハッポマン現代音楽祭が受け継がれていき発展していくことを切に願っております。30周年おめでとうございます。

합포만의 추억

권은실
(작곡가)

나와 합포만은 오래전부터 인연이 있다. 아버지의 직장을 따라 5세에서 10세까지의 유년 시절을 마산에서 보냈다. 유치원도 마산에서 다녔고, 초등학교도 마산 완월국민학교에서 3학년까지 다녔다. 부산에서 태어나 대구에 대학을 가기 전까지 거의 부산에서 살았고, 대학을 졸업하고 독일로 유학 가서 9년간 유럽에서, 귀국 후 현재까지 대구에서 살고 있지만, 유년 시절 5년밖에 살지 않았던 마산(현재 창원시)의 주소만은 신기하게도 지금까지 또렷이 기억하고 있다, '마산시 합포구 장군동 4가 8번지'이 주소만은 절대 잊어버리지 않는다. 이유는 모르겠으나, 그만큼 내 인생에서 마산의 기억은 강하다. 바다 냄새와 몽고간장 공장에서 나는 진한 군고구마 냄새, 그리고 산과 바다, 골목 등등 마산의 풍경들이 지금도 사진처럼 선명하다. 내 인생을 돌이켜보면 음악을 하게 된 계기나 작곡가로서의 정서적 영향을 많이 받은 곳이 바로 합포만인 것 같다.

유학을 마치고 귀국해서 합포만현대음악제에 첫 발을 들였을 때 고향으로 돌아온 기분이었다. 나의 고향이라서인지, 또 대표이신 최천희 선생님과 같은 은사님이신 고 우종억 교수님에게 작곡을 배우고 음악적 영향을 받아서인지, 아무튼 합포만현대음악제는 내게 특별했다. 2006년 대구국제현대음악제와의 교류를 시작하면서 더 소중한 인연이 되었다. 국내외에 내로라하는 현대음악제에 많이 다녀보았지만 합포만현대음악제는 그들만이 갖는 정체성이 뚜렷하다. 합포만현대음악제는 1995년에 시작되어 이제 30회를 맞이한 경상남도의 전통 있는 현대음악제로 자리매김해 왔다. 지역과 타지역(국외 포함) 작곡가들의 창작곡을 교류하는 장이자, 국내에서 좀처럼 접하기 어려운 다양한 편성의 국내외의 실내악단들을 초청하여, 국악, 서양음악, 재즈까지 여러 가지 장르의 창작 현대음악을 소개하는 무대로 발전해 왔으며, 수많은 창작곡들을 탄생시켰다. 이처럼 오랜 역사와 성과는 합포만현대음악제의 문화적 자긍심으로 이어지고 있다. 이 계기는 현대음악의 다양성을 탐구하고, 음악적 네트워크를 확장하는 중요한 전환점이 되었다. 나의 음악들도 합포만음악제에 위촉되어 여러 번 초연되었다, 합포만현대음악제에서 위촉받은 곡들은 국악기를 위한 곡, 색소폰사중주곡, 현대무용을 위한 전자음악 등으로 나에게는 매번 새로운 음악적 도전의 시간들이었다.

나의 스승님이신 우종억 교수님께서 합포만현대음악제를 이끌어 가시는 최천희 선생님을 살아생전에 많이 칭찬하셨다. 내가 2010년에 대구국제현대음악제 감독을 맡게 되었을 때도 합포만현대음악제의 예를 드시면서 조언을 아끼지 않으셨다. 고인이 되신지 벌써 2년이 지나간다. 살아 계실 때 내 기억으로는 매해 합포만현대음악제에 작품을 발표하셨고, 연주회를 마친 뒤풀이에서 항상 그날의 음악회에 대해 평가 및 조언을 아끼지 않으셨다. 지금 생각해 보면 매우 귀한 시간이고 이제는 추억이 되었다. 작곡계의 어르신이 하시는 말씀과 제일 어린 후배 작곡가가 느끼는 바를 얘기하는 시간, 혹시 이 와중에 잡담이라도 하면 어김없이 혼내시는 최천희 감독님,,, 나도 몇 번 혼났던 기억이 난다. 마치 학창시절 수업 시간에 짝꿍이랑 잡담하다가 들켜 혼났던 기억이랑 흡사한 느낌이었다. 내게 아주 인상 깊었던 뒤풀이의 현장들이다. 음악회도 매우 중요하지만, 뒤풀이도 매우 중요한 합포만현대음악제이다. 작곡가들과 연주자들이 서로 연주회에 대한 평가와 바람들을 얘기하는 시간은 형식적이지 않았고, 매우 진지했으며, 앞으로 음악제의 미래에 대해 매우 중요한 역할을 하는 시간이라고 생각한다. 그 장면들을 떠올리면 나의 스승님이신 고인이 되신 우종억 교수님이 그리워진다.

나의 곡이 발표된, 기억나는 연주회는 2011년, 중요무형문화재 제30호 가곡전수관의 가곡전용연주홀 영송헌에서 발표한 곡인 여창, 대금과 가야금을 위한 정가 「상사몽」이었다. 이 공연은 전통적 공간에서 전통정가의 형식에 현대음악의 실험적 아름다움을 선보였던 특별한 경험이었다. 이어 2015년에는 성산아트홀에서 전자음악과 무용음악의 조화를 탐구하며 청중들에게 현대음악의 새로운 면모를 소개했던 연주회, 2017년, 창원 시티세븐 43층 문화공간 파랑새에서 열린 공연에서는 색소폰사중주 「캐논 인버스」가 일본 연주자들에 의해 연주되었는데, 현대음악의 역동성과 공간의 특성을 결합한 독특한 무대였다. 2019년에는 피아노 12초절기교가 성산아트홀에서 지역의 피아니스트들에 의해 발표되었고, 작년 2024년에는 산세가 멋진 시골 마을 마산합포구 진전면 적석산길 224에 위치한 한옥에서 가야금 솔로 곡 「나비」를 올렸다. 이 공연은 현대음악과 한국 전통음악의 접점을 탐구한 특별한 순간이었다. 현재까지 내가 합포만현대음악제에 참가하여 수차례 곡을 발표했지만, 같은 장소는 한 번도 없었다. 폐교, 미술관, 한옥, 가곡전용홀 등, 연주자들도 여러 나라의 최고의 연주자들로 일회성에 그치지 않고, 좋은 연주자들은 자주 초청되어 인연을 맺어가는 진정한 국제적 교류의 장이 바로 합포만현대음악제이다.

그 외에도 인상에 깊은 음악제는 2007년 제13회 합포만현대음악제이다. 문신미술관 제1전시실에서 대구타악앙상블의 연주로 일본의 작곡가 니노미아와 구자만, 임주섭 외의 작곡가들의 작품을 발표했었다. 시간이 오래 지났지만 그날 저녁의 미술관의 풍경과 각 전시실에 전시되어 있는 미술작품과 다양한 타악기를 위한 개성 넘치는 작품들이 마치 한 폭의 그림 속 풍경처럼 내 기억에 자리잡고 있다. 이런 이유에서 합포만현대음악제는 매년 기대가 된다. 올해는 또 어떤 연주단체가, 어떤 곳에서, 어떤 작품들이 올려질지 항상 기대하며 기다리는 현대음악제가 그리 흔치는 않을 것이다.

작년 초에 음악제운영위원회에서 연주 단체 섭외에 대해 요청이 왔을 때 오랫동안 교류하고 있는 폴란드 연주 단체를 소개하게 되었다. 2024년 10월 14일에서 15일에 개최된 제30회 합포만현대음악제에 소개한 폴란드의 현악사중주단 NEO Quartet의 연주에 의해 8명의 작곡가들의 창작곡이 발표되었다. 음악제 운영위원들과 작곡가들이 그들의 연주에 너무 만족하셔서 그 동안의 인연에 보답한 것 같아 보람이 되었다.

이렇게 합포만현대음악제와 25년간 인연을 맺으며 어느덧 나도 한 일원이 되어 있었다.

이제 합포만현대음악제는 30주년을 맞아 그동안 쌓은 전통을 되새기며, 음악제의 문화적 의미를 재조명하고 앞으로 나아갈 길을 모색해야 할 시점이다. 합포만현대음악제는 단순한 음악제가 아니라, 창원의 예술혼과 창의성이 살아 숨 쉬는 특별한 축제이다. 지난 30년 동안 음악제의 성공은 이 음악제를 이끌어 나가는 운영위원들의 기획력, 작곡가, 연주가, 그리고 관객들의 열정과 헌신 덕분이었다.

이제 새로운 30년을 향한 발걸음이 시작된다. 합포만현대음악제가 앞으로도 지역의 정체성과 현대음악의 가능성을 아우르며, 세계 무대에서도 빛나는 음악제로 자리잡길 진심으로 응원한다. 턱없이 부족한 재정으로 이렇게 멋진 음악제를 이끌어 오신 최천희 선생님 외 운영위원들에게 감사와 축하를 드리며, 밝은 미래를 향해 나아가는 합포만현대음악제의 앞날에 무한한 박수를 보낸다!

합포만현대음악제 30주년에 부쳐

한대섭

(작곡가)

바다 위에 그려진 서른 해의 항해

서른 해 동안 합포만현대음악제는 파도처럼 끊임없이 새로운 소리를 일으켜 왔습니다. 이 음악제는 이름처럼 바다를 닮았습니다. 파도는 쉼 없이 일렁이며 늘 다른 모습으로 다가오지만, 그 본질은 한결같습니다. 합포만현대음악제 역시 매년 다른 프로그램과 새로운 시도를 통해 청중을 맞이했지만, 그 중심에는 '현대음악을 향한 진정한 사랑'이라는 한결같은 정신이 자리하고 있었습니다.

현대음악을 위한 축제가 30년을 이어온다는 것은 결코 쉬운 일이 아닙니다. 유행의 중심에 서 있지 않은 음악, 때로는 낯설게 느껴지는 음악, 그래서 더욱 깊은 이해와 열린 태도를 요구하는 음악을 꾸준히 선보여 왔다는 사실만으로도 이 음악제의 가치는 특별합니다. 합포만현대음악제는 그저 공연을 여는 자리가 아니었습니다. 그것은 새로운 음악이 세상과 만나는 첫 장이자, 한국 현대음악의 한 역사를 써 내려가는 자리였습니다.

나의 기억 속에 살아 있는 그날의 무대

저 역시 이 항해의 여정에 참여했던 한 사람으로서 그 특별함을 몸소 느낀 적이 있습니다. 2022년, 박현정 선생님의 플루트를 통해 제 음악이 이 음악제 무대에서 울려 퍼졌습니다. 규모는 크지 않은 공연장이었지만, 오히려 그 작은 공간이 만들어내는 친밀함과 집중력은 대극장에서 느낄 수 없는 특별한 경험이었습니다.

연주가 시작되자 청중은 숨을 죽인 채 한 음 한 음을 온전히 받아들였습니다. 그 순간, 저는 작곡가로서 제 음악이 청중의 내면과 직접 마주하는 진정한 소통의 힘을 느꼈습니다. 연주가 끝난 후, 객석에 앉아 있던 한 청중이 제게 다가와 "처음 듣는 음악인데도, 이상하게 오래 알고 지낸 이야기 같았다"는 말을 해주었습니다. 그 짧은 한마디는 작곡가로서 제가 왜 음악을 쓰는지를 다시 일깨워 주는 시간이었습니다.

이 인연은 거기서 끝나지 않았습니다. 박현정 선생님의 플루트 독주회에서 다시 한 번 제 작품이 연주되며, 음악이 사람과 사람 사이를 건너 살아 숨쉬는 존재라는 사실을 새삼 확인할 수 있었습니다. 한 작품이 한 사람의 손끝을 거치고, 한 무대를 거쳐, 또 다른 자리에서 새로운 생명을 얻는 그 과정은 언제나 감동적입니다.

현대음악과 청중, 그리고 '함께 듣는다는 것'

현대음악은 늘 청중과의 관계 속에서 존재합니다. 이 음악은 때로는 낯설고, 때로는 이해하기 어려울 수 있습니다. 하지만 그 속에는 우리가 살아가는 시대의 감정과 고민, 그리고 희망이 담겨 있습니다. 합포만현대음악제가 특별한 이유는 바로 여기에 있습니다. 이곳에서 청중은 단순히 '듣는 이'로 머무르지 않습니다. 그들은 연주자와 작곡가와 함께 음악의 여정을 걷는 '동행자'가 됩니다.

제가 합포만에서 만난 청중은 그저 관객석에 앉아 있는 사람들이 아니었습니다. 그들은 음악에 몰입했고, 질문했고, 때로는 마음으로 연주자와 함께 호흡했습니다. 저는 그 자리에서 현대음악이 결코 '이해하는 음악'이 아니라, '함께 살아내는 음악'임을 배웠습니다.

앞으로의 30년을 향해

올해로 서른 살이 된 합포만현대음악제는 단순한 축제가 아닙니다. 그것은 우리 모두의 시간과 꿈이 쌓여 만들어진 항해의 기록입니다. 서른 해의 시간이 이 음악제를 단단하게 만들었다면, 앞으로의 서른 해는 이 음악제가 더 멀리 나아가도록 할 것입니다.

합포만현대음악제가 앞으로도 계속해서 새로운 음악의 파도를 일으켜 주길 바랍니다. 작곡가에게는 도전과 실험의 무대가 되고, 연주자에게는 진정한 예술적 소통의 장이 되며, 청중에게는 새로운 감각과 사유를 열어주는 바다가 되기를 바랍니다.

이 뜻깊은 여정을 만들어 온 모든 분들께 진심 어린 존경과 감사를 드리며, 합포만현대음악제가 앞으로도 우리 시대의 소리를 담아 더 깊고 넓은 항해를 이어가길 기원합니다.

시골에서 꽃피운 현대음악의 열정

박현정
(플루티스트)

　플루티스트 박현정입니다. 먼저, 합포만현대음악축제 운영위원회에 깊은 존경과 축하의 말씀을 전합니다. 30주년 기념책 출판에 귀한 지면을 할애해 주시고, 이 뜻깊은 자리에 함께할 수 있는 영광을 주셔서 진심으로 감사드립니다.

　합포만현대음악제는 경남 지역을 넘어 국내외 작곡가들에게 창작의 터전을 제공하며, 매년 새로운 작품들을 선보이는 독창적인 축제입니다. 음악 안에서 국악과 양악의 결합, 나아가 음악이라는 경계를 넘어 다른 예술 분야와의 융합을 끊임없이 시도하는 실험정신은 이 축제의 가장 큰 매력이라고 생각합니다. 또한, 세계 각지에서 활약하는 뛰어난 연주자들이 함께하며 음악적 교류를 이루는 국제적인 무대이기도 합니다. 국악과 양악을 아우르는 다채로운 프로그램으로 매년 이틀간 펼쳐지는 열정적인 무대는, 현대음악이라는 다소 어렵게 느껴질 수 있는 분야에 대한 편견을 넘어 많은 이들에게 깊은 영감을 선사합니다.

　30년이라는 긴 시간 동안 묵묵히 현대음악의 외길을 걸어온 합포만현대음악제의 굳건한 의지와 끊임없는 노력에 진심으로 경의를 표합니다. 국내에서 30년 이상 지속된 현대음악축제로는 대구현대음악페스티벌, 대전현대음악페스티벌, 그리고 한국페스티벌앙상블 등이 손꼽히는 것으로 알고 있습니다. 이들과 어깨를 나란히 하며 합포만현대음악제가 한국 현대음악의 중요한 한 축으로 굳건히 자리매김했다는 사실은 누구도 부인할 수 없을 것입니다.

저는 플루트 연주자로서 10년 전 합포만현대음악제를 처음 알게 되었고, 이후 두 번의 공연에 참여하며 깊은 감명을 받았습니다. 그리고 다가오는 2025년 10월, 다시 한번 이 의미 있는 무대에 설 수 있게 되어 무척 기쁩니다. 2016년에는 목관사중주를 위한 창작곡 발표회에 참여하여 다채로운 앙상블 연주를 경험했고, 2022년에는 독주를 비롯한 여러 편성으로 참여하며 합포만현대음악제의 폭넓은 스펙트럼을 직접 느낄 수 있었습니다.

합포만현대음악제와의 특별한 인연은 존경하는 최천희 선생님과의 만남에서 시작되었습니다. 2015년 불가리아 플로브디프 교향악단 연주에서 저는 플루트 협연자로, 선생님은 작곡가로서 같은 무대를 공유하게 되었는데, 선생님의 음악에 대한 뜨거운 열정과 소탈한 인간미에 깊은 인상을 받았습니다. 그 후 선생님께서 주관하시는 여러 연주에 솔리스트로 저를 초대해 주시면서 자연스럽게 인연을 이어가던 중 합포만음악제에 대한 이야기를 듣게 되었습니다. 학창 시절부터 동시대 작곡가의 작품과 연주에 남다른 흥미를 가지고 있던 저는 호기심을 안고 음악제를 직접 찾았습니다.

2015년 합포만현대음악제 공연은 그야말로 신선한 충격이었습니다. 세계 각국에서 온 연주자들의 놀라운 현대음악 이해도와 뛰어난 연주 실력, 그리고 작곡가들과의 끈끈한 유대감은 동시대 음악가들이 지향해야 할 이상적인 모습이라고 생각했습니다. 당시 일본 재즈사중주단, 영국 트롬보니스트 베리 웹, 우크라이나 출신의 전자음악 작곡가 잔코프스키 등 다양한 국적의 음악가들이 함께했던 생생한 기억은 아직도 잊혀지지 않습니다. 그들이 합포만현대음악제에서 초연한 곡들이 다른 나라에서도 연주되고 교육 자료로 활용된다는 이야기를 들었을 때, 이 작은 도시에서 시작된 음악적 울림이 얼마나 큰 파급력을 가지는지 실감할 수 있었습니다. 이후 저는 선생님께 현대음악에 대한 저의 뜨거운 관심과 열정을 진솔하게 말씀드렸고, 마침내 합포만현대음악제에 참여하는 소중한 기회를 얻게 되었습니다.

2016년 목관사중주 연주에서는 다채로운 스타일의 곡들을 경험했는데, 특히 한 작품이 깊은 인상을 남겼습니다. 음악적 호불호를 떠나, 극도로 여린 음역(pppp)을 표현해야 하는 기술적인 어려움 때문에 연주자들이 깊이 고심했던 곡입니다. 당시 목관 연주자로서 그 곡을 현악 4중주로 편성했다면 작곡가의 의도가 더욱 효과적으로 드러나지 않았을까 하는 조심스러운 생각을 하기도 했습니다.

2022년 공연에서는 한대섭 선생님의 플루트 독주곡 '사이렌의 속삭임'이 오랫동안 깊은 여운을 남겼습니다. 2017년에 작곡되고 2022년에 개정된 이 곡을 준비하면서, 저는 최고 수준의 작품을 마주했을 때 느껴지는 전율을 생생하게 경험했습니다. 플루트라는 악기에 대한 한대섭 선생님의 깊은 이해와 현대적인 테크닉에 대한 놀라운 통찰력, 그리고 악기의 무한한 가능성을 엿볼 수 있는 뛰어난 작품이었습니다. 이후 이 곡은 2023년 제 독주회에서 연주되었고, 2024년에는 미국 텍

사스 샌안토니오에서 열린 미국 플루트 협회 컨벤션에 초청받아 미국 초연을 갖는 영광을 누리기도 했습니다.

그리고 2025년 10월에는 대만 작곡가의 작품과 한국 작곡가의 작품을 대만 연주자들과 함께 한 무대에서 선보일 예정이라고 하니, 벌써부터 큰 기대와 설렘을 감출 수 없습니다.

이처럼 서울이 아닌 마산과 창원에서 초연된 곡이 국내를 넘어 머나먼 해외 무대에서까지 연주된다는 놀라운 사실은 합포만현대음악제가 가진 저력과 영향력을 여실히 보여주는 명백한 증거라고 생각합니다. 작은 시골에서 시작된 미미한 움직임이 거대한 물결이 되어 세계로 뻗어나가는 이 놀라운 힘, 이것이 바로 합포만현대음악제가 지난 30년 동안 우리에게 보여준 값진 성과이자 앞으로 더욱 찬란하게 빛날 미래의 모습일 것입니다. 다시 한번 합포만현대음악제의 빛나는 30주년을 진심으로 축하하며, 앞으로도 한국 현대음악의 발전에 더욱더 큰 기여를 해 주시기를 열렬히 응원합니다.

연주자로서 동시대 작곡가의 작품을 준비하는 과정은 다른 시대의 음악을 연주할 때와는 사뭇 다른 특별한 경험을 선사합니다. 때로는 익숙한 선율이 명확하게 드러나지 않기 때문에, 리듬이나 음형, 음의 열 등의 요소 속에서 숨겨진 패턴을 주의 깊게 분석하고 이를 중심으로 음악적 건축물을 쌓아 올려야 하므로 더욱 심오한 분석력과 고도의 집중력을 요구합니다. 이러한 과정을 통해 음악을 현실의 소리로 구현해 낼 때, 청중은 복잡하고 난해하게 느껴질 수 있는 현대음악이 아닌, 오히려 단순하면서도 강렬한 이미지나 현상으로 작품을 새롭게 인식하게 됩니다. 이러한 의미 있는 음악제를 통해 작곡가와 연주자 간의 긴밀하고 창의적인 교류가 더욱 활발해져, 한

국 현대음악계에 더욱 흥미롭고 완성도 높은 작품들이 풍성하
게 탄생하기를 간절히 기대해 봅니다.

합포만현대음악제의 추억

이철우

(작곡가)

합포만현대음악제 30주년을 기념하기 위해 '합포만의 추억'을 글로 써서 보내 달라는 최천희 선생의 요청이 있었다.

벌써 23년 전의 일이지만 다행스럽게도 아직 당시의 합포만현대음악제에 대한 기억이 비교적 또렷이 남아 있다.

처음 찾아가는 길, 내비게이션도 없던 시절에 평범한 공연장도 아닌 미술관을 찾아 오르막길을 올라갔다. '문신미술관', 지금은 창원시립미술관인 조각가 문신 선생을 기념하는 공간이지만 그 당시 느낌으로는 그다지 크지도 않은, 합포만이 내려다보이는 아담한 공간이었다. 전시된 작품들과 야외의 조각 작품들을 둘러보고 실내 전시장 공간에서 연습도 하고 공연이 이루어졌다.

개인적으로는 친구인 오석찬 화백과 개인전 오프닝 타임에 그 친구의 그림과 시를 주제로 한 음악을 만들어 전시회장에서 작곡 발표회를 하였던 1989년 12월 대구의 대백화랑(옛 동성로 대구

백화점의 문화공간) 공연이 생각나서 무척이나 행복한 느낌이 되살아난 음악회였다. 크지 않지만 그림과 조각과 음악과 바다와 예술을 사랑하는 사람들의 만남이 이 현대음악제의 미래가 긍정적으로 발전할 가능성을 느끼게 하였다. 어쩌면 의미 있는 현대음악제로 발전해 주기를 기대하는 마음이 컸던 것 같다.

필자가 감독도 역임하면서 초기 어려운 시절을 감내했던 대구국제현대음악제가 성공적으로 정착되기까지 우여곡절이 당연하였지만 올해로 36회를 맞은 것이 우연이 아닌 의지의 역사였듯이 합포만음악제 역시 30주년을 맞이한다는 소식이 그냥 남의 일로 느껴지지 않는다. 진심으로 축하의 마음을 전달하며, 지속적으로 마산의 문화 지킴이로 승승장구하길 기원한다.

2002년 11월 6일 필자는 나카니시 키요카즈의 트럼펫 연주와 신정화 선생의 한국 북 연주로 『트럼펫과 북에 의한 '길놀이 취타(吹打)'』를 발표하였다. 일본인이 연주하는 우리 전통 선율이 각색된 음악의 맛은 단정하기 쉽지 않은 동질감과 이질감을 동시에 체감하게 하였었다. 작곡가가 근본적으로 추구하던 세계가 악보로 세상에 등장한 이후로는 연주자의 개성과 작품 해석이 작곡가의 세계보다 우선한다는 생각을 평소에 늘 하고 있던 터여서 악보는 악보대로 완전하다는 '악보의 객관성'을 재고해 본 좋은 기회였었다. 최소한 연주자가 동양인인 경우와 서양인인 경우에, 음악의 감성과 질감은 동질성과 이질성의 정도가 크게 차이가 난다는 생각을 하였던 아름다운 추억의 시간이었다. 또한 당시 한국 대표 트럼펫 연주자로 확실한 자리매김을 하고 있던 안희찬 교수(추계예대)가 본인의 일본 공연 때 이 작품을 연주하고 싶다고 작품 사용을 제안했던 감사한 기억도 있다.

2023년에 우연히 마산을 들렀다가 문신미술관을 다시 둘러보았었다. 미술관 뒤편 솔숲길도 정겨웠고, 바다를 품고 있는 문신 선생의 조각 작품들이 정겹게 느껴졌었다.

이 아름다운 공간과 함께하는 남도 현대음악의 아름다운 발전을 응원하며 축하의 말로 축복을 기원한다.

폴란드와 한국의 예술적 교류

네오콰르텟

네오콰르텟 모두를 대표해, 제30회 합포만현대음악제에 저희를 초청해 주신 주최측에 깊은 감사를 드립니다. 이 음악제에 참여한 것은 저희에게 예술적으로 큰 영광이었을 뿐 아니라, 오래도록 기억에 남을 감동적 경험이기도 했습니다.

특히, 예술감독이자 탁월한 작곡가 최천희 선생님께 특별한 감사를 드립니다. 선생님의 통찰력, 헌신, 아낌없는 지원 덕분에 전 세계 예술가들이 자신의 작품을 나누고 새로운 예술적 관계를 맺을 수 있는 소중한 공간이 만들어졌습니다.

2024년 10월 15일 공연에서는 현대 현악 음악의 다양성과 풍요로움을 보여주는 여러 뛰어난 작곡가의 작품을 연주할 수 있는 영광을 누렸습니다.

이날 프로그램에 오른 작품들의 작곡가들은 다음과 같습니다.

성용원, 백승태, 김지만, 최천희, 오세일, 권유미, 전욱용, 임주섭

저희는 각 작곡가에 대한 깊은 존경심으로, 온 마음을 다해 이 작품들을 연주했습니다. 아울러, 폴란드 현대음악의 시각을 관객에게 소개하고, 예술적 대화의 공간을 마련할 수 있어

무척 기쁘게 생각합니다.

이번 합포만현대음악제 참여를 통해, 폴란드와 한국의 문화 교류에 함께할 특별한 기회를 얻기도 했습니다. 현대음악을 연주하는 폴란드 앙상블인 저희는 역동적으로 발전하는 한국 현대 음악계를 감탄과 존경의 마음으로 지켜보고 있습니다.

지역 작곡가들을 적극적으로 조명하고, 동시에 해외 예술가들을 초청해 교류할 수 있도록 장려하는 합포만현대음악제는 개방성, 협력, 타문화에 관한 깊은 관심을 실천하는 축제입니다. 이런 만남을 통해 폴란드와 한국 사이에 지속적인 이해와 우정의 다리를 놓아 가고 있다고 믿습니다.

다시 한번, 따뜻한 환대와 소중한 기회를 주신, 합포만현대음악제의 제작 팀, 기술 팀, 자원봉사자를 비롯한 모든 분들게 진심으로 감사드립니다.

합포만현대음악제와의 협력은 앞으로 더 긴 예술적 관계와 프로젝트의 시작점이 되리라 믿습니다. 앞으로도 공동 프로젝트가 이어지고, 폴란드와 한국의 예술적 교류가 더욱 깊어지기를 기대합니다.

존경과 음악적 연대의 마음을 담아. 네오콰르텟의 Karolina Piatkowska-Nowicka, Pawel Kapica, Michal Markieiwcz, Krzyszto Pawlowski 드림.(편집자 역)

The Festival of Contemporary Music Happoman, Changwon

NeoQuartet

On behalf of the entire NeoQuartet, we would like to express our deep gratitude to the organizers of the 30. Happoman Contemporary Music Festival for inviting us to participate in this unique event. Participation in the festival was not only an artistic honour for us, but also an inspiring experience that will remain in our memory for a long time.

Special thanks go to Mr. Chunhee Choi, the artistic director of the festival and an outstanding composer, for his vision, commitment and invaluable support.

Your passion and devotion to contemporary music have created a space where artists from different corners of the world can share their work and establish new artistic relationships.

During the concert on October 15, 2024, we had the honor to present works by outstanding composers that showed the diversity and richness of contemporary string music.

The programme includes compositions by the following artists:

- Sung, Yong-won
- Paek, Seung-tae
- Kim, Ji -man
- Choi Chun-hee
- Oh, Se-il
- Kwon, Yu-mi
- Jeon, Wook-yong
- Lim, Ju-seub

We performed all these compositions with full commitment and deep respect for their creators. We are glad that we were able to bring the Polish perspective on contemporary music closer to the audience, thus creating a space for artistic dialogue.

Our presence at the Happoman Festival was also a unique opportunity for us to participate in a broader process of cultural exchange between Poland and South Korea. As a Polish ensemble specializing in contemporary music, we observe with great appreciation how dynamically the new music scene in Korea is developing. The opportunity to perform at a festival that promotes local composers and invites artists from abroad is a testament to openness, cooperation and a deep interest in the culture of other nations. We believe that through such meetings we build lasting bridges of understanding between our countries.

We would also like to thank all the people involved in the organization of the festival ⁻ the production team, the technical team, volunteers and everyone who made sure that our performances could take place in such favorable conditions.

We are deeply moved by the opportunity to participate in a festival that promotes contemporary music and supports artists from all over the world. We believe that our cooperation with the Happoman Festival is the beginning of a longer artistic relationship that will result in further joint projects.

With the hope of further joint projects and further deepening of artistic relations between Poland and South Korea, With respect and musical solidarity, NeoQuartet

Karolina Piatkowska-Nowicka, Pawel Kapica, Michal Markieiwcz, Krzyszto Pawlowski

형천의 피아노 소리

송승환
(애호가)

마리아 칼라스는 엘비라 데 이달고라는 좋은 스승을 만나, 본디 지닌 묵직한 소리에다 이달고가 권한 차랑차랑한 고음까지 두루 갖춘 성악가로 성장하여 지금까지 세계 최고의 음악가로 손꼽히고 있다.

마리아 칼라스 얘기가 나와 하는 말인데, 나의 첫 음악 감상이 마리아 칼라스였다. 그런데 마리아가 내 스승은 아니었고, 마리아를 가르쳐준 내 친구가 나의 첫 스승이었다. 중학교 때 그 친구는 아버지가 선생님이셨는데 친구는 나를 집으로 데리고 가 전축에 음반을 올리고 조심스레 바늘을 내려 놀라운 소리를 들려주었다. 나는 섬 출신이라 전축도 음반도 본 적이 없었던 데다 나오는 노래가 유행가가 아닌 클래식이어서 낯설어하면서도 놀라워하며 첫 음악을 들었다. 그리고 이어서 다른 성악가의 노래도 듣게 되었다. 마리안 앤드슨이었다. 친구는 소프라노, 알토의 뜻을 가르쳐 주며 두 음역의 차이와 두 가수의 음색의 특징까지 내게 말해 주었다. 나는 혼자 집으로 돌아오며 그 긴 길 위에서 마리아와 마리안을 혼동하지 않으려 애썼고, 소프라노와 알토의 음역을 기억하려고 또 힘을 썼었다.

고등학교 시절, 음악 선생님은 주페의 경기병 서곡만 소개

해 주었고, 일주일에 한 번 있는 수업 시간도 늦게 나타나셨
다. 그런데 친구 중에 피아노를 잘 치는 애가 있었다. 우리가
다 가지고 있던 세계애창가곡집에 수록돼 있는 곡들을 하나씩
연주하며 우리끼리 노래를 배웠다. 1년 동안 많은 곡들을 그
렇게 배웠다.

　대학생이 되어서도 나는 음악 지식이 매우 얕았다. 중고등
교과서에 있는 음악사 정도만 알 뿐이었고, 그것도 감상과 함
께 이루어진 것이 아니었다. 음악감상실이 더러 있었지만 소
양이 너무 없다 보니 스스로 꺼리게 되었다. 그런데 벚꽃이
허드러지게 피던 봄날, 벗과 함께 벚꽃 아래를 거닐다 들어간
음악 다방에서 내 벗은 종이에 예쁜 글씨로 곡명을 적어 음악
을 신청했다. 사라사테의 지고이네르바이젠이었다. 사라사테
도 처음이고, 곡명도 너무 길고 음절도 내 귀에 맴돌다 흩어
질 뿐이었다. 그 선율이며 소리의 색채는 더 말할 것도 없었다.

　　음악 다방의 구석진 자리에서
　　쪽지에 예쁜 글씨로 적어 건네던
　　사라사테의 지고이네르바이젠
　　한 번도 들어 보지 못한 악곡이
　　두 사람 사이에 끼어들었을 때
　　그 극적인 바이올린 선율이
　　내 아랫배를 죽 그었을 때
　　날리던 벚꽃들은 피를 머금고
　　가을 단풍이 되어 떠돌았다
　　바람개비가 되어 돌고
　　날카로운 날은 피로 젖었다

청춘의 봄날은 그 날로
떠나갈 가을 노래가 되었다
내 창자의 그 길고도 긴 집시의 길
바이올린을 타고 넘어가는 아득한 길
가을바람에 단풍잎 흩날리는 그 길
몇 방울의 눈물을 떨구고
미친 듯 내닫고
벼랑에 부딪쳐 줄이 끊어지고 말
쓸쓸한 가을이 바이올린에 불고 있었다

또 가을이 오고
내 창자의 늘어진 줄이 당겨 오고
서늘한 바람의 활이 아프게 닿고
지고이네르바이젠이 뱃속에 흐르면
흩날릴 단풍잎이 몸살을 앓으며
나와 함께 볼이 붉어지는
다시 찾아온 슬픈 청춘

그 날부터 나는 음악에 빠졌던 것 같다. 그리고 쉬는 시간
이면 음악과의 연습실 창가에서 피아노, 바이올린, 첼로의 소
리에 젖어 보내는 시간이 많아졌고, 음악과 오케스트라의 연
주를 놓치지 않고 찾아갔다. 그때 음악과 연주회는 부산, 울
산 등지까지 찾아가는 순회 연주회였는데, 나는 매회 먼 곳까
지 찾아가서 음악을 들었다.

군대에서 나는 상황실에 근무했다. 무전병이었던 내 동기는
팝 음악의 전문가였다. 무전기를 살짝 조작하여 깊은 밤 음악
을 들었고, 밤 근무 시간에는 나와 함께 음악을 들었다. 나는

그 친구로부터 많은 음악 지식을 얻었다. 대중음악에 관한 것이 대부분이었지만, 리듬과 같은 지식은 깊이가 있었다.

이렇게 내 음악의 바탕은 모두 벗들로부터 비롯된 것이었다. 그들은 나의 스승이었다. 나는 그들 덕분에 음악에 가까워졌고, 또 사랑하게 되었다. 오랜 직장 생활을 하는 동안 바쁘다는 핑계로 소홀해지기는 했지만 그래도 가까운 연주장은 비교적 자주 찾아다니며 음악과 함께 일생을 보낸 것은 참 다행스럽고 복된 일이 아닐 수 없다.

합포만현대음악제와 관련하여 하고 싶은 말이 있다. 그건 순전히 최천희 선생과의 개인적 친분에 의해 접하게 된 새로운 세계이다. 현대음악에 대해서는 나는 아직도 잘 모른다. 그리고 느낄 줄도 모른다. 베토벤에 익숙한 나는 거쉰과 스트라빈스키까지는 들을 수 있지만 그 다음은 아직도 귀에 들어오지 않는다. 최천희 선생이 작곡한 곡이거나 지휘하는 곡 가운데서도 내 기호는 확연히 갈라져 있다. 이렇듯 문외한에 불과한 내가 합포만현대음악제 30년을 기리는 글을 쓴다는 것이 부끄러울 따름이다. 그러나 우리 국악과 양악이 어우러진 무대를 만든 것, 장르를 넘나드는 연주를 하는 것과 같은 형식적인 면의 새로운 시도는 신선하여 마음이 끌렸고, 연주곡들 가운데 어떤 것은 새로움으로 인하여 내 음악적 눈을 다시 뜨게 만들기도 했다. 또 꼬니-니꼬 앙상블은 그리 큰 편성은 아니지만 어떤 경우에도 오케스트라 못지 않은 사운드를 들려줘 항상 기쁨을 주었고, 나는 연주회마다 최 선생께 감사를 표했다. 트롬본 주자 베리 웹, 플루티스트 융트 같은 세계적 연주자를 가까이서 보게 된 것도 큰 즐거움이 되었다. 융트와는 초파일 무렵 옥천사를 함께 가 한국 문화를 소개하는 기회

도 가질 수 있었다. 그리고 내 졸시 '삐빠빠룰라'에 최 선생이
곡을 붙여 연주회에 오르는 기쁨도 누리게 되었다.

 이렇듯 나의 삶에는 여러 벗들이 음악의 비를 뿌려 주었고,
나는 흠뻑 젖을 수 있었다. 나는 전공이 국어라 글 읽고 글
쓰는 일이 주된 일이다. 그 글의 주제 가운데 음악이 얼마나
될까 헤아려 보면, 무척 많을 것이라 생각한다. 음악회를 다
녀온 뒤 그 감동을 시로 쓴 일이 잦았기 때문이다. 그러나 나
는 음악의 본질에 대해서는 잘 모른다. 그리고 음악은 소리의
예술이다. 그러니까 시간의 예술이다. 그러나 시는 이미지를
그린다. 엄밀히 말해 공간의 예술이다. 음악을 시로 그리는
것은 처음부터 음악적이지 않은 것이다. 그러나 나는 음악을
사랑하므로 그걸 그리고 싶어했다. 나는 연주의 소리와 분위
기를 그림으로 붙잡고 거기에 내 감정과 사념을 불어넣고 싶
었다. 나에게 음악은 시였다.

가을 음악회에서
첼리스트의 손가락을 보다가
뼈마디 앙상하게 현을 더듬는
그 가을 같은 손가락을 보다가
화석이 된 공룡의 굳은 발가락
그 길고 앙상하게 꺾여서
낚싯줄로 얽어 놓은
그 진화되지 못한 긴 발가락을 떠올리는데
극장 밖에 바람이 불고
한 마리 공룡이 그 발가락으로
사각거리는 낙엽을 밟고 있으리라

가을이 깊어가는 바다 기슭을
성큼성큼 걸어가는 공룡의 발가락 아래
밟히는 것들의 촉감을 느끼다 못해
그 가냘픈 떨림을 만지고
때로는 더듬이로 땅속의 소리를 듣고
선율을 타며 큰 몸의 중량을 가볍게 띄우던
공룡의 쓸쓸한 가을과 저미는 고독이
첼리스트의 손가락에서 떨고 있는데
꺾인 손가락을 오르내려도
손가락 마디는 꺾였을 뿐이고
아무리 농현의 애절한 떨림을 만들어도
그것은 혼자 길가는 공룡의 발자국일 뿐이어서
가을날의 첼로 소리는
아득한 날의 깊은 땅 그 소리로 울린다

음악 애호가와 음악가는 다르다. 나는 세상의 모든 일은 다 할 수 있을 것 같다는 시건방진 생각을 하곤 했다. 그렇지만 작곡만은 안 될 거라고 자주 말해 왔다. 낱낱의 음들에 높낮이와 길이를 부여하는 것도 불가사의한 일이지만, 리듬과 선율로 소리를 이끌어 듣는 이로 하여금 여기에서 저기로, 곧 피안으로 데려가는 일이라 생각했기 때문이다. 연주자 또한 악보를 바탕으로 하지만 실제로 소리를 만들어 내고, 그 소리에 색깔을 입히고, 감정을 실어 청중들을 피안으로 태워 가는 사람이다. 하늘로 가는 해탈의 배 반야용선의 사공이라 생각한다. 나는 새삼 음악가들에게 감사의 뜻을 전하고 싶다.

다음은 출근 길에 쇼팽을 듣고 쓴 글이다. 동양의 신화에 '형천'이란 목이 잘린 자가 있다. 그는 황제 훤원에게 목이 잘

리고도 무릎 꿇지 않았고 끝까지 노래를 불렀다고 한다. 형천
과 쇼팽이 내 머리 속에서 만날 때 최천희 선생이 또 겹쳤다.
쇼팽음악원에서 공부한 작곡가 최천희가 형천처럼 손을 휘저
어 지휘하고 있었다. 도끼와 방패를 놓은 빈 손으로.

형천의 피아노 소리

가을 아침 피아노 소리를 들었네
산을 넘어온 아련한 소리
그 소리를 거슬러 나는
산 너머 또 산 너머
시간의 줄을 감으며 아득한 거기
북쪽 은하의 먼 끝까지
건반을 타고 찾아가 보았네

목이 잘린 형천의 주검이
팔딱거리며 깜박거리고
피아노 건반이 꿈틀거리고
젖꼭지가 죽지 않은 눈을 뜨고
배꼽으로 가쁜 숨을 쉬는데
멈추지 않는 심장의 그 소리
그칠 수 없는 아름다운 피아노 소리가
무덤을 만들 수 없는 하늘 끝에서
별빛을 내며 반짝이고 있었네

도끼로 훤원의 목을 노리고
방패로 훤원의 도끼를 막을 수 없지만
목이 잘려도 놓지 않은 형천의 방패와 도끼

음악은 목을 벨 수 없는데
음악은 목숨을 지킬 수 없는데
칼날 앞에 나서서 목을 잃은 형천은
천지 분간도 못하는 미치광이였을까
꿈에서 깨어나지 못한 바보였을까
보기 좋게 목이 잘린 도깨비였을까
얼핏 영원을 보아 버린 현자였을까

재에 덮인 불씨가 발갛게 살아나고
멈추었던 건반이 움직이고
잠들었던 별이 눈을 뜨고
형천의 심장이 팔딱팔딱 건반을 두드리면
조금씩 살아나는 불씨
북쪽 은하에 다시 뜨는 별
울렁울렁 별빛으로 퍼지는 소리
형천의 피아노 소리
멀고 먼 하늘을 건너와
산 너머에 닿았다가
오늘 아침 이 산을 넘어온
형천의 소리
죽을 수 없는 그 소리
하늘의 별 소리
여기까지 와 떨어지고 있었네

치열했던 1990년대의 작곡계와 합포만

전욱용
(작곡가)

필자의 입장에서 볼 때, 우리나라 작곡계가 가장 활발하게 생명력을 가지고 다양한 작품들을 쏟아낸 시기가 바로 1990년대가 아니었는가 생각된다.

우리나라에서 본격적으로 서양의 현대음악이 소개된 것은 1971년 국제현대음악협회 한국위원회(ISCM Korea Section)가 설립된 이후부터일 것이다. 이 단체에서 주관하는 범음악제(Pan Music Festival)에서는 매년 동시대의 국내외 작품들을 소개함으로써 본격적으로 우리나라 작곡계는 이전과는 다른 새로운 물결이 일어나기 시작하였다. 이러한 물결은 1980년대를 지나면서 다양한 현대음악제와 작곡가 모임이 만들어지는 계기가 되었다. 대구를 중심으로한 영남권에서는 영남작곡가협회, 최근에는 국제현대음악제로 발돋움한 대구현대음악제, 동아시아 작곡가협회가 조직되었으며 부산지역에서는 2024년 창립 50주년을 맞이한 향신회를 중심으로 작곡계는 다양한 활동들을 전개하였다. 이러한 우리나라 작곡계의 경향들은 분명 경남지역에도 많은 영향을 주었다. 특히 1980년대 들어와 경남지역의 작곡계는 분명한 전환점을 맞이하고 있었다. 이는 아마 최천희 작곡가의 활동이 본격화되면서 마산을 중심으로 경남 작곡계는 분명한 변곡점을 맞이하게 되었다고 할 수 있다.

이근택(창원대 명예교수) 작곡가의 증언에 따르면 자신이 창원대학교에 부임하던 1980년대 초기의 경남 작곡계는 조성 음악을 기반으로 하는 가곡이 창작계의 주류를 이루고 있었다고 이야기하고 있다. 그래서 지역 작곡계와 소통하기 위하여 자신도 조성 음악을 기반으로 가곡과 합창 음악을 많이 작곡하였다고 한다. 이는 자신이 이전에 경험해 보지 못했던 특별한 경험이었다고 당시 경남지역 음악계를 회상하였다.

하지만 1980년대에 들어오면서 경남대학교 출신의 몇몇 젊은 작곡가들은 자신의 고유한 정체성이 잘 드러나는 자신의 고유한 음악어법으로 작품들을 발표하기 시작하는데, 성악 작품 일변도에서 탈피하여 점점 기악을 위한 작품과 관악 및 관현악 작품에서도 성과를 내기 시작하였다. 특히 계명대, 영남대 등 대구지역으로 대학원을 진학하거나 외국 유학을 통해서 분명히 이전과 다른 새로운 음악적 경향들이 경남지역에서도 나타나기 시작하였다고 볼 수 있다. 아마 가장 대표적인 작곡가가 바로 합포만현대음악제를 만든 최천희 작곡가와 오랫동안 합포만현대음악제 운영위원으로 활동하면서 다양한 작품들을 발표하고 있는 김호준 작곡가일 것이다.

최천희를 비롯한 경남대학교 출신 작곡가들의 작품 활동은 같은 지역의 후발 주자인 창원대학교 출신 작곡가들에도 어느 정도 영향을 주었다. 대표적인 작곡가로 바로 합포만현대음악제 운영위원인 이형근 작곡가를 들 수 있을 것이다.

작곡가 이형근의 졸업작품인 '겨울 심상'(1991)은 이전의 타 졸업작품과는 그 결을 달리하고 있다. 플롯, 클라리넷, 첼로 그리고 타악기 편성의 이 작품은 매우 음색적인 작품으로서 졸업 당시 그의 지도 교수였던 박인호의 영향을 많이 받은 작품이라고 할 수 있다. 이 작품은 당시 후배 작곡학도들에게 많은 영향을 준 작품이다.

이형근의 졸업 작품을 기점으로 창원대학교 출신 작곡학도들도 본격적으로 동시대의 음악이라고 할 수 있는 현대음악을 공부하는 계기가 되었으며 경남지역뿐 아니라 대구, 서울 등 우리나라와 세계 작곡계의 흐름을 이해하려는 분위기가 성숙되는 계기가 되었다. 특히 이 작품은 1992년 독일문화원에서 주관하는 '새마당'에서 연주되어 큰 반향을 일으키기도 하였다.

이처럼 1980년대와 1990년대를 거치면서 마산과 창원을 중심으로 꾸준한 변화와 발전을 이어오던 경남지역 작곡계는 1995년 합포만현대음악제의 시작으로 일대 변환기를 맞이하게 된다.

합포만현대음악제 = 최천희

'합포만현대음악제 = 최천희' 이 등식은 보는 그대로의 고유명사처럼 이해한다면 합포만현대음악제를 이해하는 데 큰 도움이 되리라 생각한다.

1995년 시작된 합포만현대음악제는 처음 시작부터 지금까지 음악제의 재원 마련에서부터 시작하여 연주자 및 작곡가 섭외, 프로그램 구성 및 제작, 행정적 진행 및 예산 집행 등 하나에서 열까지 작곡가 최천희의 손이 닿지 않는 부분이 없으니 '합포만현대음악제 = 최천희' 이 등식을 부정할 수 없다. 합포만현대음악제는 외형적으로 음악감독 체제가 아닌 운영위원회 체제를 따르고 있다. 운영위원들이 자신의 역할들에 최선을 다하고 있지만 큰 틀에서 살펴보면 최천희 선생님의 바뿐 손을 조금 들어줄 뿐이다. 혹자는 위의 등식에 의문 부호를 달 수도 있겠으나 다르게 생각하면 이 등식은 합포만현대음악제의 정체성을 잘 대변해 주고 있다.

우리나라에는 많은 현대음악제와 작곡가 그룹이 있다. 매년 또는 일정한 주기로 새로운 회장 또는 음악감독들을 선출하여 음악회나 음악제를 이끌어가도록 하고 있다. 그 사이 서로의 이해 관계들이 충돌하여 이런저런 뉴스거리들이 간혹 음악계에 이슈가 되기도 한다. 하지만 이러한 방식에는 매우 긍적적인 측면도 많다. 인적 쇄신은 음악회나 음악제가 매너리즘에 빠지는 것을 방지하고 작곡가 그룹에 새로운 활력소가 될 수도 있기 때문이다. 하지만 또 다른 측면에서 살펴보면 음악제나 음악회 나아가 작곡가 그룹이 가지고 있는 그들만의 고유한 정체성이 모호해지는 경우들도 많이 볼 수 있다. 그러다 보니 주위의 다양한 현대음악제와 음악회 그리고 작곡가 그룹이 있는데도 불구하고 고유한 그들만의 정체성이 희석되어 어딜 가나 음악회 내용이 대동소이(大同小異)하다. 그리고 장기적인 계획은 찾아보기 힘들다. 매년 행해지는 정기발표회는 일회성, 이벤트성 연주가 되는 경우가 허다하다. 또 외형적 성장에 급급하여 많은 회원수를 자랑하지만 집행부 임원들과 회원들과의 소통이 부족하여 정기발표회는 임원들 또는 집행부 그들만의 행사를 위한 행사로 끝나는 경우가 많다, 하지만 합포만현대음악제는 최천희 선생님을 중심으로 한 소수의 운영위원들만으로 구성되어 다른 협회 및 작곡 그룹과는 차별성을 가지고 있다. 또 외적 성장보다는 내적 성장을 목표로 음악제에서 발표되는 작품들이 최대한의 존중받을 수 있도록 작곡가 중심의 음악제를 만들어 나가는 데 최우선을 두고 있다는 점이다.

합포만현대음악제에 초청된 작곡가들의 만족도는 매우 높다. 특히 세계적인 트롬본 연주자인 베리 웹(Barrie Webb)을 비롯하여 국내외의 현대음악 전문연주자들과의 교류를 통하여 지역의 여러 작곡가들의 작품이 초연되고 세계 각지에서 연주될 수 있는 장을 마련함으로서 가장 지역적인 것이 가장 세계적이라는 말의 진의를 잘 보여주고 있는 음악제가 바로 합포만현대음악제일 것이다.

합포만현대음악제와 나

필자는 1995년 제1회 합포만현대음악제부터 지금까지 거의 빠짐없이 매년 참석하고 있다. 처음 시작은 관객이었으며 1997년부터는 작곡가로 참여하고 있다. 2002년 유학길에 올라 2006년 귀국 후 2007년부터는 운영위원으로 참여하고 있다.

지역 음악계에서는 대부분 아는 사실이지만 최천희 선생님은 사사로이 나의 은사님이시다. 덕분에 나는 대학을 졸업한 다음 해인 1997년 「Fantasy for Solo Piano」라는 작품으로 남들보다 수월하게 합포만현대음악제를 통하여 지역 음악계에 공식적으로 데뷔를 할 수 있었다. 주위의 많은 젊은 동료 작곡가들이 작품 한 번 발표하기 위하여 이곳저곳을 전전할 때 나는 합포만현대음악제가 있어 국내외 정상급의 연주자를 만날 수 있었고 기성 작곡가 선생님들과 어렵지 않게 교류도 할 수 있었다. 합포만현대음악제를 통한 작곡가, 연주자들과의 인연은 단순히 일회성으로 끝나는 것이 아니라 나에게 그 이상의 의미를 지니고 있다. 예를 들어 1999년 합포만현대음악제에서 발표한 「'Crazy' for Trombone」이 작품은 2000년 루마니아에서 있었던 Meetings of New Music이라는 음악제에서 트롬본 연주자 베리 웹(Barrie Webb)의 추천으로 입선하여 연주되기도 하였다. 이 작품 외에도 "고뇌(苦惱)"(2001 "Anguish" for Solo Piccolo Trumpet / Tp. 후지시마), 클라리넷 이중주 "고뇌(苦惱)" (2002 "Anguish" for 2 Clarinets / Cla. Oikawa Gou, Cla. 조인국), 트롬본 독주를 위한 "인토네이션"(2004 "Intonation" for solo Trombone / Tb. Barrie Webb), "Alptraum II" for Two Pianos (2010 / Osnabrücker Klavierduo), 테너 색소폰을 위한 "무브먼트" (2011 "Movement" for Tenor Saxophone Solo / Duo "Back to Back"), 조화(화합,일치)와 분열 (2014 Unisono e Divisonale for Violin, Trombone and Piano / Vn. Yasutaka Hemmi Kaori Ohsuga, Tb. Barrie Webb, P.f. Kaori Ohsuga), 알토, 테너 그리고 바리톤 색소폰을 위한 "넋두리"(2017 "Neokduri" for Saxophone / Quatuor de saxophones 'les feuilles') 등 합포만현대음악제에서 초연된 여러 작품들이 일본, 독일, 영국, 스페인 등 여러 국외의 음악제나 음악회에 초청받아 연주되기도 하였다. 나아가 자신들이 참여하는 연주회나 음악제를 위해 작품을 위촉함으로써 더 많은 창작의 기회를 가질 수 있었다. 최근이라고 할 수 있는 2020년에는 트롬본 연주자 베리 웹(Barrie Webb)이 소속되어 있는 TRIO WAHNSINN의 위촉으로 덴마크의 Center for Dansk Jazzhistorie에서 개최된 Untitled #3b이라는 연주회에서 위촉 작품 Duo for Horn and Trombone을 초연하기도 하였다.

뒤돌아보면 합포만현대음악제의 30주년은 나의 음악 활동 30년과 같은 의미이다. 나는 합포만현대음악제를 통하여 다양한 작품들을 발표하였고 여러 연주자들을 만났으며 여러 작곡가들과 교류할 수 있었다. 이러한 경험은 나의 큰 자산이다. 아마 나와 동시대에 지역에서 같이 활동하고 있는 작곡가들에게도 비슷한 의미를 가지고 있으리라 생각된다.

만약 합포만현대음악제가 없었다면 운영위원으로 활동하고 있는 이형근 선배님이 지금까지 작품활동을 지속적으로 할 수 있었을까? 만약 합포만현대음악제가 없었다면 지금의 나는 어디에서 무슨 음악을 어떻게 하고 있을까?

2025년! 새로운 밀레니엄의 4분의1이 지난 오늘날에도 서울이 아닌 지방의 작곡계는 그저 척박한 땅과 같다. 주위에서 작곡계 나아가 지방의 음악계의 소멸론까지 거론하고 있다. 하지만 척박한 현실만 탓하고 연필을 놓고 있을 수는 없는 일이지 않는가?

2025년 5월 31일, 나는 1997년 여름에 그러했던 것처럼 오늘도 연필을 들고 합포만현대음악제에서 발표할 작품을 쓴다.

합포만으로 달리는 기차

탁계석
(예술비평가, K클래식 회장)

포구를 향해 기차는 달린다. 캄캄한 밤의 바닷가 어디에선가 창작 등불들이 모여서 불을 밝혔다. 지나고 보면 모두가 아스라한 기억들 속에 가물가물한 것이지만, 생각과 마음들이 한 자리에 모여 보따리를 풀어헤친 장날이었다.

그 합포만음악축제가 30주년을 맞았다. 드문드문 들른 것이기에 연대기를 쓸 수는 없지만 늘 기차를 타고 그 바다를 향했던 날들은 기뻤다. 사투리를 부끄러워하던 시절을 지나, 여전히 액센트가 강하게 살아있는 횟집 주인장처럼, 진한 바닷내음이었다.

창작이 바다의 썰물처럼 밀물처럼 몰려왔던 시간들이었다. 먼 바다에서 달려왔던 이들과 함께 하면서 수입품 클래식과는 다른 한 축을, 작으나마 굳건하게 지탱해 온 뿌리가 아니겠는가.

그 합포만의 30년은 필자가 10여 년 전부터 브랜드화한 K-Classic의 원조격이다. 국악과 양악을 넘어, 어떤 장르와의 경계를 넘어 기꺼이 친구하며 새 길을 만들고자 하였다. 이들은 작품을 빼곡하게 가졌고 기회 닿는 대로 바다 건너에 진출

하여 우리의 얼과 혼이 깃든 작품들을 보였다. 그 힘찬 박수
소리는 힘들어도 지속성을 갖는 힘이었다.

합포만을 기억하고 추억하는 이들의 활발한 선순환 생태를
위해 앞으로 새로운 30년을 향해 도약하고 비전의 끈을 잇게
하는 작업을 생각해야 할 시간이다. 어느 음악제보다 개성적
이고 고유성과 창작 본질에 충실했던 그 기념비적인 상차림은
우리 창작사에 한 축을 형성했다.

합포만을 향해 달렸던 기차 안에서의 모든 사람들의 생각
이, 창조의 꿈들이, 퍼득이는 생선의 비늘처럼 날이 서고, 햇
살에 부서지는 파도가 되어 우리의 굳어가는 고정 관념의 바
위를 깨어 줄 것이다. 시간이 지나며 무궁화, 새마을, KTX,
기차는 가속력을 높이며 질주했지만, 다시 느린 기차로 돌아
가고 싶다. 느린 열차가 아름답다. 우리의 삶이 느린 악장의
칸타빌레를 그려 본다.

합포만은 예술가의 일기장이자 창작자의 지워지지 않는 낙
서였다. 언젠가 바흐의 악보를 고물상 더미에서 발견한 것처
럼 경이롭게 부활할 날이 있을 것이므로 우리는 악보를 잘 보
관해야 한다. 바닷물에 쓸려가지 않게 더 굳건하게 용솟음쳐
야 한다!

열한 해 뒤

- 고조된 배음 속의 기억

헉 호지
(작곡가, 워싱턴주립대 교수)

1일차

시차 적응은 조율 과정이다.
몸이 리듬에 저항하는 항의.
나는 불공평한 음정 속에 착륙했고,
해산물이 그것을 바로잡았다.
모자란 잠, 소금기에 전 채
나는 새로운 소리 속을 헤매었다.
너무나 소박해서 놓치기 쉬운 축제,
그러나 그 파동에 맞춰진 이라면 알 수 있다.
바닷바람과 진동하는 사인파 사이에서의 합포만.

어떤 이는 메아리로만 말했고,
어떤 이는 고개 끄덕임으로만 대답했다.
통역은 필요 없었다.
여기 온 이들은 모두 살갗으로 듣기 위해 왔다.

2일차

최고의 공연은 우연으로 일어났다.
내 연주 중 컴퓨터가 멈춰 버렸다.
정확히 1분 동안의 침묵,
그리고 노트북 배터리가 꺼지며 흘러나온 한 줄기 드론 음.

3일차

합포만을 바라보는 11가지 시선

(최천희와 함께, 한국 찜질방에서
그리고 윌리스 스티븐스도 함께)

스무 명의 벌거벗은 남자들 가운데
유일하게 움직이는 것은
한 작곡가의 어깨에서 피어오르는 김이었다.
그가 흥얼거렸다.
그것은 음악이 아니었다.
음악 이전의 원초적인 것이었다.
리듬이 시간이 되기 전의,
그 개념 그 자체였다.
이것이야말로 진정한 실험 음악이다.
뼈 위로 흐르는 물,
등뼈를 누르는 뜨거운 돌,
자기를 띤 젖은 타일벽에 부딪혀 메아리치는 목소리.

음향에 잠긴 우리의 방
나는 입속에 음을 머금었고,
그 음은 타일 위에 떠다녔다.

열한 해 뒤

비가 창문을 두드릴 때, 아직도 나는 그 소리를 듣는다.
눈을 감으면 여전히 간장게장의 맛이 살아난다.
낯선 이들을 바라보면 문득 생각한다 －
그들 역시 그곳에 있었을까?
김 속에서, 발가벗은 채,
다음 불협화음을 기다리며 듣고 있었을까?

(편집자 역)

Eleven Years Later
(a memory in higher harmonics)

Day 1: Jet lag is a tuning process, the body's protest against rhythm. I landed in unjust intonation; the seafood fixed it.

Sleep-deprived and salt-stung, I wandered into new sounds, into a festival so unassuming it's easy to miss, unless you were tuned to that frequency, the one between sea air and oscillating sine waves: Happoman. Some spoke only in reverberances, others only in nods. No translation needed. Everyone came here to listen with their skin.

Day 2: The best performance happened by accident. A computer meltdown during my set: silence for one full minute, then a stray drone from my laptop battery dying.

Day 3: 11 ways of looking at Happoman

(in a Korean Spa with Choi Chun Hee (and Wallace Stevens too)).

Among twenty naked men
The only moving thing
Was the steam rising from
A composer's shoulders.

He hummed.
It was not music.
It was pre-music.
It was the idea of rhythm
Before it became time.

This is the true experimental music: water on bone,
hot stone on spine, voices echoing off wet porcelain.
We became acoustic chambers. I held a note under
my breath, and it hovered in the tiles.

Eleven years. I still hear it when the rain hits my
window just right.
I still taste fermented crab when I close my eyes.
I still look at strangers and wonder if they were there
too, naked in the steam, listening for the next
dissonant truth.

19년의 동행, 그리고 음악이 남긴 기억들

오세일
(작곡가, 인제대 교수)

안녕하세요, 작곡가 오세일입니다. 합포만현대음악제가 올해로 30년째를 맞이했습니다. 어떠한 일을 지속적으로 10년 이상 꾸준히 해올 수 있다는 건 그 일에 대한 애정뿐 아니라 집념과 의지 없이는 결코 해낼 수 있는 일이 아니라고 생각됩니다. 먼저 합포만현대음악제를 창설하고 지금까지 무려 30년을 이끌어 오신 최천희 선생님에게 경의를 표하며, 익숙치 않은 글이나마 합포만현대음악제에 참여하며 느꼈던 저의 체험과 소회 그리고 기억의 단편을 담아보고자 합니다.

2006년, 처음 합포만현대음악제에 발을 들였을 때를 아직도 생생히 기억합니다. 마산의 한 미술관에서 울려 퍼지던 현대음악의 낯선 소리들과 그곳에서 내려다보이던 합포만 바닷가…. 그 이후로 매년 이 음악제는 저에게 소중한 창작의 원동력이자 음악적 실험의 장이 되어 주었습니다.

저는 유학을 마친 이후 2004년 초 귀국하여 서울을 중심으로 활동하던 중 그 이듬해 2005년 가을, 경남 김해에 위치한 인제대학교에 부임하며 경남 지역과 인연을 맺게 되었습니다. 어떠한 연고가 있어 온 것이 아닌 연유로 모든 것이 낯선 상황에, 이 지역에 있음에도 불구하고 여전히 서울을 중심으로 활동을 하고 있던 때였습니다.

그러던 중 합포만현대음악제 위원장이신 최천희 선생님을 만나게 되었는데 당시 선생님께서는 인제대학교의 지휘 강의를 하고 계셨고, 오가며 인사를 나누게 된 계기가 되었습니다. 그 이듬해 2006년 최천희 선생님에게서 전화 한 통을 받게 되었는데, 마산에서 개최되는 합포만현대음악제에 작품을 출품해 보라는 연락이었습니다. 제가 이 지역에 와서 받았던 첫 번째 작품 의뢰였고, 편성은 두 대의 비올라를 위한 곡이었습니다.

연주 당일 처음으로 합포만현대음악제에 참여하게 되었고 낯설고 쑥스러운 마음으로 당시 연주회 장소였던 마산 문신미술관으로 걸음을 옮기던 생각이 납니다.

작품 연주 때는 늘 긴장하지만 낯선 곳에서의 첫 음악회라 그런지 더욱 긴장했었는데, 연주 당일 오후 연주회장에 도착하니 이미 리허설은 끝났고 연주자 분들은 쉬고 계시다는 전언을 듣게 되었습니다. 제 곡이 당시 기술적으로 매우 어렵다고 느껴졌고 특히 앙상블을 맞추는 데 있어 쉽지 않은 곡이라, 리허설을 보지 않은 상황에 더욱 긴장하고 연주에 대한 걱정도 많이 했습니다. 당시 연주회장에서 지금은 너무 친숙한 임주섭 교수님과 당시 독일에서 유학을 마치고 돌아오신지 얼마 되지 않았던 전욱용 선생님을 비롯해 음악제 참여자 분들을 처음 뵙게 되었고, 연주회장으로서 흔치 않았던 미술관을 둘러보며 또 아름다운 합포만 바닷가를 내려다보던 기억이 생생합니다.

이윽고 음악회는 시작되었고 제 작품은 마지막 연주인 탓에 계속 긴장하며 음악회를 지켜보게 되었는데, 당시 연주회장은 전문 연주회장이 아님에도 불구하고 울림이 굉장히 좋아 현악의 풍부함이 두드러졌던 것으로 기억됩니다. 저는 마지막으로 연주되던 제 작품을 듣고 속으로 경악을 금치 못했는데, 그 연주가 너무 뛰어났기 때문입니다. 제가 기대하고 상상하던 것보다 훨씬 뛰어난 음악을 만들어 완성도 있게 연주하는 모습을 보며 충격을 받았습니다. 이곳에 이런 연주가 이루어지다니…. 당시 독일 라이프치히에서 오신 연주자분들이었는데 뒤풀이 때 여쭤보니 제 곡을 무려 3개월을 연구하며 연습했다고 하셨습니다. 보통 창작곡 연주 준비를 그러한 정성을 기울여 준비하는 걸 상상도 기대도 잘 못했는데, 첫번째 합포만현대음악제에서의 저의 연주 경험은 제 평생에 잊지 못할 강렬한 기억으로 남아 있습니다. 당시 서울에서 작품 연주를 하며 어지간히 괜찮은 연주를 경험했다고 생각했는데, 당시 합포만음악제 때의 연주는 그 수준과 완성도에 있어서 격이 달랐습니다. 나중에 관계자분들 말씀을 듣고 보니 음악제의 연주적 완성도를 위해 최천희 선생님께서 엄청난 신경을 쓰시고 연주자를 많이 닦달도 하신다는 말씀을 듣고, 아, 이 음악제는 남다르구나 하고 생각하게 되었고, 연주에 있어 그냥 해내는 정도가 아니라 연주적 완성도를 끊임없이 추구하는 음악제로 당시에 각인이 되었습니다.

너무 감사하게도 지금까지 거의 한 해도 빠짐없이 초대해 주셔서 올해 음악제까지 함께하게 되었습니다. 또 그러한 연유로 저 개인적으로는 이 음악제가 저의 한국에서의 작품 생활에 있어 화수분의 역할을 하지 않았나 생각되고, 제가 꾸준하게 작품 활동을 이어갈 수 있었던 매우 중요한 동력이 되었습니다.

그 이듬해에 있었던 타악기를 위한 음악회 또한 기억에 많이 남습니다. 인상 깊었던 작품도 많았을 뿐만 아니라 대구에서 오셨던 타악기 앙상블의 호연, 그리고 초등학교를 개조해 만들어진 특별한 공연 공간과 함께 일반 음악회장과 확연히 다른 분위기 속에 펼쳐졌던, 진지하고 열띤 타악 퍼포먼스의 장이었습니다. 저 개인적으로는 제가 좋아하던 김영록 선생님의 생전 마지막 연주로서 또한 잊을 수 없는 연주회였습니다. 당시 타악기 앙상블 리더를 맡고 계시던 김영록 선생님은 제가 미국 유학 시절 같은 학교에서 수학했던 분으로 제가 무척 좋아하고 존경하던 선배님이셨는데, 음악제 이후 병으로 인해 세상을 떠나셨다는 소식을 듣게 되었습니다. 합포만현대음악제에서 제 곡을 연주해 주시던 모습이 아직도 생생하고, 당시 음악회는 김영록 선생님 생전에 제 작품 연주로 함께할 수 있었던 소중한 추억으로 제 마음 한켠에 남아 있습니다.

이후에도 많은 연주가 있었고 합포만현대음악제의 연주는 늘 남다르다는 느낌을 받게 되는데, Back to Back Duo 라는 색소폰과 트롬본 듀오의 연주 또한 강렬한 인상으로 각인되어 있습니다. 음악제 몇 회에 걸쳐 초청 연주를 해주셨고, 저 또한 이것이 계기가 되어 색소폰과 트롬본을 위한 곡을 쓰게 되었습니다. 색소폰의 에밀 자인과 트롬본의 베리 웹은 엄청난 연주력으로 그야말로 현대음악을 즐기듯 자유자재로 연주를 하시는 분들이었습니다. 연주회가 끝나고 작곡가, 연주자분들과 함께 마산 바닷가 근처에서 뒤풀이하며 함께 어울려 밤을 지새우던 시간들, 당시 한글날이 인접해 있어 제가 매고 갔던 한글 문양으로 된 저의 넥타이를 색소폰 연주자이신 에밀 자인에게 즉석 선물 하던 추억도 아련히 떠오릅니다.

합포만현대음악제는 제게 일종의 '작지만 강한 음악제'—강소 음악제라는 의미를 품고 있습니다. 규모가 크지는 않지만, 그 내용에 있어 매우 충실하고 완성도를 추구하는 음악제로 이 지역 사회를 넘어 대한민국 창작 음악계에 있어서 그 역할과 가치는 결코 작게 여겨지지 않습니다. 이러한 힘의 원천 중 하나는 위에서 언급했지만 바로, 음악제의 끊임없는 연주적 완성도에 대한 추구라는 생각이 듭니다. 그러한 완성도 있는 연주에 자극받고 꾸준히 작품을 생산해 내는 선순환은 우리 지역의 창작 음악 생명을 꽃피우며 이어가는 밑거름이 되어왔습니다.

또한, 다른 현대음악제에서는 쉽게 접할 수 없는 참신하고 다채로운 기획들도 이 음악제의 특별한 매력이라 할 수 있습니다. 국악과 서양 현대음악의 접목, 발레와 현대음악 및 재즈와의 만남까지 남다른 프로그램들은 이곳이 지닌 독특한 색깔을 만들어내며, 또 다른 새로움을 부여하는 창작 음악제로 자리해 왔다고 여겨집니다.

개인적으로도 늘 새로운 자극과 창작의 동력을 합포만현대음악제로부터 얻을 수 있었습니다. 지금 생각해보면, 제가 경남 지역에 와서 이 음악제를 만난 것은 저에게 큰 행운이었고, 그곳에서 만난 소중한 인연과 음악은 제 음악 인생의 빼놓을 수 없는 소중한 자산이 되었습니다.

지난 30년간 합포만현대음악제는 단순한 숫자를 넘어 지역과 세계를 잇는 다리 역할을 수행해 왔습니다. 지금까지 함께했던 여정을 회고해 보며, 저는 미래의 합포만현대음악제를 더욱 기대하게 됩니다. 우리 지역의 지속적인 창작 음악의 산실로서 앞으로 더욱 풍성한 음악적 결실과 함께 50주년, 100주년의 합포만현대음악제를 소망하며 글을 마무리합니다. 감사합니다.

나와 함께 걸어온 합포만의 시간

허미경

(소프라노, 인제대 교수)

합포만현대음악제 30주년을 진심으로 축하합니다!

22년 전, 인제대학교 음악학과에 성악교수로 임용된 후 나는 서울을 떠나 경남 지역에서 살기 시작했습니다. 이곳에서 내 인생의 전성기라 할 수 있는 사십 대와 오십 대를 보냈습니다. 돌이켜보면, 길다면 긴 세월 속에 보람되고 행복했던 순간들도 많았지만, 뼈아프게 후회되는 일들도 적지 않게 떠오릅니다. 그럼에도 불구하고 지나온 시간을 위로하고자, 가장 보람되고 행복했던 순간들이 언제였는지를 떠올려 본다면, 그것은 단연코 합포만현대음악제, 경남의 노래, 그리고 경남오페라단과 함께 했던 시간들이었습니다. 이 경험들은 나를 음악인으로 살아가게 해주었고, 이 지역의 훌륭한 예술인들과 소중한 인연을 맺게 해준 값진 만남의 자리였습니다.

마산을 비롯한 경남 지역은 일제강점기부터 한국 근현대사를 통틀어 한국 가곡의 중심지 역할을 해왔습니다. 이곳은 노산 이은상, 조두남, 이수인과 같은 한국 가곡의 선구자들을 배출한 지역이기도 합니다. 이러한 전통을 이어받은 경남의 음악가들은 특별한 면모를 지녔습니다. 다른 지역에서는 보기 드문 음악인들 간의 긴밀한 유대감과 지역의 예술 발전에 기여하고자 하는 뜨거운 창작 열정으로 가득 차 있었습니다.

그 에너지는 합포만현대음악제와 같은 참신한 기획과 연주의 장을 통해 끊임없이 발현되었습니다. 그 결과 수많은 작품들이 세상에 나올 수 있었고, 어느덧 이 음악제는 30년이라는 긴 시간 동안 지속되어 왔습니다. 내가 참여했고, 또 기억에 깊이 남아 있는 2018년의 합포만현대음악제는 "가곡, 재즈와 가야금의 만남"이라는 주제로 펼쳐졌습니다. 가곡뿐 아니라 트리오와 색소폰, 그리고 가야금 연주로 구성된 무대는 장르를 넘나드는 다채로운 음악의 향연이었습니다. 합포만현대음악제를 통해 동서양의 악기와 재즈, 가곡, 국악 등 다양한 음악 장르 간의 융합이 시작되고 있었습니다.

내가 경험한 합포만현대음악제를 나의 한정된 시각이지만, 역할과 업적이라는 측면에서 조명해 보고자 합니다.

첫째, 새로운 작품을 발표할 때마다 작곡가들은 단순히 새로운 작곡 기법을 구사하는 데 그치지 않고, 음악 미학적인 면에서도 끊임없이 신선한 시도를 이어가려고 했습니다. 이러한 노력은 음악의 표현 영역을 확장시키는 데 큰 기여를 했다고 봅니다.

둘째, 지역의 시인, 작곡가, 성악가를 비롯한 연주자들과 음악 애호가들이 함께 어우러지는 화합과 소통의 장을 마련해 주었습니다. 이러한 흐름은 2024년 합포만현대음악제에서 그 절정을 이루었다고 생각합니다. 2024년의 주제는 "마산 시인들과 함께하는 창작 가곡의 밤"이었으며, 마산 창동 시민극장에서 열렸습니다. 나는 이 극장을 찾을 때마다, 창동 골목골목에 자리한 주점, 식당, 찻집 등에 스며 있는 지난 세월의 흔적 속에서 예술가들의 혼을 느끼고 싶어했습니다. 한때 마산의 중심지였던 이곳은 이제 세월의 무상함을 뒤로하고, 주말이면 젊은이들로 북적이는 거리로 다시 태어나고 있는 듯 보입니다. 그 무심한 세월 속에서도 사라지지 않고 남아 있는 창동 시민극장에서, 옛 영화관의 흔적을 품은 채 <합포만현대음악제>가 열린 것은 나에게 참으로 다행스럽고, 감회가 깊은 일이었습니다.

이 음악제에서 나는 최천희 선생님의 작품 두 곡과 이형근 선생님의 창작곡 한 곡을 연주했습니다. 최 선생님의 곡들은 이전에 연주했던 작품들과는 사뭇 다른 분위기를 지녔으며, 사실주의적이면서도 해학적인 색채가 돋보이는 작품들이었습니다. 이영자 시인의 시에 곡을 붙인 「참새의 이름은」은 가사 내용이 참으로 흥미롭게 다가왔습니다. 내가 할머니가 되고 보니 이 가사가 더 마음에 와닿았고, 멀리 떨어져 있어 늘 그립고 애틋하기만 한 손자를 떠올리다 보니, 더욱 애정을 담아 부르게 되었습니다. 게다가 '참새'와 '명태'라는 말의 기원이 가사 속에 드러나 있어, 새삼 신기하고도 인상 깊게 느껴졌습니다.

이 작품에서 최 선생님은 가사를 여러 번 반복하시면서, 같은 가사라도 아주 미묘하게 음정을 바꾸어 놓으셨습니다. 처음에는 오타인 줄 알고 "선생님, 이 음정 일부러 이렇게 하신 건가요? 오타인가요?" 하고 조심스레 여쭈었더니, 선생님께서는 짧고 단호하게 "일부러입니다"라고 대답하셨습니다. '아! 다 계획이 있으셨구나…' 하고 나는 바로 수긍을 한 뒤, 이 부분을 어떻게 차별화하여 표현할지 반주자와 여러 차례 상의

하고 고민하였습니다. 결론적으로 p 와 f 의 서로 대비되는 악상으로 그 차이를 표현하기로 하였습니다.

또한 '이름 없는 명태도…'라는 가사와 음악이 세 번 반복되다 보니 자칫 지루하게 들릴 수 있었지만, 두 번으로 줄이기보다는 음악적 표현에 변화를 주는 방향으로 해석을 하여 연주를 했습니다. 초연의 묘미란 바로 이런 것이 아닐까요? 작곡가, 반주자, 성악가가 시인의 의도를 깊이 이해하고, 작곡가의 표현 의도를 놓치지 않으며 이를 충실히 전달하는 것, 그것이야말로 동시대 연주자만이 누릴 수 있는 소중한 특권이 아닐까 생각합니다. 위의 글을 이해하는 데 도움이 될 것 같아 가사를 올려봅니다.

참새의 이름은

이영자 시

대밭으로 솔밭으로 할머니 다니시는 길마다
이름없이 나다니는 작은새
참 새첩게 생겨서 참 새첩게 여기시고
참새라 이름 붙인거야

이름없는 명태도
명천에 사는 태서방이 잡았다고
명태라 이름 달았으니

참새 이름은 무릉할머니가
참 새첩게 뛰노는 손주들같아
이리 새첩게 지으신거야

최 선생님의 두 번째 곡 「봄바람 보이스 피싱」은 가사와 음악이 참으로 유쾌하고 흥미로웠습니다. 이 곡 역시 이영자 시인의 시에 곡을 붙인 작품으로, 1970년대 인기 드라마 「수사반장」의 테마 음악을 연상시키는 시그널 사운드, 연속적인 단3도 음계에서 오는 미묘한 긴장감, 전자음향을 떠올리게 하는 기계적인 전주가 인상 깊어 처음 이 곡을 받자마자 매우 설레었던 곡입니다. 무엇보다 이 곡은 보이스 피싱 범인과 전화를 받은 여인의 대사를 한 사람이 모두 소화해야 하는 1인 2역 구성으로, 범인을 의심의 눈초리로 바라보며 단호하게 차단하는 여인의 목소리까지 노래로 표현해야 하는 어려움이 있었습니다.

'보이스 피싱'이라는 단어가 아침 뉴스에 처음 등장했던 순간을 나는 결코 잊을 수 없습니다. 왜냐하면 그 직전에 나 역시 직접 보이스 피싱을 당했기 때문입니다. 그때는 심장이 콩닥거리며 덜컹거릴 정도로 당황스러웠습니다. 전화를 건 사람은 어눌한 조선족 말투로 말을 걸어왔고, 처음엔 대답을 이어가다가도 '이게 아닌데? 뭔가 이상하다'는 생각이 들어 곧바로 전화를 끊었습니다. 즉시 금융감독원에 금융 보호 신청을 했고, 한동안은 잊고 지냈습니다. 그러다 통장을 개설하려고 했을 때, 그때의 조치로 인해 개설이 되지 않는 상황이 발생했었습니다.

그런데 이번에 이 노래를 부르려니, 그 당시 기억이 얼마나 생생하고 실감 나던지 나도 모르게 몰입해서 연기까지 하게 되었습니다. 청중에게 두 사람의 대화를 어떻게 효과적으로 전달할까 고민하다가, 조금 유치해 보일 수도 있었지만 "여보

세요."라고 할 때 손가락으로 전화를 받는 시늉까지 하게 되었
습니다. 그리고 이 두 인물을 A와 B로 나누어 노래하면서, 각
각 어떤 음색으로 구분할지 고민이 많았습니다. 결국 A는 범
죄자의 달콤하고 묵직한 음색으로, B는 날카롭고 예민한 느낌
으로 표현하려고 노력했습니다. 그 표현이 잘 전달되었는지는
모르겠지만, 청중들은 가곡 발표회에서 1인 2역을 소화하려
애쓰는 나에게 큰 웃음으로 화답해 주셨고, 그 덕분에 더욱
신이 나서 노래와 연기에 몰입할 수 있었습니다. 더구나 어투
는 조금 달랐지만, 경상도 출신인 나로서는 사투리로 쓰인 노
랫말이 어찌나 살갑고 정감 있게 느껴지던지, 더 깊이 몰입하
게 되었던 것 같습니다. 가사는 아래와 같습니다.

봄바람 보이스 피싱

이영자 시

여보세요. 여보세요. 보미지예
아닌데요. 자얀데요. 자야라고요.
그라지 말고 바른말 하이소 좋은정보 줄께요.
아이구참 아이라케도 아이라케도 와그라노

통장에 노령연금 들어온 냄새를 맡고
우쨌든지 털어묵을라꼬
요령 부리는 것 같아서 전화를 끄는데
봄 제비꽃 제풀에 놀라 떤다.

　이 연주회에서 특히 기억에 남는 것은 창동 시민극장이 유
례없이 만석이었다는 점입니다. 흔히 창작 가곡 연주회는 대

166

중적인 인기가 높지 않아 좌석이 텅 빈 경우도 많은데, 이 날은 객석이 가득 차고, 심지어 입석으로 감상하는 관객들까지 생겼습니다. 그 덕분에 우리 모두 꽤나 들뜨고 흥분했던 것 같습니다.

합포만현대음악제를 되돌아보다 보니, 자연스럽게 최천희 선생님과의 개인적인 인연을 언급하지 않을 수 없습니다. 경남음협 회장으로 오랜 시간 지역 음악계를 이끌어오신 최천희 작곡가를 빼놓고는 이 지역의 음악사를 논할 수 없을 것입니다. 그는 합포만현대음악제와 함께해 온 산증인이자, 내가 22년 전 이곳에 정착했을 때부터 지금까지 변함없이 이어져 온 소중한 인연입니다. 늘 청년 같고, 어찌 보면 만년 청년 예술가 같은 철없는 어른의 모습으로, 야구모자에 살짝 찢어진 청바지, 면 티셔츠를 즐겨 입으시던 최천희 선생님. 언뜻 보면 아무렇지 않은 차림새였지만, 나는 그 속에서 예술가 특유의 까칠함과 세련된 멋이 묻어남을 항상 느낄 수 있었습니다. 지금까지 나는 최천희 선생님의 많은 곡들을 초연했고, 함께 연주도 해왔습니다. 선생님께서 연주를 요청하시면, 언제나 망설임 없이 "네"라고 대답할 준비가 되어 있었습니다. 물론 간혹 일정이 겹쳐 아쉽게도 함께 하지 못한 경우도 있긴 했지만요.
최천희 선생님은 언제나 예술가들에게 그들의 실력에 걸맞은 대우를 해주고자 하시는 분입니다. 가능한 한 예술가들의 자존심을 지켜주고, 연주자에 대한 예의를 다하려 애쓰셨습니다. 하지만 이것이 모든 상황에서 연주자들을 무조건 존중하고 친절하게 대했다는 뜻은 아닙니다. 연주자 역시 자신의 역할과 책임을 다해야 했습니다. 예를 들어, 리허설에 빠지지 않아야 하고 시간은 반드시 엄수해야 했으며, 가능하면 악보를 외워 연주하는 암보를 선호하셨습니다.

감히 선생님의 작곡 스타일을 논할 수는 없지만 내가 경험한 바로는, 그의 작곡 기법은 국악적인 요소를 현대 서양 음악에 접목한 것이 특징 중 하나입니다. 그리고 가사의 의미를 더욱 부각시키기 위해, 헤미올라와 같은 독특한 리듬을 자주 활용하셨습니다. 반복되는 음절이 많지만, 그 반복은 결코 동일하지 않습니다. 언뜻 비슷해 보이지만 미묘하게 달라진 리듬과 음정이 숨어 있으며, 이것은 연주자가 가사를 정확히 이해하고 다르게 표현할 수 있어야 합니다. 선생님은 연주자가 그 섬세한 차이를 놓치지 않고 정확히 표현할 것을 요구하십니다. 또한 오페라 「논개」에서 왜장이나 왜군들을 묘사할 때는, 일본의 전통 음계와 선율, 리듬을 사용하여 왜군의 음악과 이에 맞서는 우리 장군들의 음악을 극명하게 대비시켜 주셨습니다.

시간이 흐른 지금 돌아보면, 선생님의 성악곡은 연주자의 테크닉이 충분히 준비되어 있지 않으면 표현하기가 매우 어렵습니다. 선생님 곡을 연주하던 초창기 시절에는 부족한 발성 테크닉으로 선생님의 음악적 요구를 수용하려 애쓰다 보니, 심리적으로 많이 위축되고 힘들었던 기억도 있습니다. 이제는 어느 정도 발성 테크닉에서 자유로워졌지만, 그와 동시에 과거 전성기 때의 풍부하고 기름진 소리는 점점 사라진 듯해 선생님 곡을 받으면 항상 초심으로 돌아가 늘 새로운 공부를 하게 됩니다.

아주 신기한 것 중 하나는 선생님의 음악에는 일종의 중독성이 있습니다. 연주를 마친 뒤에도 선율이 머릿속에 한동안 맴돌며, 마치 스토커처럼 계속해서 따라다니는 느낌을 받곤 합니다. 그래서 나는 종종 그 선율을 혼잣말처럼 읊조리며, 쉽게 빠져나오지 못하곤 합니다.

최 선생님의 사모님을 아주 가끔씩 뵙긴 했지만, 최 선생님은 사모님을 정말 잘 만나신 것 같습니다. 한 번은 리허설 후, 사모님께서 「참새의 이름은」의 반복이 조금 지루하다고 말씀하신 것 같습니다. 그랬더니 선생님께서 "마눌님이 지겹다고 하시니 고민이 됩니다"라고 하시며, 사모님의 의견을 진지하게 받아들이셨습니다. 아마도 평생을 함께 지내시며 음악가인 남편을 향해 쌓인 신뢰와 이해가 바탕이 되어, "서당개 삼 년이면 풍월을 읊는다"는 말처럼 나눌 수 있는 평가와 조언이 아니었나 생각이 듭니다.

나는 사모님께 묘한 친근함과 호감을 느꼈습니다. 마치 오래전부터 알고 지냈던 분처럼 마음이 가는 이유는, 아마 내가 초등학생 시절 배드민턴 선수로 활동했다는 공통점 때문일 것입니다. 내가 처음 만났을 당시 사모님은 마산시청 소속 배드민턴 감독이셨고, 우리 학교에도 출강하셨습니다. 언제나 서글서글한 인상으로 따뜻하게 맞아주시고, 시원시원하게 내조하시던 모습이 매우 인상 깊고 보기 좋았습니다.

합포만현대음악제와 함께 해온 경남의 노래는 경남 지역의 자연과 문화유산을 주제로, 지역 시인들의 시에 곡을 붙인 창작 가곡들을 해마다 발표하는 음악회입니다. 지역을 소재로 한 창작 가곡이 연주된다는 것은 이 지역의 자부심이자, 가장 가치 있는 문화예술 활동 중 하나라고 생각합니다. 나는 경남의 노래에서 이근택 작곡가의 곡을 가장 많이 연주했으며, 따스하고 아름다운 선율이 담긴 그의 곡을 늘 좋아했습니다.

김해는 아름다운 자연유산과 가야의 풍부한 문화유산을 간직한 지역으로, '아름다운 김해로'라는 이름의 창작 가곡 콩쿠르가 열리고 있습니다. 이 콩쿠르에서는 지역 작곡가들의 작품이 지정곡으로 연주되며, 지역 음악 문화의 가치를 널리 알리고 있습니다.

이를 위해 백승태 작곡가는 오랫동안 경남음협 김해지부장을 맡아 김해시와 경상남도의 지원을 이끌어 내기 위해 끊임없이 노력해 왔습니다. 그는 주옥같은 작품들을 발표했을 뿐만 아니라, 외국인을 위한 한국어 발음 표기를 수록한 한국가곡집 『귀환』을 발간하기도 했습니다. 현재는 최천희 선생님의 뒤를 이어 경남음협 회장으로서 '경상남도음악제'와 차세대 연주자 발굴을 위한 콩쿠르 등을 기획하며, 지역 문화예술 발전에 큰 기여를 하고 있습니다. 이처럼 헌신적인 예술인들의 노력이 있었기에, 김해의 수많은 가야 유적과 김수로왕, 허황후를 주제로 한 시와 음악이 소중한 문화유산으로 새롭게 조명받고 있습니다.

그러나 이처럼 의미 있고 가치 있는 창작 활동에 대한 경상남도의 예산 지원이 점차 축소되고 있는 것은 매우 안타까운 일입니다. 지역 문화 발전에 크게 기여하고 있는 이 음악회와 콩쿠르의 중요성을 관계자들이 깊이 인식하고, 보다 적극적인 관심과 지속적인 지원이 이어지기를 진심으로 바랍니다.

마지막으로, 지난 세월 속에 또렷이 남아 있는 통영 앞의 섬 '두미도'에 다녀온 이야기로 이 글을 마무리하고자 합니다. 경남 문인협회장을 지내신 이달균 시인님의 시 「그리운 섬 두

미도」를 연주하기에 앞서, 내가 연주할 이 섬이 어떤 곳인지 직접 보고 싶었습니다. 시인께 부탁드리자 흔쾌히 응해주셔서, 일행들과 함께 두미도를 찾게 되었습니다. 그때 처음 들었는데, "바닷가에서는 술이 잘 취하지 않는다"고 하더군요. 그래서 과음하지 않도록 더욱더 조심해야 한다고 하셨습니다. 술이 잘 취하지 않는 이유가 맑은 공기와 신선한 바람 덕분이 아닐까요? 바닷가에 좌판을 깔고 도란도란 음악과 시를 이야기하던 그 시간은 참으로 귀하고 소중한 기억으로 남았습니다. 그 추억 속에서 나는 지난 22년의 삶이 결코 헛되지 않았으며, 음악인으로서 의미 있는 길을 걸어왔음을 되새기게 됩니다. 내 인생의 전성기와 함께 걸어온 합포만현대음악제에 깊은 감사의 마음을 전합니다.

아웃사이더의 길

이일주
(작곡가, 전주대 교수)

낭만주의와 방랑은 매우 밀접한 관계를 가지고 있는 개념이다. 낭만주의에서 방랑(Wandering)은 단순한 육체적 이동이 아니라, 존재의 의미를 찾기 위한 여정, 삶의 고독과 성찰, 자유에 대한 갈망을 상징한다.

창원성산아트홀 소극장, 제이에스복합문화공간, 3.15아트센터 소극장, 카페 이안, 마산문화예술센터 시민극장, 창원시 마산합포구 진전면 적석산길 224, 창원시티세븐43층 클라우드 아트홀은 2020년부터 2024년까지 5년 동안 글쓴이가 작곡가로 참여하고 작품을 발표했었던 합포만현대음악제의 연주 장소들이다.

내가 처음 음악제에 참여했었던 2020년 10월은 코로나 시국으로 음악회를 공연할 수 있다는 사실만으로도 감사했던 시절이었다. 창원 성산아트홀에서 처음 마주한 합포만현대음악제는 여느 다른 현대음악제와 다르지 않다는 인상을 받았다. 하지만 그 후에 매년 음악제를 참여하게 되면서 해마다 음악회 장소가 바뀌는 경험을 하게 되었다. 창원성산아트홀 소극장에서 시작되었던 합포만현대음악제는 두 번의 음악회가 열렸었던 카페 이안을 제외하고는 모두 다 새로운 장소에서 새로운 음악들로 그 공간들이 채워졌다. 그중에서도 내게 가장 인상적이었던 장소는 2023년 <가야금을 위한 창작음악의 밤> 음악회 장소였던 창원시 마산합포구 진전면 적석산길 224였다. 나는 음악회 장소 주소를 받고 찾아가는 내내 궁금했었다. '도대체 어떤 음악회 장소이길래 건물 명칭도 알려주지 않고 주소만 알려주었을까?' 자동차가 도시를 벗어나 시골 풍경들을 지나 주소지에 도착해서도 나는 잠시 동안 헤매었던 기억이 생생하다. 나는 그래도 음악회 장소인데 마을회관 정도의 건물에서 음악회를 하겠지 하며 연주회를 할 만한 건물다운 건축물을 찾고 있었다.

창원시 마산합포구 진전면 적석산길 224은 작곡가 최천희 선생의 시골집이었다. 마당이 있고 큰 나무가 우뚝 서 있는 그런 어디서나 볼 수 있는 흔한 시골집, 집으로 들어가 그 시골집 마루에 들어갔을 때 나는 비로소 왜 이 시골집이 음악회 장소인 줄 깨닫게 되었다. 대청이 살짝 높아 보이는 마루에 마을 어르신들이 방석을 깔고 앉아있었고 좁지도 넓지도 않은 마루는 가야금 연주와 소리를 듣기에는 안성마춤의 장소였다. 음악회의 주제와 장소가 일치되는 일은 어렵기 마련인데 이 공간과 장소는 기적처럼 완벽했다.

이 날 연주되었던 모든 음악들이 연주 장소와 참 잘 어울렸다. 청중들은 연주자의 연주와 호흡을 가깝게 느끼며 집중할 수 있었고 또한 연주자들도 청중들과 소통하려는 모습이 자연스럽게 어우러졌다. 음악회 장소가 얼마나 중요한지에 대한

174

대답은 최천희 작곡의 「수국총 수국총」 연주를 통해 고스란히 드러났다. 정일근 시를 바탕으로 작곡된 정가 연주 도중 마루에 딸려 있는 옆방에서 가야금 소리가 어우러지기 시작했다. 어울리듯 어울리지 않은 소리들이 시골집 공간을 채워나갔다. 내가 생각하기에는 연주자들이 즉흥적으로 연주를 한 것 같았다. 두 공간의 소리들은 작곡가의 의도였든지 아니면 연주가들이 즉흥으로 연주했든지 간에 평상시에 두 개로 나누어졌었던 공간을 하나의 공간으로 만들어 버렸다.

'음악은 시간의 예술이다.' 이는 음악의 본질을 간결하면서도 깊이 있게 표현한다. 더 나아가 '음악은 공간의 예술이다.'라고도 말할 수 있다. 왜냐하면 소리들은 공간을 통해 청중에게 다가가기 때문이다. '공간'이 존재하지 않으면 소리들은 전달되지 않기 때문이다. 음악회 성격에 따라 새로운 장소를 찾아 옮겨다니며 연주되는 합포만현대음악제는 늘 새롭다. 마치 '구르는 돌에는 이끼가 끼지 않는다'는 속담처럼 계속 새로운 음악회 주제와 그 주제에 맞는 장소로 움직이는 합포만현대음악제는 한곳에 정착하지 않고 앞으로 나아갈 것이라 생각된다.

마지막으로 낭만주의를 대표하는 작곡가 구스타프 말러(Gustav Mahler, 1860~1911)의 말로 글을 마치려 한다. 말러는 스스로를 "나는 삼중의 이방인이다. 오스트리아인 사이에서는 보헤미아인이요, 독일인 사이에서는 오스트리아인이며, 세계인 사이에서는 유대인이다"라고 소개했는데 말러를 이해하는 데 아마도 이보다 더 좋은 말은 없을 것이다. 말러는 전 생애에 걸쳐서 진정한 정착 없이 아웃사이더로 살았기 때문이다.
　나는 합포만현대음악제가 시간과 장소, 세상과 타협하지 않고 자신의 길을 가는 진정한 방랑자의 길, 아웃사이더의 길 위에 서 있기를 바라고 응원한다.

합포만현대음악제 30주년을 기념하며

베리 웹
(트롬본연주자, 허드스필드대 교수)

<파트 1>

제가 합포만 현대음악제 무대에 처음 선 지 어느덧 27년이 흘렀습니다. 이 글을 통해 그 동안의 협연, 그리고 우리가 함께 만들어온 특별한 인연에 대해 이야기하고자 합니다.

1998년

1998년은 제게 새로운 음악적 모험이 시작된 해였습니다. 그해, 영국 작곡가 죠 커틀러(Joe Cutler)가 대한민국 마산시의 합포만 현대음악제 예술감독 최천희 선생님께 저를 추천해 주셨습니다. 두 분은 바르샤바 쇼팽 아카데미 유학 시절부터 친구셨지요.

그렇게 저는 창원대학교 콘서트홀에서 워크숍을 진행하게 되었고, 9월 8일 마산시청 대공연장에서 연주회를 열었습니다. 프로그램은 매우 묵직했습니다. 루치아노 베리오(Luciano Berio)와 빈코 글로보카르(Vinko Globokar)의 작품, 영국 작곡가 죠 커틀러(Joe Cutler)의 <Shaman>, 타이 언윈(Ty Unwin)의 <Big Wheel>, 그리고 호주 원주민들의 전통 악기인 디저리두와 사운드 프로세스를 위해 제가 작곡한 곡

<Tilpulun>을 비롯해, 폴케 라베(Folke Rabe)의 <Basta>, 이 종만의 신작 <무제> 등으로 꾸린 프로그램이었습니다.

처음 방문한 한국은 놀라운 경험이었습니다. 따뜻한 환대와 맛있는 한국 음식, 노래방, 그리고 무엇보다도 '파스텔 바'에 서의 잊지 못할 아늑한 분위기, 이 모든 것이 협업의 멋진 시작이 되어주었습니다. 이후 여러 차례 방문하면서 마산은 제게 매우 특별한 도시가 되었고, 지금도 가장 좋아하는 장소 중 하나입니다.

우연히도, 저는 한국 방문을 계획하던 무렵 일본 작곡가 나카무라 히로시로부터 연락을 받았습니다. 저는 다음 달 이탈리아 토리노에서 열릴 안티도그마 무지카 페스티벌(Antidogma Musica Festival)에서 그가 작곡한 트롬본, 퍼커션, 피아노 삼중주를 연주할 계획이었습니다. 리허설을 위해 미리 만나고 싶다는 그의 요청에 따라 도쿄에 잠시 들렀고, 그 또한 제 첫 일본 방문이었습니다.

1999년 9월 30일, 마산 올림픽기념관에서 열린 합포만음악제 독주회를 위해 새롭게 세 곡이 쓰여졌습니다. 전욱용의 <Crazy>, 김호준의 <Collage> (트롬본과 사운드 프로세서), 그리고 최천희 선생님의 <산조>(트롬본과 장구)가 그것입니다. 이 외에도 영국 작곡가 조너선 하비(Jonathan Harvey)의 <Ricercare una Melodia>, 타이 언윈의 <Big Steel Drum>, 제 자작곡 <Second Skin> (디저리두와 테이프), 그리고 에른스트 크레넥(Ernst Krenek)의 <트롬본과 피아노를 위한 다섯 개의 소품 Five Pieces for Trombone and Piano>을 연주했으며, 피아니스트 이언 페이스(Ian Pace)가 함께했습니다.

공연 후에는 진주로 이동했는데, 최천희 선생님이 진주시립 교향악단의 지휘자로 계셨기 때문입니다. 이곳에서는 이언이 모차르트의 <피아노 협주곡 9번 K.271>을, 저는 라르스 에릭 라르손(Lars Erik Larsson) 의 <콘체르티노 Concertino>를 연주했습니다.

그 뒤, 저는 다시 일본으로 돌아가, 젊은 일본 작곡가 7인이 제게 무반주 트롬본 솔로 곡을 각각 한 곡씩 작곡해 준 새로운 프로젝트를 시작했습니다. 도쿄와 오사카에서 초연된 이 곡들은 <The Japan Project> 라는 음반으로도 발매되었습니다.

2000년

합포만음악제는 10월 5일, 헬렌 브랙클리-존스(Helen Brackely-Jones)의 바이올린 독주회로 막을 올렸습니다. 제가 재직하던 허더즈필드 대학원 출신으로, 과거에도 여러 차례 함께 공연한 인연이 있는 연주자였습니다.

제 독주회는 10월 6일, 마산 구복예술촌에서 열렸습니다. 이전까지의 공연은 대부분 도심의 큰 공연장에서 열렸지만, 이번처럼 '색다른' 장소로 가는 것도 참 좋았습니다.

공연 당일 오후, 우리는 마산을 출발해 해안길을 따라 구복리로 향했습니다. 그 길은 경치가 정말 멋졌고, 특히 구복리로 들어가는 빨간 철제 저도다리를 건널 때의 풍경은 잊지 못할 장면 중 하나였습니다. (몇 년 후, 인근에 새로운 도로교가 생기면서 이 다리는 보행자 전용이 되었습니다.) 마산에서도 이 지역은 이후에도 여러 번 다시 찾을 정도로 제가 가장 좋아하는 장소 중 하나가 되었습니다.

공연장은 어촌 마을 안의 작은 리조트 같은 곳이었습니다. 잔디가 깔린 넓은 마당 한가운데를 중심으로, 한쪽에는 카페와 공예 가게가, 또 다른 쪽에는 작은 미술관이 있었고, 제가 연주한 무대는 그 미술관 안에 마련되었습니다. 프로그램은 루마니아 작곡가의 작품이 1곡, 영국 작곡가의 작품이 2곡, 일본 작곡가의 작품이 2곡, 한국 작곡가의 작품이 2곡으로 구성되었으며, 한국 작곡가의 곡은 진용우의 <Transmutation>, 한정훈의 <From the Deep>이었습니다. 공연 후 열린 야외 파티는 정말 인상 깊은 경험이었습니다.

2000년도에는 음악제가 끝난 뒤 최천희 선생님이 저를 지리산으로 데려가 주셨습니다. 해안과는 또 다른 아름다움을 지닌 산과 사찰들을 방문했는데, 마산 방문 중 가장 특별한 추억 중 하나가 되었습니다. 진심으로 감사드립니다.

<파트 2>

인터루드 : 오스트레일리아 2001, 서울로의 연결, 그리고 마산으로의 복귀

합포만음악제에 3년 연속으로 참여한 후, 이후 세 번의 음악제 동안 잠시 쉬게 되었지만, 그 기간에도 한국을 다시 방문할 기회는 있었습니다.

2001년 9월 27일부터 30일까지 멜버른에서 열린 <오스트레일리아 연방 100주년 기념 음악 주간>에 초청되어, 이곳에서 이찬해 작곡 <보름달 뜬 섬에서>를 초연했습니다. 이는 저와 이찬해 선생님과의 장기적 협업의 시작이 되었고, 이어 2003년 서울에서 열린 <세계여성음악제>에 처음 참가하게 되었습니다. 그 역시 이찬해 선생님이 주관한 행사였습니다.

2004년

마산으로 다시 돌아왔을 때 저는 처음으로 비치 호텔에 머물렀습니다. 이전에는 시내 호텔에서 지냈습니다. 비치 호텔은 바다와 바로 맞닿아 있었고, 바다 쪽 고층 객실에는 발코니가 있어서 마산항이 내려다보이는 멋진 전망이 펼쳐졌습니다. 호텔에서 도보로 금방 닿을 수 있는 곳에 활기찬 수산시장과 맛있는 생선 요리 전문 식당들이 즐비해 있었고요.

2004년 10월 20일, <문신미술관>에서 열린 합포만음악제 독주회에서는 한국 작곡가들의 트롬본 솔로 신작들로만 프로그램을 구성했습니다. 곽진향, 이근택, 전욱용, 우종억의 신작들과 더불어 이찬해의 <보름달 뜬 섬에서>, 그리고 한정훈, 최천희 선생님의 트롬본사중주 신작들이 연주되었습니다. (작품명은 2006년 항목에서 소개할 것입니다.)

합포만 공연이 끝나면 우리는 늘 축하 자리를 가졌습니다. 물론 즐거운 자리였지만 그저 즐기기만 하는 자리는 아니었습니다. 참여한 작곡가들이 돌아가며 간단한 연설을 하는 것이 전통이었기 때문입니다. 참석 인원 수에 따라 분위기는 달랐지만, 특히 2004년에는 마산에서 조금 벗어난 바닷가 찻집에서의 모임이 인상 깊었습니다. 환상적인 바다 전망이 펼쳐지는 아름다운 장소였고, 당시에는 일본 색소폰사중주단과 저, 그리고 작곡가들만 함께한 조용한 모임이라 연설하기에도 적절한 분위기였습니다. 연설 내용은 정확히 알아듣지는 못했지만, 방금 마친 공연을 되돌아보는 시간을 갖는다는 그 의식 자체가 무척 마음에 들었습니다. 최천희 선생님께 연설 내용을 여쭈었더니 "우리는 방금 연주된 곡들에 대해 거침없이 솔직한 이야기를 나눴다"고 하셨습니다. 그 후 시내로 돌아와 술집이나 노래방에 갔는지는 기억나지 않네요…

2006년-2010년

2004년 공연 후 우리는 합포만현대음악제의 곡들을 음반으로 남기자는 논의를 시작했습니다. 이미 일본의 <The Japan Project>(1999, 2002 CD 발매), 오스트레일리아·필리핀의 <Hoy!> 프로젝트 (2004, 2006 CD 발매) 등과 같은 협업 프로젝트를 통해 좋은 경험을 한 덕분이기도 했죠.

2006년 리사이틀에서는 한정훈과 이형근이 작곡한 새로운 작품들, 그리고 2004년에 선보인 곽진향, 이근택, 전욱용, 우종억이 작곡한 작품들이 함께 공연되었습니다. 또, 1999년의 작품인 최천희 작곡 <산조>, 김호준 작곡 <Collage>도 포함되었습니다.

2006년 10월 11일, 마산 문신미술관에서 열린 이 공연에서는 저 외에도 마림바 연주자 이현수, 장구 연주자 조진영이 함께했습니다. 프로그램은 다음과 같았습니다:

이형근, <Wind Song>(트롬본과 마림바)

곽진향, <Triptych>(트롬본 독주)

이근택, <Moving in Tranquility>(트롬본 독주)

전욱용, <Intonation>(트롬본 독주)

최천희, <산조>(트롬본과 장구)

한정훈, <SCREAM 2>(트롬본 독주)

우종억, <Symumbo>(트롬본 독주)

김호준, <Collage>(트롬본과 라이브 일렉트로닉스)

다음 날인 10월 12일과 13일, 창신대학교에서 이 모든 곡들을 녹음했고, 편집 작업은 허더즈필드 대학교에서 진행했습니다. 음반 《The Happoman (Masan Bay) Project》는 2009년에 정식 발매되었습니다.

2006년부터 2009년 사이에는 서울에서도 이찬해 선생님과의 인연으로 여러 공연을 했습니다. 이찬해 선생님은 그 무렵 저를 위해 두 곡의 신작을 작곡해 주시기도 했습니다.

2008년 10월, 연세대, 한양대, 단국대에서 연속으로 공연 및 워크숍을 진행한 후 마산으로 돌아가 합포만현대음악제에서 서울의 오감(誤感)현악사중주단(Ogam String Quartet)의 공연을 관람하며 오랜 친구들과 다시 만났습니다.

2009년 10월 13일, 합포만현대음악제에서 저는 발레 및 가야금 트리오와 함께 프로그램을 나누어 공연했습니다. 1부는 무용과 국악, 2부에서는 CD에 수록된 곡들을 중심으로 연주했고, 진규영 작곡의 신작 <Reminiscence of the Folk Rhythm>의 초연도 진행했습니다. 이 공연은 마산아트센터 콘서트홀에서 열렸습니다.

합포만 in 영국

2010년 합포만현대음악제는 15주년을 맞이했습니다. 이를 기념해 2010년 3월 15일, 저는 타악기 연주자 데이미언 해런 (Damien Harron)과 함께 허더즈필드 대학교에서 특별 공연을 열었습니다. 이 자리에서는 CD에 수록된 5곡과 함께, 대

학원생 작곡가들의 신작 2곡도 함께 연주되었습니다:

　이형근, <Wind Song>(트롬본과 마림바)

　한정훈. <SCREAM 2>(트롬본 독주)

　크리스 졸리, <Duo>(트롬본과 타악기)

　전욱용, <Intonation>(트롬본 독주)

　최천희, <산조>(트롬본과 장구)

　샘 박, <Song of Water>(트롬본과 타악기)

　김호준, <Collage>(트롬본과 라이브 일렉트로닉스)

2010년 12월, 저는 다시 마산과 서울을 방문했습니다. 12월 4일, 김호준의 지휘로 열린 마산윈드오케스트라 공연에서 고든 랭퍼드(Gordon Langford)의 <Rhapsody for trombone>을 연주했고, 서울의 안희찬 선생님과 함께 두 명의 솔리스트로 무대에 섰습니다. 이어12월 7일, 서울에서는 이찬해 선생님의 작품 연주회에 참여했습니다.

2011년

2011년, 저는 클라리넷·색소폰 연주자 에밀 자인(Emil Sein)과 함께 듀오 <Back to Back>으로 다시 합포만 음악제에 참여했습니다. 우리는 지난 10년간 여러 차례 함께 공연했고, 루마니아 작품 중심의 레퍼토리를 함께 다듬어 왔습니다. 그 중 일부는 음반 <Tango with Zombies> 로 발매되기도 했습니다.

10월 11일, 문신미술관에의 공연에서 우리는 빈코 글로보카르의 <Dos à Dos> (프랑스어로 '등을 맞대고'라는 뜻으로, 결투를 연상케 하는 곡입니다), 단 데디우(Dan Dediu)의

<Tango with Zombies>등을 연주했고, 한국 작곡가 4명과 일본 작곡가 1명의 신작 솔로곡도 포함되었습니다. 마지막으로, 2011년 3월 11일 동일본 대지진에 대한 음악적 응답으로 한정훈이 작곡한 <M.9>를 초연했습니다. (당시 한정훈은 일본에서 유학 중이었습니다.)

다음 날에는 마산의 가곡전수관에서 전통음악 및 국악기와의 퓨전 공연에 참여했으며, 음악제가 끝날 무렵에는 마산의 화가 무진 선생님이 공연을 기념해 제작한 아름다운 그림을 최천희 선생님이 제게 선물로 주셨습니다.

에밀과 저는 2008년부터 스페인의 아름다운 마을 프리힐리아나(Frigiliana)에서 <무지카 누에바 말라가(Musica Nueva Malaga)>라는 음악제를 공동 기획하고 있었으며, 2012년 6월 19일, 이곳에서 2011년 마산에서 연주한 프로그램인 <M.9>, <Intonation>, <Collage>등을 포함한 리사이틀을 실시간 스트리밍으로 선보였습니다.

<파트 3>

2013년 대구

2013년 6월, 저는 대구국제현대음악제에 초청되어 한국을 방문해 연주와 워크숍을 진행했습니다. 대구는 창원과 멀지 않으며, 합포만음악제와도 밀접한 연관이 있습니다. 김호준, 한정훈 두 분 모두 대구 공연에 함께했고, 김호준의 <Collage>도 프로그램에 포함되었습니다.

대구 공연 후 마산으로 돌아온 뒤에는 창동예술촌의 좁은

골목들을 산책하며 시간을 보냈습니다. 수많은 작은 갤러리, 작업실, 카페, 음식점, 술집이 모여 있는 이곳은 마산에서 가장 매력적인 장소 중 하나였습니다. 특히 인상 깊었던 것은, 그 당시 열리고 있던 김호준 선생님의 빈티지 오디오 전시회였습니다.

2014년 창원

2010년 6월, 마산은 창원, 진해와 통합되어 하나의 행정도시 '창원시'로 재편되었습니다. 제가 2014년 합포만 음악제에 참여했을 때는 이미 창원 통합시 내 창원 지역이 숙소와 주공연장이 위치한 중심지가 되어 있었고, 주 공연장은 성산아트홀이었습니다.

이번 음악제에는 일본의 바이올리니스트 야스타카 헴미(Yasutaka Hemmi), 피아니스트 오스가 카오리(Kaori Ohsuga), 미국 작곡가이자 연주자인 헉 호지(Huck Hodge)도 함께 초청되었습니다. 10월 8일일의 우리 프로그램은 독주곡, 이중주, 삼중주로 구성되었고 헉 호지의<Pools of Shadows from an Older Sky>(라이브 피아노와 컴퓨터 사운드를 위한 작품)로 절정을 이뤘습니다. 저는 박주희의 <Ein Lied von Zion>(트롬본 독주곡), 이원중의 <Seventh Angel, Seven Thunders> (피아노와 함께한 듀오)를 연주했고, 마지막에는 야스타카, 오스가와 함께 전욱용의 <Unisono e Divisionale>을 삼중주로 마무리했습니다.

이틀 뒤인 10월 10일, 우리는 같은 프로그램의 상당 부분을 부산의 을숙도문화회관에서 열린 을숙도음악제에서도 연주했습니다. 그리고 10월 24일, 저는 다시 부산으로 돌아가 박주희의 독주회에서 <Ein Lied von Zion>을 연주했습니다. 이후 2015년 5월 28일, 루마니아 부쿠레슈티에서 열린 제25회 국제현대음악주간에서도 이 곡을 다시 연주했습니다.

2015년

합포만현대음악제의 20주년을 맞이하여, 10월 13~15일 성산아트홀에서 세 차례의 공연이 열렸습니다. 첫날은 재즈 콘서트, 둘째 날은 트롬본과 현악 중심, 셋째 날은 발레와 전자음악 공연이 이어졌습니다. 야스타카 헴미는 이번에는 자신이 이끄는 현악 4중주단과 함께 다시 방문했습니다.

우리 프로그램에서는 총 8곡이 연주되었고, 그 중 4곡은 독주곡, 나머지는 현악 듀오, 트리오, 사중주, 그리고 트롬본과 현악 트리오를 위한 이진우의 <Parabola>까지 다양하게 구성되었습니다. 저는 일본 작곡가 쓰요시 니노미야(Tsuyoshi Ninomiya)의 <Extravaganza>, 미와 도조(Miwa Dojo)의 <A Prayer in the Dusk> 두 곡을 독주로 연주했습니다. 또한, 조 커틀러의 <Shaman>도 연주했는데, 원래는 트롬본이 피아노 내부를 향해 연주하며 피아노 공명을 일으키도록 구성된 작품입니다. 이전에는 이 공명을 전자적으로 재현해왔지만, 이번에는 공연장에 제대로 된 그랜드 피아노가 있어 원래 의도대로 연주할 수 있게 되었습니다. 최천희 선생님의 설득 끝에 피아노를 '망가뜨리지 않을 것'이라는 확신을 얻고야 비로소 허가를 얻었습니다. 덕분에 정말 만족스러운 연주가 되었습니다. 피아노의 서스테인 페달을 내내 눌러주신 이유진 선생님께도 깊은 감사를 드립니다.

마지막 날 공연에서는 임주섭의 <돌보다 강한 물 1>과 우종억의 <Symumbo>를 발레로 각색한 작품에도 참여했습니다.

인터루드

이듬해인 2016년, 저는 일본에서 카츠미 요코야마(Katsumi Yokoyama)가 작곡한. 2011년 동일본 대지진과 쓰나미에 대한 음악적 응답인 50분 길이의 트롬본 독주곡 <Requiem… ad Vitam Aeternam> 초연을 마친 후 한국을 다시 방문했습니다. 마산에서는 주로 사람들을 만났지만, 부산에 새롭게 문을 연 김호준 선생님의 빈티지 오디오 카페에서 공연을 가지기도 했습니다.

2017년, 이탈리아 만타에서 열린 안티도그마 무지카 페스티벌에서 이형근의 <Wind Song>을 타악기 연주자 리카르도 발비누티(Riccardo Balbinutti)와 함께 연주했습니다. 이 공연은 40주년이자 마지막으로 열린 안티도그마 페스티벌의 전야제 무대였고, 이후 이 축제는 새로운 기획진 아래 이름은 유지하되 다른 정체성과 방향성을 지닌 행사로 변화했습니다.

같은 해, 통영에서는 최천희 선생님이 지휘한 꼬니-니꼬 체임버 오케스트라와 함께 공연했으며, 통영 콘서트홀에서 라르스 에릭 라르손의 <콘체르티노>를 연주했습니다.

2018년

2018년, 제가 가장 최근에 치른 합포만 음악제에서의 무대는 을숙도 음악제와 다시 한 번 협업하는 형식으로 진행되었습니다.10월 17일, 창원의 <더 클라우드 아트홀(높은 빌딩 최상층에 있어 이름에 걸맞은 장소)에서 첫 공연을, 10월 18일에는 부산 을숙도예술회관에서 두 번째 공연을 가졌습니다.

창원, 부산, 대구의 작곡가들이 새롭게 작곡한 곡들로 꾸린 프로그램이었습니다. 이상준과의 마림바 협연 또한 아주 즐거운 경험이었습니다. 다양한 스타일과 접근을 보여준 작곡가 여러분께 진심으로 감사드립니다:

오세일, <Monologue VI>(트롬본 독주)

김범기, <The Life>(트롬본 독주)

김민지, <Splash Water>(트롬본과 마림바)

전욱용, <흥 II>(마림바 독주)

박주희, <Ein Lied in seinem Zeit>(트롬본 독주)

이규봉, <Verträumt IV…>(트롬본 독주)

백승태, <Maternal Love>(트롬본과 마림바)

<파트 4>

코로나 시대, 그리고 맺음말

2019년 이후, 전 세계는 코로나 팬데믹이라는 전례 없는 위기를 겪게 되었고, 국제 음악 행사 전반에도 큰 영향을 미쳤습니다. 그 여파로 합포만현대음악제를 포함한 많은 계획들이 중단될 수밖에 없었습니다.

그러나 우리는 오랜 시간 동안 함께 걸어오며 정말 아름다운 여정, 지속적인 협업과 우정을 나누었습니다. 공동의 목표 아래 끊임없이 진화하며 함께 성장해온 시간에 깊이 감사드립니다. 우리의 작업 방식뿐 아니라 사적인 교류와 유대 또한 소중하게 생각합니다.

합포만현대음악제 운영위원회에 속한 모든 작곡가 분들께,

그동안의 환대와 따뜻한 마음에 진심으로 감사드립니다. 저는 우리가 하나의 가족이라 생각합니다. 이 여정의 일원이 될 수 있었던 건 제게 커다란 축복이자 특권이었습니다. 마산을 사랑합니다. 그리고 합포만현대음악제가 우리 협업의 기회를 열어준 것에 영원히 감사드립니다.

최천희 선생님과 합포만 팀 모두에게, 합포만현대음악제를 지금까지 지켜오고 성장시켜 주신 노고에 최고의 찬사를 보냅니다!

30주년을 진심으로 축하드립니다!(편집자 역)

Celebrating The Happoman Festival of Contemporary Music
on the occasion of their 30th Anniversary
October 2025

Part I

27 years have passed since I first appeared at the Happoman Festival of Contemporary Music. I will write here about our concert collaborations and other events related to our long and enduring relationship.

1998

1998 was destined to be a year of new adventures for me personally, opening the door to new musical collaborations. British composer Joe Cutler had recommended me to Choi Chun-hee, director of the Happoman Festival of Contemporary Music in Masan City, South Korea. Joe and Choi had remained friends from their student days at the Chopin Academy in Warsaw.

And so, I was invited to give a workshop at Changwon University Concert Hall, followed by a concert at Masan City Hall on September 8. A weighty programme included works by Luciano Berio and Vinko Globokar, and British works by Joe Cutler (Shaman), Ty Unwin (Big Wheel) and my own composition Tilpulun for Australian didgeridoo and sound processor, along with Folke Rabe's Basta and a new Korean piece Untitled by Lee Chong-man.

It had been my first visit to South Korea. The trip was a wonderful experience and an encouraging start to our collaboration. The hosts' hospitality was amazing, introducing me to wonderful Korean foods, Korean karaoke and the unforgettable intimate atmosphere of the Pastel Bar. Through this and subsequent visits I came to know Masan City well and it remains one of my favourite places.

Coincidentally, when planning for the trip to Korea, I had been contacted by Japanese composer Hiroshi Nakamura. Nakamura had written a trio for trombone, percussion and piano, in which I was due to perform in Italy the following month at Torino's Antidogma Musica Festival. He wanted to meet individually beforehand, and a detour via Tokyo seemed to be the best way. It was also my first visit to Japan.

1999
Three new pieces were written for my Happoman Festival recital on September 30, 1999, held in the Masan Olympic Hall: crazy by Jeon Wook-yong, Collage for trombone and sound processor by Kim Ho-jun and Sanjo for trombone and changgo by Choi Chun-hee. Alongside these, I played British works by Jonathan Harvey (Ricercare una Melodia), Ty Unwin (Big Steel Drum) and myself (Second Skin for didgeridoo and tape)
and Ernst Krenek's Five Pieces for Trombone and Piano, for which I was joined by pianist Ian Pace.

Following the Masan recital, we travelled to Chinju, where Mr Choi was conductor of the Chinju City

Symphony Orchestra. There, Ian played Mozart's Piano Concerto No. 9 K.271, and I played Lars Erik Larsson's Concertino.

After Masan, I returned to Japan, where seven young Japanese composers had created a new project, each composer writing an unaccompanied solo piece for trombone. We performed the complete project in Tokyo and Osaka, later recorded on CD as The Japan Project.

2000
The 2000 Happoman Festival began on October 5 with a violin recital by Helen Brackley-Jones, a former postgraduate student at the University of Huddersfield, where we collaborated in a number of performances.

My recital was programmed on October 6 at Gubok Arts Hall, a location well out of the city. Our previous performances had been held at big venues within the city, but I also very much like the idea of taking performances to more 'offbeat' locations such as Gubok.

We set off from Masan in the early afternoon, taking the coast road to the south, enjoying some wonderful scenery along the way. Especially spectacular were the views as we crossed the famous red iron Jeodo bridge to Gubok-ri. (Several years later, the bridge was to become pedestrianised with the construction of an adjacent new road bridge into Gubok-ri.) This area of Masan became one of my favourite locations, which I have subsequently revisited many times.

The concert location itself was a kind of small resort within a small fishing community - a wide, lawned area in the centre, with a café and arts and crafts shop on one side, and a separate small art gallery on the other, where my recital was held. The programme included one Romanian piece, two British, two Japanese and two Korean - Transmutation by Chin Yong-woo and From the Deep by Han Jung-hoon. A memorable outdoor party followed the concert performance.

At the end of the 2000 Festival, Choi took me on a trip to the Jirisan mountains, where we enjoyed another kind of beautiful scenery away from the coast and visited several temples. It was very special to have been shown such beautiful places on this visit to Masan. Thank you so much!

Part II
Interlude. Australia 2001. Seoul connection. Masan return.
After three consecutive Happoman Festivals, there followed a three-festival interlude, although I did have the opportunity to visit South Korea again during this time. I had been invited to participate in Federation Music Week in Melbourne from April 27-30, 2001. (In 2001, Australia was celebrating the centenary of The Federation of Australia.) There I gave the premiere of Chan-hae Lee's From the Island under the Full Moon for solo trombone. It was to be the beginning of an ongoing collaboration, leading to a first visit to Seoul to participate in the 2003 Festival of Women in Music Today, organised by Chan-hae.

2004

On my return to Masan, I stayed at the Beach Hotel for the first time; previously I'd stayed at hotels in the city. The Beach Hotel borders on the ocean, and upper rooms on the waterside have balconies, with a view across the water to the port of Masan. The hotel is a short walking distance away from the wonderful fish market and many surrounding fish restaurants.

My recital programme at the 2004 Happoman Festival on October 20, held at the Moonshine Arts Centre in Masan, consisted entirely of Korean works – new trombone solos by Kwak Jin-hyang, Lee Geun-taek, Jeon Wook-yong and Woo Jong-uek (titles listed below under 2006), together with Chan-hae Lee's From the Island under the Full Moon, and new works for Korean trombone quartet by Han Jung-hoon and Choi Chunhee.

After the Happoman concerts, we always went to celebrate, at various establishments. This was of course very pleasant, but it wasn't only about partying. It was also customary for the main protagonists in the concert (the composers) to give speeches. This varied according to the size of the party. But I remember especially that after the 2004 recital we went out of town, taking the familiar coastal road to a tea shop – a beautiful location with magnificent sea views (as I later discovered). On this occasion we were not a large group, just the composers and performers (myself and a Japanese saxophone quartet), so the atmosphere was conducive to speech making. I didn't understand the detail, but I like the principle of the participants making time to

reflect on the events just experienced. Asking Mr Choi
about the content of the speeches, he
replied: 'After the concert, we were audacious about
the pieces that were played.' I don't recall if we
subsequently visited a bar or karaoke on our return
to the city⋯

2006-2009

It was not long after the 2004 concert that we
discussed the idea to record the Happoman pieces. I'd
been encouraged by other similar collaborative
projects with composer groups in Japan and Australia
– The Japan Project, (1999, CD published in 2002), and
Hoy! Music for trombone and percussion from
Australia and the Philippines (2004, CD 2006).

Consequently, for our 2006 recital, further new works
were composed by Han Jun-hoon and Yi Hyung-keun
(trombone and marimba) and performed in concert
together with the works by Kwak Jin-hyang, Lee
Geun-taek, Jeon Wook-yong and Woo Jong-uek from
2004. Choi Chun-hee's Sanjo (trombone and changgo)
and Kim Ho-jun's Collage, both from 1999, completed
the programme, which was performed at the
Moonshine Arts Centre, Masan City on October 11,
2006, together with Lee Hyun-su, marimba, and Jo
Jin-young, changgo. The complete programme for the
recital was:

Yi Hyung-keun   **Wind Song** for trombone and
marimba
Kwak Jin-hyang   **Triptych** for solo trombone
Lee Geun-taek   **Moving in Tranquility** for solo
trombone

Jeon Wook-yong   **Intonation** for solo trombone
Choi Chun-hee   **Sanjo** for trombone and changgo
Han Jung-hoon   **SCREAM 2** for solo trombone
Woo Jong-uek   **Symumbo** for solo trombone
Kim Ho-jun   **Collage** for trombone and live electronics

On October 12 and 13, we recorded all the works at Changsin College, with editing undertaken later at the University of Huddersfield. Our CD The Happoman (Masan Bay) Project was published in 2009.

Between 2006 and 2009, I also gave several performances in Seoul, mainly through the connection with Chan Hae Lee who, by this time, had already written two new pieces for me. In October 2008, I gave a series of concerts and workshops at Yonsei, Hanyang and Dankook Universities, after which I returned to Masan to reconnect with Happoman friends and attended the Happoman Festival concert given by the Ogam String Quartet from Seoul.
At the 2009 Happoman Festival. I shared a programme on October 13 with ballet and kayageum trio, which formed the first half. In the second half I revisited most of the works on the CD and performed a new piece Reminiscence of the Folk Rhythm by Chin Kyu-yung. The performance took place in the Masan Arts Centre Concert Hall.

Happoman in the UK
The year 2010 marked the 15th anniversary the Happoman Festival, and on March 15, 2010, together with percussionist Damien Harron, I performed five of the CD pieces in a special concert at the University of

Huddersfield, which also included two new works by postgraduate composers of the University:

Yi Hyung-keun   **Wind Song** for trombone and marimba
Han Jung-hoon   **SCREAM 2** for solo trombone
Chris Jolly   **Duo** for trombone and percussion
Jeon Wook-yong   **Intonation** for solo trombone
Choi Chun-hee   **Sanjo** for trombone and changgo
Sam Park   **Song of Water** for trombone and percussion
Kim Ho-jun   **Collage** for trombone and live electronics

In December 2010 I was again in Masan and Seoul. On December 4, I participated in a concert with the The Masan City Wind Orchestra, conductor Kim Ho-jun, performing Gordon Langford's Rhapsody for trombone. We were two soloists on that occasion, together with Hee-chan Ahn from Seoul. Then on December 7, I was in Seoul to participate in a concert of Chan-hae Lee's music.

2011
In 2011, I returned to the Happoman Festival with saxophonist and clarinettist Emil Sein as the Duo Back to Back. We had played together many times during the preceding decade and had built up a repertoire of mostly Romanian works, some recorded on the CD Tango with Zombies.

For our programme on October 11 at the Moonshine Arts Centre, we performed duos by Vinko Globokar – Dos à Dos (Back to Back – this piece reminds us of a duel), and Dan Dediu – Tango with Zombies. The

programme included newly written solos (4 Korean works and one Japanese) and concluded with the first performance of Han Jung-hoon's
duo M.9 (Magnitude 9), a response to the devastating North-East Japan earthquake of March 11, 2011. (Han was studying in Japan during this period.)

The following day, we both participated in a second concert, alongside Korean artists, featuring traditional Korean music alongside new works for traditional instruments and voices, at the Gagok Centre, Masan.
At the end of the festival, Mr Choi presented me with a beautiful artwork related to our performances, created by Masan artist Moo-jin.

From around 2008 Emil and I had been organising the Musica Nueva Malaga Festival, with performances in the picturesque Spanish village of Frigiliana. In the 2012 edition, on June 19, we gave a live-streamed recital from Frigiliana of pieces from our Masan recital, including Han's duo M.9, together with Jeon Wook-yong's Intonation and Kim Ho-jun's Collage.

Part III
In June 2013, I was in Korea during to participate in the Daegu International New Music Festival with concerts and a workshop. Daegu is not very far from Changwon and there are close connections with Happoman. Kim Ho-jun and Han Jung-hoon were both present in Daegu, with Kim's Collage chosen for inclusion in the programme.

After Daegu, on our return to Masan, we spent some

time exploring the narrow streets of Chandong Art Village, with its many small art galleries, ateliers, cafes, eateries and bars. Among the special attractions at the time was Ho-jun's personal exhibition of vintage audio.

Changwon 2014

In June 2010, Masan had ceased to be an independent city, merging with Changwon and Jinhae, as an administrative region of the unified city of Changwon. By the time I returned for the 2014 Happoman Festival, the Changwon region of unified Changwon had become the focal point for Happoman Festivals, both in terms of accommodation and the main concert venue, Sungsan Arts Hall.

Also invited to the 2014 festival were violinist Yasutaka Hemmi and pianist Kaori Ohsuga from Japan, and composer-performer Huck Hodge from the United States. Our programme for October 8 was made up of solos, duos, one trio and Huck Hodge's composition Pools of Shadows from an Older Sky for live processed piano and computer realised sound. I played Park Ju-hee's solo Ein Lied von Zion, and Lee Wonjung's duo Seventh Angel, Seven Thunders together with Kaori. To end the concert, we made a trio together with Yas and Kaori to perform Jeon Wook-yong's Unisono e Divisionale.

Two days later we performed much of the same programme in the Eulsukdo Festival in Busan at the Eulsukdo Arts Hall. And on October 24, I returned to Busan to play Park Ju-hee's Ein Lied von Zion in her personal recital. In May 2015, I played Ein Lied once again, this time in Romania on May 28, at the 25th Bucharest International Week of New Music.

2015

For the 20th edition of the Happoman Festival, there were three concerts, held at the Sungsan Arts Hall – the first a jazz concert on October 13, the second on October 14 for trombone and strings, and a final concert on 15, featuring ballet and electronic music. Yasutaka Hemmi came again, this time with his string quartet. Among the eight pieces in our concert, four were solos; additionally, a string duo, trio and quartet, and finally Lee Jin-Woo's Parabola for trombone and string trio. I played solos by the two visiting Japanese composers – Tsuyoshi Ninomiya's Extravaganza and Miwa Dojo's A Prayer in the Dusk. The programme also gave me the opportunity to play once again Joe Cutler's Shaman. Originally conceived for trombone and piano resonance, to be created by playing into the piano, I had previously performed the piece using an electronically created resonance. On this occasion, the venue possessed a full-size concert grand
piano, and although it took some persuasion from Mr Choi to convince them that the piano would not be mistreated, permission to use it was granted. The result was truly satisfying. Special thanks also to Eugene Lee for his contribution in keeping the piano sustaining pedal depressed throughout! I also participated in the final concert, playing Lim Ju-seub's Water Stronger than the Stone 1 and participating in a ballet version of Woo Jeon-uek's Symumbo.

Interlude

I next visited South Korea in 2016, after concerts in

Japan where I premiered Katsumi Yokoyama's 50-minute solo Requiem⋯ad Vitam Aeternam, composed in response to the 2011 earthquake and tsunami. A visit to Masan followed, mainly a social one, but during this time I gave a performance at Ho-jun's newly opened vintage audio themed café in Busan.

During 2017, I performed Yi Hyung-keun's Wind Song for trombone and marimba in Manta, Italy, together with Italian percussionist Riccardo Balbinutti during the Antidogma Musica Festival. The concert was the penultimate event of the 40th and final edition of the Antidogma Festival. The festival name continues under new directorship, albeit with a distinctly different identity and artistic emphasis.

Later the same year I was in Tongyeong to participate in a concert with Choi Chun-hee conducting his CoNi-NiCo Chamber Orchestra. Held in the wonderful Tongyeong Concert Hall, it was a concert with several soloists, my contribution being the Concertino by Lars Erik Larsson.

2018
In 2018, my most recent appearance at the Happoman Festival of Contemporary Music, there was again a collaboration between the Happoman and Eulsukdo Festivals. The programme was performed first on October 17, at the The Cloud Arts Hall in Changwon (aptly named, being at the top of a rather tall building), and on October 18 in Busan at the Eulsukdo Arts Hall.

New works were written by composers from Changwon, Busan and Daegu. The collaboration with Lee Sang-jun on marimba was very enjoyable, whilst the compositions themselves displayed a satisfying range of styles and approaches. Thank you to the composers for their works: Oh Se-il Monologue VI (solo trombone), Kim Bumki The Life (solo trombone), Kim Min-ji Splash Water (trombone and marimba), Jeon Wook-yong 'Heung' II (solo marimba), Park Ju-hee Ein Lied in seinem Zeit (solo trombone), Yi Gyu-bong Vertraumt IV··· (solo trombone), and Peak Seung-tae Maternal
Love (trombone and marimba).

Part IV
Covid years. Conclusion.
Since 2019, the world has had to contend with the Covid pandemic and its repercussions, which have had a serious impact on international music events in general. As a result, many recent plans have had to be shelved, including Happoman appearances.

During our long relationship we have been on an amazing journey together, with so many beautiful times, sharing an ongoing collaboration and friendship and a continuous evolution with common goals. I appreciate so much our way of working and equally, our social and personal interaction.

I would also like to thank all composers of the Happoman Festival organising committee for your wonderful hospitality and generosity! I think of us as a kind of family. I feel blessed and privileged to be a part of your journey. I love Masan and I'm forever grateful to the Happoman Festival for making our collaborations possible. Huge compliments to Choi Chun-hee and the Happoman team for ensuring the success and longevity of The Happoman Festival of Contemporary Music!

HAPPY 30th ANNIVERSARY!

© Barrie Webb 2025

변방에서 현대음악을 한다는 것

최환석, 김유경 정리

　사회적 맥락에서 '변방'이란 중심부에서 소외된 지역과 계층을 의미한다. 그러나 때로는 변방이 변화의 태동을 일으키는 분출구로 작용한다. 육지로 들어온 바닷물이 쉬이 빠져나가지 못하는 마산만, 이곳에서 벌어진 작은 '사건'이 태평양으로, 인도양으로 흘러가 파동을 일으킨 것이 바로 그러한 '문화적 상징'으로서 변방의 일례인 것이다.

　변방에서 현대음악을 한다는 것은 어떤 의미일까? 합포만현대음악제는 태동부터 지금까지, 이러한 단 한 가지 질문에 무수히 답하는 영겁의 과정으로 이어진다. '같은 강에 두 번 발을 담글 수 없다'는 헤라클레이토스의 말처럼 현대음악은 발표하는 순간 과거가 되기 때문이다. 변방의 작곡가들은 왜 이다지도 '현대'라는 이름으로 '과거'를 양산하는 행위를 멈추지 않는 것일까.

　이 어렵고 끝이 보이지 않는 희망을 주제로 삼아 나눈 대담을 녹취해 지면에 싣는다.

구술: 최천희(1958년 마산 출신), 이형근(1965년 마산 출신), 전욱용(1973년 창원 출신), 김지만(1979년 창원 출신), 이성준(1994년 창원 출신).
질문과 기록 = 김유경(전 경남신문 기자)
　　　　　　　최환석(경남도민일보 기자)

(2025년 4월 7일, 창원 클라우드아트홀)

※ 합포만현대음악제 전신이라고 할 수 있는 합포만음악제로 거슬러 가보겠습니다. 그때를 기억하는 분, 이야기로 전해 들은 분으로 나뉠 텐데요.

최천희 : 합포만음악제 상황을 아는 건 나밖에 없지요. 1992년 초, 최천희, 강동주, 강영중, 김대욱, 이동호가 이웃한 동네인 마산, 창원, 진해를 아우를 음악제 운을 뗀 거죠.
　다들 그때 리더들이었지. 시립교향악단 지휘자, 창원대학교 교수이면서 창원시립합창단 지휘자, 성악가 같은 지역에서 그래도 무언가, 자기 작업에만 열중하는 것이 아니라 앞을 내다보는 그런….

※ 활동적 인물들이라고요?

최천희 : 그 시절엔 창원이 지금처럼 크지 않았고, 그래서 아무래도 마산이, 다들 마산 사람들인데, 아무래도 주도적이었고, 통합도 마산이 주도해야 한다, 그런 분위기였으니. 음악적인 것도 마산에서 주도해 3개 도시를 아우르는 음악제를 해야

212

되지 않겠느냐고, 규모를 조금 크게 만들자는 생각도 있었고. (마산시, 창원시, 진해시가 통합한 현 창원시는 2010년 7월 1 일 공식 출범.)

※ 이형근 선생님도 지금 언급된 인물들, 다 알고 계셨나요?

이형근 : 네, 1980년대 창원대학교가 창원으로 옮겨갔죠.(1983년 마산대학 가포캠퍼스에서 창원캠퍼스로 이전, 1985년 창원대학으로 교명 변경, 1991년 종합대학교 승격) 1991년도였나? 창원시립교향악단과 시립합창단이 설립되고 그러면서 창원 쪽에, 강영중 교수 등이 활동하고 이동호, 최천희 선생님은 마산 쪽에서 활동하고. 그런 이들이 중심이 돼 음악제가 시작된 거죠.

※ 이들이 리더라는 말에 동의하시나요?

이형근 : 예.

전욱용 : 경남대학교, 창원대학교 같은 학교 중심으로 인재가 배출되다 보니까 그랬고. 경남대는 '형님' 학교로 보면 되고, 창원대는 90년대 전후 전문적으로 음악을 활발히 하게 된 분위기가 형성됐고, 창원시립교향악단 같은 연주단체들이 창단되면서 그런 현상이 있었던 거죠.

※ 그럼, 그때 당시 마창진 음악계 인물이나 활동은 전국에서 어느 정도 수준이었나요?

최천희 : 당시에는 마산이 좀 압도적이었지. 왜냐면 창원시가 됐으니까 지금 상황은 그렇지만 지금으로부터 30여 년 전 상황은 지금과는 많이 달랐지. 역으로 아마 외지에서 온 창원대 출신은 굳이 자신들이 마산으로 가면 어차피 밀리는 것이고, 자체적으로 무언가 만들어가야 한다, 자생력 갖춰야 한단 생각을 했다고 보는 거지. 그런 시점에 마산 주도로 음악제를 하나 만들자, 따로 놀 것이 아니라 크게 아우르는 걸 하나 만들자 이런 취지였지요.

※ 합포만음악제가 태동할 때, 마산을 중심으로 한 지역 음악계 수준이 어땠는지가 궁금하단 질문이었는데요.

최천희 : 그 시절엔, 지금 사회적이고, 정치적, 문화적으로 다 관계되는 건데, 마산이 당시 7대 도시란 말이 있었고, 마산시향이 교향악축제(서울 예술의전당 주최 전국 규모 연주회)도 참가했었으니까.

※ 거기 간다는 건 어떤 의미가 있는 거죠?

최천희 : 아무래도 교향악축제 간다는 건 전국 규모, 어느 정도 수준이 되는 교향악단이라는 뜻으로 봐야 되겠지요. 합포만음악제 만든 1992년 당시엔 창원시향은 없었어요.

※ 그렇다면 전반적인 환경이 갖춰진 상태에서, 기존 대학 학과와 다른 대학 새 학과가 생기면서 태동하던 시기로 음악제

도 전체를 아우르는 것이 있었으면 좋겠다는 취지에서 구상된 것이 합포만음악제인가요?

최천희 : 그렇지요. 마산 이외에는 창원도 그리 활발한 음악 활동은 아니었고, 진해는 더욱 그랬고. 그래서 앞으로 마창진은 하나로 뭉쳐야 한다는, 어렴풋한 것을 예술계도 알고 있었어요. 지금 창원시가 세 도시로 이뤄진 것처럼. 그러니까 미리 음악적인 것도, 선점 개념까진 아니지만, 그게 자연스러울 것이라고 음악인들이 주도해 좀 더 규모 있는 음악제 만들자 그런 취지였지요.

전욱용 : 경남대는 굉장히 유명한 선생님들이 왔다 거쳐 가는 학교 중 하나였어요. 큰 선생님들이 경남대에서 시작해 큰 도시에 가서 자리매김하는. 대표적으로 우종억 선생님 같은 경우, 젊을 때 경남대에서 시작해 대구 계명대에서 대구 큰 어른으로 돌아가셨고. 그 이외에도 마찬가지고요. 6.25전쟁 이후 피난해 온 시대의 대가라고 불리던 이들이, 피난 시절 향수를 가지고 귀향 음악회를 굉장히 자주 한 걸로 알고 있어요. 생각보다 마산 음악계 수준이 높았다고 인정할 수 있죠. 정보가 없던 시절, 다른 지역에서 뭘 하고 있는지 알 수 있는 것은 대면 교류뿐이었는데, 당시 그런 큰 대가들이 젊었을 때 최신 음악 정보를 지역에 소개하는, 그런 영향을 가장 많이 받은 세대가 최천희 선생님 세대인 것 같아요. 우리 지역에 경남 작곡가라고 하면 최 선생님 세대인데, 전문 작곡 교육을 받고 작품 활동한 선생님 찾기가 어려운데, <경남음악사>를 보면 이근택 선생님이 창원대 부임하면서 전문적인 작곡 교육

이 시작됐다고 알리고 있더라고요. 창원대는 후발주자였지만, 이제 그때부터 교육이 시작되면서…. 제가 92학번인데, 창원대 첫 졸업생 중 현대곡 쓴 사람이 이형근 선생님이거든요. 늦은 거지요. 왜냐면 경남대는 벌써 조성음악을 탈피해 현대적 작품, 한국적 음악까지도 했고. 전국 단위 콩쿠르에서 입상자 배출하고 있었으니까요.

※ 아무튼 1995년, 유학을 떠났던 최천희 선생님이 귀국해 합포만음악제 운영위원장 제안을 받았다죠. 당시 음악 환경은 어떻게 변했던가요?

최천희 : 창원은 나름대로 창원시향 등 주도 아래 마산과 거의 비슷한? 한쪽으로 기울어졌던 것이 비슷해졌다고 해야 할까. 아주 열의를 가지고 창원시향도 교향악축제를 갈 정도로. 평론가들도 마산시향과 창원시향을 비교하고. 그런 현상이 3~4년 사이 많이 달라진 거지. 마산에서 뭔가 주도하기엔, 굳이 세 도시를 아우를 매력이 있느냐, 다들 여력도 생겼고, 별 의미가 없는 것 같다고 운영위원들에게 말했지. 그러니 운영위원장을 맡으라고 말하더라고. 대신 조건이 있다 그랬지. 외국 유학 갔을 때 여러 현대음악제를 봤었으니까. 작곡가로서 우리 지역에도 이런 현대음악제가 있다면 좋겠다고. 근데 제일 중요한 게 지금도 그렇지만 돈이잖아요. 돈을 어떻게 만들어서 하느냐. 근데 그때 우리가 문예진흥기금을 신청해둔 게 있었거든. 1993년, 1994년은 문예기금을 받았단 말이지요. 첫해엔 우리 돈으로 행사를 치렀지만 기금을 신청했다는 거지. 지금 기억으로는 300만 원? 기금이 있으니까, 맨땅에 새로운

216

음악제를 만들기보다는, 돈이 있으니까 현대음악제로 하겠다니까 다들 오케이. 그해 여름 돌아오자마자 예산 만들고 1992년 하던 것처럼 했지요.

※ 그럼 1993년, 1994년도 합포만음악제 역사를 생각한다면 4~5개 단체 아우르는 것이 비슷했던 거죠?

최천희 : 그렇죠. 비슷하게 한 거지. 만들어 둔 기초가 있으니까.

※ 그럼 최천희 선생님이 유학을 떠났던 시기, 지역에 있었던 분들은 음악 환경 변화를 실제 느끼셨나요?

전욱용 : 쉽게 말하면, 경남대는 제가 볼 때 선생님 세대 기에 눌려 후배들이 활동을 못했어요. 그런 게 있었어. 창원대 같은 경우는 선배들이 후배들 기를 많이 살려줘서. (웃음)

이형근 : 그런게 아니고, 내가 판단할 때 학교 자체가, 2개 학교만 놓고 봤을 땐 경남대는 사범대였고, 창원대는 그냥 음악과고. 창원대에선 연주자나 작곡가, 쉽게 말하면 실제 프로 음악가를 많이 배출했었고. 당시 시립교향악단도 생기고, 합창단도 생기니까. 마산은 그 전부터 있긴 했지만, 활동은 많이 했어도 학교 교사라든지 이런 분들이 많이 참여를 했다고요. 프로 연주 단체라기보다는 직업을 따로 둔 분들이 많았어요.

※ 그럼 간략하게 정리하면, 프로를 키우는 일종의 산실이 생

기니까 몇 년만에 환경이 변했다는 것?

이형근 : 그렇죠. 그러면서 창원시립교향악단과 합창단 생기면서 창원 쪽이 세가 좀….

최천희 : 적극적일 수밖에 없었지. 왜냐하면 우리 땐 경남 유일한 음악 관련 학과가 경남대 음악교육과뿐이었어요. 그러니까 학교 선생을 하든, 프로를 하든 여기뿐이었단 거지. 사범대학 개념이라기보단 음악으로 들어온 거지. 그런 과정에서 학교 교사로 빠지는 사람이 많아지고, 당시 교향악단 단원으로는, 마산시향은 밤에 연습을 했는데 낮에 학교 교사 생활하면서 충분히 밤에도 가능했는데 프로화하면서 그런 사람들이 다 나가게 된 거지. 그러니 경남대 음악교육과가 연주자, 플레이어 위주로 가다가 교편을 잡는, 선생님이 되는 그런 변화가 생겼던 거지. 그래서 우리 앞 세대는 만일 40명이 있다면 상위 5명 정도는 선생보다는 플레이어로 나아갔지. 나중엔 전부 교사가 되는데, 창원대 음악과는 학교 교사는 30% 정도밖에 안 나가고 전부 졸업하면서 플레이어로 나갈 수밖에 없었고….

※ 왜 물어봤냐면, 결국 합포만현대음악제가 걸어온 길이나 마창진 일대, 더 넓혀선 경남 음악의 변화 과정이 연결되면 더 좋을 테니, 그래서 변화가 어떤 의미인지를 물어보고 싶은 거죠.

최천희 : 정치, 경제 전반이 다 똑같잖아요. 마산에서 지금 창

원시로 통합되는 과정하고 똑같은 거에요.

※ 현대음악에 초점을 맞춘 이유가 있을까요.

최천희 : 마산이 과거 어느 정도 인프라가 구축돼 있었던 배경은, 조두남(1912~1984, 가곡 '선구자' 작곡가) 선생 같은 인물이 계셨으니까. 서울과 교류가 되었던 거고. 그 밑에 제자들이 있었고. 마산은 그런 인물들 때문에 나름 위치가 있었어요. 근데 그들은 조성음악이잖아. 현대음악은 지역에 없었다는 거지. 대학을 자꾸 말하는데, 지역사회와 연계해 생기니까. 그전에는 아마추어 위주였다면, 73학번들이 졸업하면서 이들이 학생들을 가르치고, 수준은 낮았어도 그렇게 시작한 거지. 우리 때가 돼서 대구에서 온 우종억 교수님이, 작곡과 교수였는데, 현대음악이라는 개념을 심어 줬지. 그래서 우린 77학번, 1학년이지만 그때부터 현대음악 용어를 듣고 2학년, 3학년이 돼 현대곡을 쓰기 시작한 거지. 그 이전엔 조성음악이었던 거고.

※ 마산에서 뜬금없이 현대음악을 꺼낸 것이 아니라 기초 환경이 다져지기 시작했고, 최 선생님이 유학 갔을 때 보고 듣고 경험한 것을 지역에서도 충분히 살릴 수 있겠다 판단이 들었던 것이고?

최천희 : 강동주가 쓴 <경남음악사>에 보면, 내가 1990년도 개인 작곡 발표회를 했었어. 기존 작곡가 작품 발표장에 가면 조성음악이었는데, 최천희가 발표한 건 기악곡이면서 현대곡

을 거의 시작했다 이런 식으로 적혀 있어요. 전욱용 등 내 제
자도 대학에 들어갔고, 그들도 현대곡을 쓰기 시작했지. 여기
작곡가 수는 많지 않지만, 능력 있는 제자들이 서울로 가지
않고 지역에서 했으면 좋겠다, 소수지만 다들 열정도 있었고.
그래서 현대음악제는 무조건 있어야 한다, 발표의 장이 없었
으니까. 자체적으로 만들어서 후배들이 장을 펼칠 것이 필요
하다고, 절실했지. 나 자신을 위해서라도 이건 필요했던 거고.

※ 다들 음악제 참여는 언제부터?

전욱용 : 제가 먼저였죠. 1996년도. 시작부터. 피아노 솔로.
대학 졸업했다니까 선생님이 공식 위촉한다고. 데뷔 무대 개
념이 없는 세대인데, 전 정확히 데뷔 연도가 있습니다. 합포
만현대음악제에서 작품을 위촉하는데, 피아노곡을 쓰래서 쓰
고 작품을 제출하고 공식 연주가 됐으니까 데뷔가 맞죠.

이성준 : 전 작년이 처음이에요.

전욱용 : 좀 설명하자면, 일반인에게 현대음악은 특별하지만
작곡을 공부하는 사람에겐 대학에서 현대음악까지 공부하는
것이 당연해요. 조성이 없는 무조음악인데, 음악은 똑같은 음
악이에요. 단순히 이전 음악과 비교해 1900년대 이후 서양에
서 일어나는 어떤 음악적 경향을 살피면서 우리도 발맞춰서
가야 되지 않겠느냐, 그러면서 윤이상 선생님은 그래도 한국
적인 걸 더하고, 아무튼 조성을 벗어나는 그런 음악을 한 것
이고. 대학교 때 은사 밑으로 들어가서 보니까 현대음악은 당

연한 거더라고요. 서울에 있는 새마당, 대구현대음악제 다니
면서 보고 했던 것들 통해서 합포만현대음악제가 처음 조두남
선생님 조명하고 그랬는데, 저희는 합포만현대음악제가 만들
어졌대서 보러 가고는 했지만 치열하게, 우리 동문들과 선후
배끼리 음악제를 쟁점으로 논쟁했어요. 이게 무슨 음악이냐,
이게 무슨 현대음악이냐, 너무 진부하다, 더 전위적인 것도
많은데…. 근데 실질적으로 그만큼 써내기가 힘든 것 같아요.
우린 대학생이었고, 한국 큰 음악제 다니면서 말 그대로 서울
대학교, 이화여자대학교 등 잘한다는 애들 음악 듣고 이런 음
악이 세상에 있구나 했는데, 처음 여기서 한다고 했을 때 규
모가 작니, 무슨 곡은 좋니 안 좋니, 그런 비평 없으면 발전
이 없는 거죠. 선생님께는 말 못하지만 같은 세대 선배와는
한 번씩 얘기하고.

최천희 : 크게 말해라. 왜 살살 말하노.(모두 웃음)

전욱용 : 우리끼리 음악제 만들자 해서, 창원대 작곡연구회를
만들어서, 초대 회장이 이형근 선생님. 아직까지 기억해요.
'수풀 속에 산새는~' 이 가곡 너무 좋았어요.

※ 합포만현대음악제 반향이라고 볼 수 있을까요?

전욱용 : 당연하죠. 영향을 주는 거죠.

최천희 : 난 처음 듣는 얘기야.

전욱용 : 우리끼리도 하고, 경남대와 창원대는 서로 좀 그럴 때야. 상징적으로 경남대 출신이 창원대 강의를 나간다? 창원대 출신이 경남대 강의를 나간다? 상상도 못하죠.

최천희 : 아주 심했지.

※ 그래서 음악제 반향이 생길 수밖에 없었던 거겠네요?

최천희 : 금시초문이었는데, 이 지역에서 창원대, 경남대 떠나서 대구, 경북, 부산까지 아울러 하는 거였으니까…. 여기 젊은 친구들이 대학 졸업해 작곡과 나온들 누가 작품을 위촉하느냐 말이지. 완전 초보인데. 내가 음악제를 만든 것은, 내 작품도 하지만 이 지역엔 누구도 챙겨줄 사람이 없다, 젊은 친구들 중 의식도 있고 빠릿한 친구도 있으니 이런 장이 있어야 한다고 만든 거지.

전욱용 : 지금은 생각이 달라졌지만, 그때 처음 음악제 때 세미나를 했다고. 조두남 선생님 주제로. 그때 공부하는 처지에서 현대음악제에서 왜 조두남 선생님을 다루지? 무슨 현대음악과 관련이 있는거지? 공식적으로 말했어요 그때. 최천희 선생님은, 그런데 경남음악사 정리하는 입장에서 태동이 된 작곡가 영향력을 어느 정도 연구해야 한다는 전제로 했던 거 같아요.

최천희 : 하나의 재산이니까. 조두남 작품 세계 이외에 우리 지역 음악 환경 주제로도 세미나 했었는데, 결국은 이러니까

현대음악제가 필요하단 걸 말하려던 것이었지.

전욱용 : 젊은 음악가에겐 공격 대상이 되기도 했지요.

※ 결국 반향이 일어났다는 것은 이미 어떤 욕구가 내재돼 있었다는 것으로 풀이됩니다.

전욱용 : 당연하죠.

※ 자극을 주니까 발현이 되는 것이지, 아무것도 없었다면 무차별적으로 받아들이거나 했겠죠?

전욱용 : 전 최천희 선생님에게 레슨을 받을 때 저 선생님은 절 안 좋아하는 줄 알았어요.

최천희 : 뭐를?

전욱용 : 최천희 선생님이 세림상가(옛 신마산역 터에 세워진 건물)에서 작곡 발표회를 했었는데, 이상한 음악을 하는 거야. 우리한테 가르치는 음악이 아니라. 신기해. 그 담에 미디로, 지금은 아주 조잡하다고 말하지만, 네 대의 마림바를 위한 곡을 컴퓨터로…. 이상한 음악을 해. 속으로 '저건 왜 내게 안 가르쳐 주지?' 했지요.

최천희 : 너 대학 다닐 때. 외국 다녀와서 만든 곡이야. 1993년에 쓴 곡이지. 귀국은 아니고 방학 때인가.

전욱용 : 옥상에서 뒤풀이하는데 가만히 있었어요. 그런데, 그러면 그런 영향이나 음악을 들었을 때 가만히 있으면 작곡가가 아니지. 그래서 많은 작업을 했던 거 같아요. 처음 소개된 좋은 연주자, 좋은 작곡가가 누군지 분간이 안 될 때, 이걸 어떻게 판단해야 하지, 기준이 안 설 때 안 좋은 작곡가 기준을 제시한 음악제가 합포만현대음악제가 아니었나 싶고. 하나 중요한 거는 주제를 모르겠어요. 음악제의 주제, 주제는 결국 자율, 무슨 음악이든지 해 봐라 식, 그 대신 소재만, 중심이 되는 악기 같은, 음악은 다 자율, 사람들이 다 너무 다양하게 쓰는 거예요.

최천희 : 서울이나 이런 데는, 예를 들면 독일학파 같은 게 있으니까, 스타일대로 쓸 수밖에 없었고. 난 본래 대학 다닐 때부터도 반복을 많이 했는데, 반복하면 현대음악 아니라고 했어. 음악이란 것이 꼭 이래야 한다는 것이 어디 있나, 좋을 대로 쓰면 되는 거지, 이런 마인드였기 때문에 그냥 좋게 쓰라고 했던 거고. 그리고 악기는 정했던 거고.

※ 합포만현대음악제 1회 때 장소가 문신미술관이었는데, 어떤 인상이었는지 궁금합니다.

전욱용 : 실질적으로 그리 깊은 인상은 없었고, 매력을 느낀 것은 몇 해 지나면서.

※ 문신미술관 다음 연주 장소는 어디었나요?

최천희 : 옛 마산시청 강당도 있고, 창원대 콘서트홀도 있고. 성산아트홀 소극장, 3.15아트센터 소극장…. 다양하게 했지.

※ 음악제 초창기엔 시설이 적었을텐데 점점?

최천희 : 많지도 않았지.

※ 시간이 흐르면서 하나씩 시설이 생기니까 장소도 다양해졌던 걸까요?

전욱용 : 그런 것도 있는데, 우리가 문신미술관에서 할 수도 있지만 안 한 적이 있었는데 거긴 피아노가 없었기 때문이죠. 피아노 필요한 작품 할 땐 피아노가 있는 공간으로 가야 해요.

최천희 : 그건 차후의 일인데, 말이 나왔으니. 본래 문신미술관 전시장에 피아노가 있을 이유가 없지. 그런데 우리가 그때 음악회 하려면 피아노가 필요했어. 그래서 최성숙(문신 배우자) 여사에게 말씀을 드렸고, 그 당시에는 지금처럼 피아노가 흔했을 때가 아니고 귀했던 때인데. 근데 최 여사가 그걸 사서 넣었다니까. 이후 몇 년 하다가 안 가고 다른 데서 하다 보니 피아노가 완전히 맛이 가버렸어. 관리가 전혀 안 됐어. 그래서 당시 피아노가 있는 쪽으로 옮겼지. 근데 내가 엊그제도 경남도민의집을 다녀왔는데, 공간이 조금 바뀌었더라고? 여기서 음악회는 안 되냐고 담당자한테 물어봤지. 난 항상 외국에 있을 때도 그렇고, 어찌 이런 데서 연주를 하는지, 그런

구석구석에서 하더라고. 지금도 신경을 많이 쓰는 지점인데, 공간을 연구하고 있지. 문신미술관 아니면 어디서 할 것인가. 지금까지도 계속 연구하는 편이지.

※ 첫 음악제는 그렇게 세미나와 더불어 가곡 18곡 연주하는 식으로 진행했던 거네요.

최천희 : 거의 조두남 선생 가곡의 전부라고 볼 수 있지, 18곡은.

※ 음악제가 조금 더 다양성을 띠기 시작한 시기는 언제일까요?

최천희 : 특히 연주자에 신경을 많이 쓰는데, 합포만현대음악제는 우리 지역 작곡가 작품 발표의 장으로 구상한 거고, 그 다음엔 연주자를 어떤 식으로 쓸 것인가가 관건이었지. 그 당시만 해도, 서울도 그렇지만, 현대음악 연주자들 형편없었어. 진짜 듣기 싫더라고. 그 당시 유럽에선 연주자들이 연주를 정말 잘했어. 곡은 별로인 것 같은데도 연주를 잘 해주더라고. 좋은 연주자가 와야 곡이 별볼일없어도 제대로 평가를 받을 수 있지. 국내 연주자는 안 되니까, 자기들은 모차르트 한 번만 해두면 평생을 해먹는데 현대음악 왜 연습할 거냐, 그렇기 때문에 외국 연주자를 초빙해 본때를 보여주고 싶었지. 속뜻은, 대가를 불러서 연주하면 곡만 좋다면 이들이 동네로 돌아가서 연주할 것이다고 생각한 거지.

226

※ 외국 연주자가 참여한 것이 어느 시점인가요?

최천희 : 2회 때부터인가. 바로 초창기부터. 베리 웹이라든지. 일본 트럼펫 주자부터….

※ 음악제는 결국 3대 요소, 작곡가와 연주자와 청중이 있어야 할 텐데요. 각자 기억을 좀 듣고 싶습니다. 먼저 연주자, 협업했던 연주자 중 기억나는 분 없을까요?

전욱용 : 난 너무 많아요.

김지만 : 전 2013년도, 에밀 자인이 기억나네요. 전 우선 2010년부터 음악제에 참여했습니다. 대구에서 학교를 나와서 2009년 마산시향에서 일을 시작했었거든요. 2010년 석사 졸업 연주회를 했는데, 그때부터 합포만현대음악제에 참여했고, 관객으로는 이전부터 왔었죠. 금방 얘기했던 2013년도가, 19회네요. 그때 클라리넷과 플룻을 위한 앙상블, 제 앙상블 시리즈 첫 번째 곡을 했었는데. 제가 대구에서도 곡을 발표해 봤지만, 연주자 입장에선 현대음악을 연주하면 경력에 남지는 않는 듯한 인상이더라고요. 모차르트, 베토벤 곡은 하나 잘하면 레퍼토리로 여러 군데서 연주할 수 있지만 현대음악은 한 번 연주되면 많을까? 다른 데서 불러줘야 하는 건데. 그래서 연주자 마인드도 그렇지만, 그렇게 막 열심히 해 주진 않아요. 하는 척한다는 게, 제 곡이니까 느껴지죠. 합포만은 최선을 다해서 연주해요. 그래서 내가 표현하고 싶은 것 마음대로. 표현이 어렵다는 이유로, 악기에 무리가 간다는 이유로

연주자가 거부한다든가, 흉내만 낸다든가 하면 곡을 쓸 때 이미 주춤하니까. 기억에 남는 이유는, 클라리넷에서 표현할 수 있는 것을 많이 표현했는데 연주자가 제 생각보다 10~20% 효과를 더 내줬고, 당시 홀이 (문신)전시관이었는데 천장이 높은, 관악기 2대 소리가 울리니까, 실내악 했을 때 효과가 좋았고 관객도 저도 너무 좋았고요. 관객 80%가 현대음악 알고 오는데, 너무 좋다고. 대구에서 오신 제가 알던 선생님들도 문신에서 하면 다 좋아했어요. 바다가 보여서 좋아했고, 개인적으로 기억이 많이 남는 연주 중 하나죠.

합포만현대음악제 작품은 이렇듯 꾸준한 교류로 수차례 '재현'됐다. 지역의 현대음악이 세계를 무대로 울려퍼진 셈. 영국 트롬본 연주자 베리 웹이 대표적인 '친합포만파'. 1999년 음악제에서 발표됐던 전욱용 '크레이지', 김호준 '콜라주'를 베리 웹은 2001년 루마니아와 영국 현대음악제에서 선보였다. 2009년엔 영국 음반사 '트롬본클래식'과 함께 '더 합포만 프로젝트'를 주제로 음반을 냈다. 합포만현대음악제에서 발표된 작품 8곡이 수록됐다. 일본 트럼펫 연주자 후지시마 겐지는 2001년 음악제에서 연주된 한정훈 '쓰리 캐릭터 피스', 최천희 '현악 4중주 2번'을 나고야에서 열린 연주회에서 소개했다. 일본 아돌프 색소폰 4중주단, 독일 오스나브뤽 피아노 듀오도 작품을 재현했다. 김지만 작곡가가 언급한 스페인 관악 연주자 에밀 자인과 베리 웹이 연주했던 여러 곡은 스페인 말라가 현대음악제를 장식했다.

※ 직접 경험하신 합포만현대음악제의 매력이다?

김지만 : 그렇죠. 다른 음악제에선 작곡가들이 연주자에게 쩔쩔 맸죠. 티는 못 냈지만, 내 곡 연주 잘해 달라는 의미로 적당히, 줄다리기 있잖아요.

※ 일종의 실험적이고 전위적인 연주회이기도 했나요?

김지만 : 네, 처음부터. 전 연주를 계속 봐 왔기 때문에.

※ 음악제를 만든 취지가, 배출되는 작곡가나 연주자가 변방이 주도 못할 까닭이 없다는 어떤 모델을 만들고 싶었던 거잖아요. 그것이 실현됐는지?

최천희 : 여기는 연주자에게 쩔쩔맨다든지 이런 건 없잖아. 무조건, 내가 최대한으로 작곡하면 무슨 방법을 쓰든 연주자는 다 해준다, 그런 믿음으로 곡을 쓴 거지. 대구나 서울에서 온 작곡가도. 1회 때부터 그렇게 시작했지. 다른 데서 해봐도 안 되는 걸 알았기 때문에. 나타나기 시작한 거지 서서히. 곡 하나만큼은 확실하게 해 준다는.

※ 그런 기조가 가능했던 비결은 무얼까요?

김지만 : 좋은 연주자죠. 우리가 생각하는 좋은 연주자는 의식이 있는 연주자. 현대음악도 최선을 다해 연주해야 한다는 그런.

이형근 : 섭외할 때 최고의 연주자를 섭외하지. 그러니까 베

리 웹이라든지….

※ 그런 좋은 연주자는 어디서 찾는 건가요?

이형근 : 다 최 선생님이 주로 섭외하고.

김지만 : 최 선생님이 눈싸움해서 이기는지 지는지 그런 걸 보는지 모르겠지만.(웃음) 그냥 선택하는 것이 아니라 연주를 다 듣고 데리고 오는 거죠.

이형근 : 베리 웹과 2006년인가, '타악기와 트럼본을 위한 Wind Song'이라는 작품을 했는데. 2010년인가 다시 국내에서 녹음 작업을 하고, 그걸 유럽에서 CD로 출판했었죠. 그 다음 2017년인가, 이탈리아 현대음악 안티도그마페스티벌에서, 베리 웹이 제 곡을 연주한다고 자료를 보냈더라고요. 다른 작곡가도 경험이 있을 것 같아요. 일본에서도 아마 몇 곡, 음악제에서 연주된 곡이 다시 연주된 적도 있고.

※ 이형근 선생님은 기억 나는 연주자가 베리 웹인가요.

이형근 : 그렇죠. 한 곡 작업했는데도.

이성준 : 전 작년에 창작 가곡을 썼는데 이병주 콰르텟에 있는 민주신 선생님이 재즈로 편곡해 발표를 했었거든요. 전 다른 분들에 비해 경험이 적고, 그래서 재즈로 편곡해 무대에 올린 게 가장 기억에 남죠.

최천희 : 이야기 중에 생각나는 건데, 합포만현대음악제가 대구현대음악제와 10년 넘게 교류를 했었어. 우리가 작곡가를 한 명 초청하면 반대로 저쪽에서 초청하고. 근데 우린 멤버가 많지가 않고, 저기는 많았으니까 저긴 한 번 오면 일생에 한 번 밖에 못 오는 거고, 우린 한 번 가도 또 기회가 생기는 거지. 내 곡 한 번도 안 갔어. 그쪽에서 하는 말이, 싫어하느냐고 하더라고. 그런데 내가 한 번은 보냈어요. 왜냐면, 대구나 서울에서 내 작품 연주해 한 번도 만족한 적이 없었거든. 곡도 잘 못 쓰는데 연주자라도 잘 해야 그나마 10점짜리 곡이 50점이 될텐데 작품도 별로인데 연주도 엉망이면 안 되니까. 무서워서 작품 발표를 안 한다고. 그렇게 위기 모면한 적이 있었지.

※ 또 떠오르는 연주자가 있으려나요?

최천희 : 산네 밀러라고 비올라, 독일에서 온 연주자가 너무 아까운 연주자인데. 그 뒤로 같이 작업을 못 했어. 오해 아닌 오해가 생겨서. 베리 웹도 여러 차례 왔지만, 돈 없을 땐 기금 마련해 오기도 했고. 일본에 있다가도 한국에 오고, 서울 초청 연주를 와도 꼭 마산에 왔어. 일본에서 온 트럼펫 연주자들도 가는 날 붙들고 울고 그러더라고. 연주자에겐 진짜 마음으로 통하는 관계를 많이 만들어. 한국 연주자도 여기선 최선을 다해. 다른 데서는 아니라도.

※ 그럴 수 있는 이유가 궁금합니다.

최천희 : 대비를 시키지. 외국 연주자와 항상 붙이지. 예를 들
면 듀엣이라든지.

※ 경쟁?

최천희 : 완전히. 그러면 이들도 분명히 알아. 조인국 선생이
라고 창원시향 수석 주자가 있었는데 몇 번 참여를 했어. 자
세가 달라. 최선을 다해 연주하는 사람이었기 때문에 함께했
지. 권동련이라고, 어마어마한 플레이어가 있는데 바순, KBS
교향악단 단원이었고, 당시 부산시립교향악단에 수석으로 왔
어. 합포만에 초청을 했는데, 하필 내 곡을 했어. 일본 연주자
는 연습도 제대로 해왔는데 이 연주자가 안 돼. 그래서 내가
'당신 최고라면서 이것밖에 못하느냐'고 그 자리에서 말했어
요. 실력이 있는 사람은 다르더라고. 그 자리에서 죄송하다면
서 연습 장소 달라고 요청하더니 연습을 해 와. 결국 연주 땐
잘 맞았는데 뒤풀이까지 함께해서 친해진 계기가 됐지. 함부
로 못하는 곳이지.

※ 연주자에게 합포만을 물었을 때 또 다른 이야기가 나오겠
네요?

최천희 : 그건 모르겠지만. 이번에 글을 부탁했어. 어떤 글이
나올지. 거기 답이 나오겠지. 장단점이 나오겠지.

※ 그런 기조를 유지해 왔다면, 계속 참여한 연주자 실력 변

232

화 같은 것도 느끼는지요?

최천희 : 합포만에 온 연주자는 한결같아요. 그때나 지금이나 항상 열심히 하는 연주자. 한국 연주자라도 진취적이면, 그런 사람은 현대곡에 의미가 있다고 보는 사람이니까, 의식이 되니까, 그런 사람은 다시 초청하지.

※ 청중 이야기를 해볼게요. 청중이 음악제에서 차지하는 비중은 어느 정도일까요. 제 인상은 지역 작곡가와 성실한 연주자에 초점이 맞춰진 듯한데?

이형근 : 그렇지는 않습니다.

최천희 : 절대적이지.

이형근 : 서울 같은 데서 발표를 할 때, 사실은 거긴 관객이 없다고 보면 됩니다. 일반 관객은 거의 없습니다. 발표하는 선생님의 제자, 가족. 가족도 많이 안 오고. 뒤풀이도 거의 없고. 그러니까 분위기가 합포만현대음악제하고는…. 국내 현대음악제 가보면 서울 쪽은 아주 심하고 다른 지역도 관객은 한 10% 안 된다고. 합포만은 일반 관객이 꽤 많죠. 사실 현대음악제 치고는 상당히 많은 편. 곡을 듣는 청중 반응도, 제 경우엔 그래요, 현대음악을 발표하면서도 전 너무 전위적이고 일반 청중이 들었을 때 도저히 모르겠단 곡은 사실 써본 적이 거의 없습니다. 현대음악이라도 멜로디가 좀 들어가고, 일반 관객 부담이 덜한 걸 쓰는 편이고.

전욱용 : 게을러져서 그래요.(웃음)

이형근 : 작곡가 취향? 스타일이라고 해야 하는데, 전 강의를
하는 사람이 아니니 좀 프리해요. 곡을 쓰는 데에 있어서. 연
구자들은 곡이 좀, 제 개인적으로는 딱딱한 아카데믹한 곡으
로 들리죠. 전 그렇게 쓸 이유가 없으니까 쓰고 싶은 대로 쓰
죠. 상당히 편하게, 길이도 짧고. 그래서인지 관객 반응이, 서
울이나 대구 가보면 거긴 정말 발표만 하고 인사하고 집에 오
는데, 여기는 그래도 일반 관객이 충분히 참여할 수 있는 분
위기가 형성돼 있습니다.

이성준 : 작곡가와 연주자만 있어도 영위는 할 수 있겠지만,
청중도 필요하죠. 합포만현대음악제 참여는 작년이었지만 관
객으로는 그 전에도 참여를 했었어요. 항상 느꼈지만 청중도
많고 반응도 좋았어요. 반응이 좋았다는 뜻은 어느 정도 이해
하고 즐겼다는 것이겠고. 음악제가 이어지고 명맥을 유지하려
면 청중은 필요하다고 생각해요.

최천희 : 클래식 자체가 일반인이 듣기 상당히 어렵다고. 그
중에서 현대음악이라면? 중간에 그만두고 싶단 생각 많이 했
어. 필요하다는 정도가 아니라, 음악 3요소가 창작과 연주하
고 감상하는 것. 감상자가 없다면 무슨 필요가 있느냐. 청중
은 무조건 필수. 청중 없는 음악제는 끝난 거지. 재즈도 했는
데, 일반인은 그나마 재즈라는 용어가 들어가면 약간은 대중
적이라 생각하고 그러면 많이 와. 작년에도 여기서 했을 때

234

좌석이 부족해서 의자 더 추가했어요. 그렇게 믹스를 해서라도 해야 하는 건지. 그리고 기금을 받아서 했으니까 심사위원이 나오는 거지. 그들은 머리 수를 센단 말이지. 음악제 몇 명 왔냐고, 사람 안 오면 돈 왜 주느냐고. 억지로라도 모아야 하는데, 실제 음악회 당일에도 가슴 두근두근해. 밖에 내다보고 올 사람 있는지, 몇 명 왔는지, 심사위원은 누구인지. 수십 년 지나니까 병이지. 지금은 일주일 전부터 두근거려. 연주회 마치고 술 많이 마시는 이유가 그런 것일지도 몰라. 청중 많지가 않아 솔직히. 서울, 대구도 적다지만. 20년을 이끌어오면서 자위하는 건, 일반 청중은 차치하고 우리끼리 시도해서 작품 만들고 실험해 보자, 여기에 더 중점을 둬야겠다. 그만두고 싶었을 때도, 선배들이 미리 현대음악 좀 가꿔 놓지, 거기 디디었다면 기본은 돼 있었을 텐데 그런 원망도 했었고. 그만둬야 겠다, 그러면 후배들이 나처럼 생각할 거고. 그래서 내가 맨땅에 헤딩하는 것이죠. 청중 안 봅니다. 이번에도 실제로 미안하지만, 이번에 두 번째 날 외국 연주자들이 오거든. 첫날 재즈를 하거든. 둘째 날은 외국 연주자들이 참여하고. 그럼 전날 외국 연주자들이 옵니다. 연주자도 청중이 있어야 기가 사니까, 그래서 바꾼 거지. '어제는 꽉 차던데' 생각할 수 있으니까, 조절해서 외국 연주자, 플루트와 오보에는 둘째 날로 빼놨거든. 청중 끌어모으는 거 스트레스 어마어마하지.

※ 그만둬야겠다는 고민을 다르게 해석하면, 청중이 적다, 결과적으로 후배들이 똑같은 상황을 맞을까, 그런 점에 초점을 맞추신다는 건가요?

최천희 : 앞으로 후배는 생기지도 않는다. 이따 미래를 말하 겠지만, 앞으로 이런 환경이 없다, 더 부정적인 상황이 벌어 질 거라 생각하지. 이젠 후배를 위해 맨땅에 헤딩하는 기분으 로 하고 싶은 생각은 없지.

※ 지금은 그럼 무얼 붙잡고 하시는 건가요?

최천희 : 우리 멤버들과 얘기도 많이 하는데, 첫째 청중이 사 라질 때 음악제를 없애야 하느냐. 우리 작업을, 실험하는 장 으로 위안을 삼아서 하지만 이것마저도 없어진다고 봐야지. 올해를 기점으로 마무리 짓자 그런 말도 했고. 각자 얘기도 듣고. 언제까지가 될지는 모르지만, 하는 데까지. 더 멤버가 들어올 것 같지는 않아. 되는 데까지 최선을 다해서, 재미나 게, 뭐 인생이란 그런 거잖아요.

김지만 : 앞서 언급한 청중 이야기를 이어가자면요, 저는 시 립교향악단에 근무하다 보니 악단에서 클래식 공연을 하잖아 요. 케이팝이 뜨고 가요나 이런 쪽이 발달 되면서 특히 관(官) 에서도 마찬가지고 시민들에게 서비스하기 위해서 오케스트라 보다는 팝을 하기를 원해요. 그런데 합포만현대음악제는 취지 가 현대음악을 창작하고, 이걸 청중에게 들려주는 것이에요. 일반 시민들이 듣기 힘든 곡, 청중이 쉽게 접근하기는 어려운 장르죠. 하지만 그것과 별개로 창작자의 실험실이라는 개념에 서 계속 이렇게 운영했으면 좋겠다는 희망이 있어요. 저에게 는 합포만현대음악제는 그런 의미거든요. 하지만 관객이 없으

면… 우리끼리 음악회를 한다는 것은 자기 만족에 지나지 않으니 의미가 없다고 봐요. 일단은 우리 가까운 사람들부터 초청해서 '한번 들어봐라, 이런 음악도 있다' 제시하는 노력은 계속되어야죠. 하지만 '일반 대중의 수준에 맞추기 위해 대중음악을 다룰 수도 있다'는 것이지, 그것만 추구한다는 것도 의미 없는 일이죠.

최천희 ; 현대음악을 하는 우리 입장에서는… 과학을 예로 들면 기초과학 분야를 연구하는 것과 유사하죠. 하지만 기초과학에는 투자를 잘 안 하지 않습니까? 지금. 그래서 무너질 판이다, 이 말이죠. 그런데, 기초과학이라는 게 있어야지 응용과학이 나오지. 그래서 합포만 현대음악제를 만드는 우리도 하나의 실험실은 있어야 되는 거 아닌가… 하는 생각에서 여기까지 온 거지. 나를 비롯해 1세대가 처음에 만들 때는 내가 죽어도 내 제자들 후배들이 현대음악제를 이어 갈 줄 알았어. 나는 100년, 200년 갈 것이라 생각하고 만들었어요.

※ 청중 이야기를 이어 가보죠. 음악제가 존속하려면 청중이 있어야 한다는 것에는 다들 동의를 하시니까… 청중을 설득하고 붙잡으려고 그간에 어떤 노력을 해왔는지, 어떤 식으로 뭔가를 좀 해야겠다는 생각이 드시는지 궁금합니다.

최천희 : 솔직히 나는 말이죠, 근본적으로 과연 클래식이, 서양 음악이 한국에서 과연 앞으로 살아남을 수 있을 것인가? 하는 생각이 들어요. 지금 클래식이 서양에서도, 태동한 본토에서도 굉장히 지금 힘들어지고 있거든요. 경남도내에 음악대

학도 지금 5개가 있는데, 궁극에 가면 통합되고 통합되어서 하나밖에 안 남겠지. 아니면 없어질 수도 있다는 거지. 클래식 자체가 앞으로 한마디로 '맛이 가는 거 아닌가'하는 생각이 들어요. 이게 한 번 넘어지면, 일어서기는 어려울 것이다... 랄까.

이형근 : 그런 위기의식은 아주 오래됐고, 앞으로도 계속 우리는 위기의식을 가지고 살아갈 거라고 봅니다. 그런데 반대급부로 한쪽에서는 우리가 가지는 위기의식을 비웃기라도 하듯이 인기 있는 클래식 공연에는 암표가 거래돼요, 암표 가격이 얼마까지 올라가는 줄 아십니까? 그러니까 우리가 비관적인 생각만 가질 필요는 없다고 보거든요. 청중 이야기로 돌아가 보면요. 인도에 사는 형이 우연히 기회가 닿아서 합포만현대음악제를 한 번 참여한 적이 있거든요. 한국 들어온 김에 제가 한다고 들으러 온 거죠. 형이 듣고 나서 그러더라고요. "야 얘들 미쳤다. 지방에서 이런 걸 하고 하는 사람들이 있네" 자기는 서울에서만 살았는데, 거긴 즐길 거리들이 많잖아요. 문화 인프라 중심에서 이뤄지는 문화예술 활동도 다들 어렵다고 하는데 인프라가 없는 지방에서 현대음악을 하는 사람들이 있다는 걸 상상도 못 했다고 해요. 보통 청중의 반응들이 이렇습니다. 실제 합포만현대음악제 관객들의 호응을 보면, 실질적으로 음악제에 대해 아무것도 모르고 와도 막상 와서 음악을 들어보면 만족도가 높아요. 근데 그렇게 막상 오는 게 어려운 거지.

※ 와서 직접 들어보면 좋다는 것은 크게 공감합니다. 그런데

오면 좋은데 오기까지가 힘들다는 거죠. 그러니까 청중을 음악제에 기꺼이 참여하게 하려는 노력을 얼마만큼 했는지, 음악제 자체의 점검과 자성도 필요하다고 보거든요.

최천희 : 30년 동안 나는 그러한 노력을 계속했지. 그런데 그게 생각만큼 잘 안 됩니다. 예를 들어, 피아니스트 임윤찬이 협연자로 온다면 그건 그냥 뭘 하지 않아도 객석이 저절로 채워집니다. 대중 가수나 이름이 알려진 협연자를 구하는 데는 그럴만한 가치가 있어서 그러는 거예요. 예를 들면 내가 지휘하고 있는 팝스 오케스트라 경우를 보자면, 대중 가수를 구하지 않고 팝스 오케스트라 연주만 했으면 매년 공연장 채우기가 굉장히 어려웠을 거예요. 비슷한 맥락으로 팝스 연주할 때보다도 오케스트라 클래식 연주하면 사람은 더 안 옵니다. 그런데 어떻게 현대음악제에 오느냐 말이에요. 그 자리에서 우리끼리 맨땅에 헤딩하고 있는 거지. 이 세계를 통틀어서 우리의 역사에서 수십만의 작곡가가 있었고, 히트 친 작곡가는 몇 명 없어요. 합포만현대음악제도 30년을 했는데, 그동안 곡이 몇백 곡은 나왔을 거잖아, 그 중 과연 한 곡이라도 살아남을 것인가 그거는 아무도 몰라요. 그러나 우리는 계속해서 시도하는 것이지.

이형근 : 그렇다고 위기가 찾아온다고 해서 음악제를 그만두는 것은 아니라고 봐요. 그럼 지금까지 했던 게 아무 의미가 없게 되지 않나 싶은 이런 생각도 있고요. 우리가 음악제를 통해 큰 성공을 거두겠다, 이런 개념보다는 우리가 할 수 있는 범위 내에서 해보는 의미가 있죠. 만약에 합포만현대음악

제가 올해로 끝이 난다고 칩시다. 그러면 심심해서 몸이 근질거려서 내년에 우리끼리 모여서 또 다른 음악제를 구상하고 있을 수 있어요. 하하하. 그런 욕구들이 있는 한 또 다른 모습의 현대음악제가 생길 거라고 봐요. 한 해 한 해 우리가 예산을 만들어서 행사를 치러야 하는데… 어디 학교에 소속되어 있다든지, 아니면 도나 시 등 관(官)에서 일정한 규모로 지속적으로 지원을 하는 형태로 안정화되든지, 이런 기반이 마련된다면 사실은 일하기가 조금 쉬운데 그렇지가 않아요.

이성준 : 뒤따라가는 저의 입장에서 보면, 선생님들이 아니었으면 현대음악은 제가 경험하기 힘든 길이거든요. 합포만현대음악제에 선생님들 덕분에 참여할 수 있게 되었습니다. 이제 마산 창원 쪽엔 작곡 분야에 미래 세대가 거의 없다시피 하지만… 세대들이 더 의기투합해서 음악제가 명맥을 유지할 수 있었으면 합니다.

※ 미래 세대 이야기가 나왔으니, 질문 드려 볼게요. 경남의 현대 음악을 이어갈 세대의 상황은 어떤가요?

김지만 : 작곡 같은 경우는 도내에 한 명도 전공자가 없는 학교도 있고, 올해 부산에 있는 학교들도 거의 미달이에요. 지역 상황이 이래요.

이성준 : 제가 만약에 선생님들 나이 때가 되면은 그때까지 지역에서 작곡을 한다는 것은… 명맥을 유지하기는 어려울 것 같습니다.

※ 각자가 생각했을 때 본인이 속한 세대가 현대 음악과 합포
만현대음악제 발전에 있어 어떤 미션이랄까요, 사명이랄까
요... 어떤 역할을 하고 있었던 것 같으세요?

최천희 : 경남대학교 음악교육과 이야기로 돌아가게 되는데.
지역에 대학이 하나 생긴다는 것의 의미는 지역사회와 연계해
서 큰 의미를 지니잖아요. 학교가 생기면, 지역 음악의 패러
다임, 패턴이 변해 버리니까. 그전에까지는 지역 대학에서 받
는 음악 교육이라는 게 없었고, 다들 서울 가서 공부해서 내
려와서 선생도 하고 그랬던 거죠. 그런데 지역에 대학이 생기
면서 진짜 제대로 이제 음악 교육이 활성화가 되는 그런 과정
들이었잖아요. 그게 73년도부터거든. 그전만 해도 우리는 조
성음악을 했지, 당시 서울에는 현대음악을 하고 있었어. 우리
지역에는 조두남 선생님이랑 그 제자 김봉천 선생님이 가곡을
작곡하고는 계셨지만 현대음악 개념으로 기악곡을 쓰는 사람
이 없었다는 거지. 그러니 내가 지역에서 발표하기 시작한 게
기악곡으로서 현대음악, 우리가 말하는 그 현대음악 범주에
들어가는 최초의 곡이었어요. 그런데 당시에는 현대음악과 조
성음악에 대해서 우리나라 자체에서도 신랄한 비평들도 서로
가하던 시절이었어요. 항상 신문에서 잡지에서도 양 진영이
싸우고 이랬다고. 서로가 그게 무슨 음악이냐, 그런 비판을
하는 거야. 그러는 와중에도 우리가 배우는 게 있어요. 그러
면서 개념이 정립되고 발전하고 그런 거지. 어쨌든 내가 발표
한 곡들이 이전에 지역에서 작곡하던 선생님들하고는 달랐지.
조두남 선생님의 제자인 김봉천 선생을 비롯해서, 신동영, 황

덕식 이런 분들은 가곡을 쓰는 사람들이었어. 높은 수준은 아니었지만. 이제 여기 지역 대학 교육을 받으면서 처음으로 내가 현대음악이라는 것에 손을 대기 시작한 거지. 이 시점부터 지역에 현대음악이라는 장르가 시작이 돼. 창원대는 경남대보다 조금 늦었으니까 대학 교육 과정 속에서 음악을 배울 수 있는 곳은 당시에는 경남대학뿐이었어. 그런데 학과 선배들 대부분이 학교에서 교편을 잡았지 창작자가 되지는 않았으니까. 지역에서 창작하는 친구들과 후배들을 위한 장이 필요하다고 느꼈어요. 그게 지역에서 현대음악을 시작한 나의 사명이라면 사명이랄까. 나 이후 현대음악을 할 후배들에 대한 책임감이나 지역 문화에 대한 의식들이 있었기 때문에 음악제를 내가 여기 변방에서 해봐야겠다는 생각이 들었어. 후배들하고 제자들하고 뭔가가 만들어야 한다, 이런 장을 만들어 줘야 한다는 생각이었지.

이형근 : 창원대학교에서는 제가 현대음악을 한 1세대라고 할 수 있을 것 같아요. 대학원 다닐 때까지 작곡을 집중적으로 했었고… 그러다가 대학원 졸업하고 창원시립교향악단에서 활동했고, 진주시립교향악단으로 갔다가 경남문화예술회관에 공연 전시팀장으로 일하면서… 사실 작곡 작업에 대해서는 아주 적극적으로 한다기보다는 양다리 걸친 것 비슷하게 활동했어요. 늘 작곡에 대한 의식을 가지고 살았지만, 먹고 사는 문제가 있으니까 조금은 소홀하게 대했던 것도 사실이에요. 어쨌든 초창기 때 공동 작업을 해보면, 대학의 시간 강사나 대학교 교수님들 쪽이 작품을 하시고, 저처럼 야인, 그러니까 자유롭게 작품 활동을 하는 분이 저하고 사실은 최 선생님 정도

밖에 없었어요. 나머지는 다 학교에서 작업하는 분들이 많아서 작품의 성향이라고 해야 하나 그런 게 좀 약간 달랐던 것 같아요. 학교에 계신 분들 작품은 아카데믹하고, 제가 듣기엔 좀 딱딱한 느낌이 있었죠. 초기에 저는 이 세상에 없는 음악, 나만이 쓸 수 있는 이런 음악을 추구했어요. 그런데 사회 생활 하면서 작품 활동을 병행할 때는 성향이 바뀌더라고요. 한번 연주할 때 청중들을 좀 즐겁게 하는 그런 곡을 쓰자, 그런 의미가 점점 커졌던 것 같아요. 현대음악이라는 게, 사실 한번 발표하고 사장되는 음악들이 대부분이거든요. 그렇게 봤을 때 저는 '오늘 객석에 앉은 관객들을 얼마나 즐겁게 해 줄 것인가' 이런 생각들이 더 강해졌던 것 같고, 그런 식으로 작업을 해왔습니다. 그게 제가 생각하는, 제가 현대음악을 대하는 사명이라고 할까요?

전욱용 : 저는 일종의 기능주의자로 보시면 됩니다. 실용적인 입장에서 기능주의라고 보시면 되는데, 음악회의 성격에 따라서 어디든지 맞춰줄 수 있는 작품을 한다는 거죠. 우리 세대로 내려오면 전문적인 음악 교육을 받은 세대들이 나오기 시작했거든요. 우리는 어릴 때부터 교육을 받았기 때문에 형님 세대들보다는 좀 다양하게 표현할 수 있는 법들을 배운 것 같아요. 예를 들어 '가곡 발표'라는 목표가 있으면, 내가 쓰고 싶은 가곡도 있지만 이번에 연주자가 누가 오고, 어느 정도 연습을 할 것이며, 연주는 어떻게 할 것이다 등등 이런 계획들이 나오면 거기에 맞춰서 내가 곡을 썼을 때 의도한 효과를 가져올 수 있을 것이다, 그렇게 보는 입장인 거죠. 상황에 맞춰서 곡을 쓸 수 있는 어떤 그런 능력을 우리 세대는 좀 많이

경험하고 배웠기에 가능했던 거 같아요. 내가 쓰고 싶은 곡을 고집하는 게 아니라, 이번에 연주자로 어떤 사람이 오는지, 그 연주자의 성향은 어떠한지, 그렇다면 내 곡은 어땠으면 좋겠다는 것까지 생각하는 거죠. 그게 현대음악제를 기획하는 입장에서 가지는 사명이라고 봐야 할 것 같네요. 그런데 이야기를 풀어 내다보니 느끼는 건데, 앞선 형님 세대들은 현대음악제 안에서 음악제를 이끌어 가는, 정체성에 대해서 이야기를 하시는 것 같고, 저부터 아래 세대는 자신의 작품을 하는 데 있어서의 고민 이야기에 더 중점을 둔 것 같긴 하네요.

※ 최천희 선생님 같은 경우 합포만현대음악제 30년을 사실상 최전선에서 꾸려 오셨잖아요. 합포만현대음악제의 특성이랄까, 고유한 전통이랄까, 30년을 관통하는 정신이랄까, 이런 부분에 대해 하실 말씀이 있으실 거 같아요.

최천희 : 다른 지역 같으면 음악제에 보통은 회장이 있습니다. 회장이 있어서 2년 정도 재임하면 이임하고 그러죠. 그런데 회장이 바뀔 때마다 음악제가 추구하는 모습이 달라지더라고요. 1대 회장이 있을 때 추구하던 형태가 2대 회장에 의해 계승 발전되는 게 아니라, 2대 회장 스타일로 확 바뀌어 버리는 거죠. 3대가 오면 또 달라지고. 그러니 30년이 흘러도 음악제의 색깔을 파악할 수가 없는 경우들이 있어요. 반면에 합포만현대음악제는 한 사람이 계속해서 회장을 하고 있는데, 물론 이게 장점이라면 장점이고 단점이라면 단점일 겁니다. 하지만 합포만현대음악제가 가진 특성은 맞아요. 그래서 하나의 방향성은 확실하다는 평가를 받고 있거든요. '합포만현대

음악제는 그때나 지금이나 변함없이 연주는 확실하다' 이거거든요. 그건 작곡자나 연주자나 모두에게 확실하게 인지된 합포만의 정체성이라고 할 수 있을 거 같아요. 그건 좋은 작곡가를 위촉하는 것과 더불어서 좋은 연주자가 연주를 할 때 가능한 일이거든요. 예를 들어 합포만현대음악제에서 연주된 곡이 영국에서 CD로 발매가 됐다든지... 꽤 여러 작품이 국내를 넘어서 외국에서도 연주가 되고... 중간중간에 괜찮은 작품이 있어요. 실제로 야, 이런 곡은 진짜 좋다, 정말 좋은 곡이다 싶은 것들. 외국에서 발표되는 현대 음악 작품도 두루 보고 있고, 전국에서 열리는 현대음악제에서 발표되는 곡들이랑도 비교가 되잖아요. 그런데 그 많은 작품들 중에서도 아, 정말 괜찮다 싶은 작품들이 실은 잘 없거든요. 그런데 그런 곡들이 합포만현대음악제에는 좀 있었어. 그게 곡도 좋고, 연주자도 진심으로 제대로 그 곡을 연주하기 때문에 가능한 거예요. 그래서 합포만현대음악제에 곡을 주면, 연주는 제대로 한다는 정평이 작곡가들 사이에는 일반론이 된 거지.

※ 합포만 음악제 운영 면에서 다양한 시도들도 있었죠?

최천희 : 음악제를 매해 거듭하면서 좋은 곡들이 외국에서 발표도 되고 좋은 평가들도 받으면서 사실 음악제 운영 자체에 대해 고무도 되고 즐겁기도 했었어요. 그런 나름의 만족감과 뿌듯함이 30년을 끌어오게 했던 건 아닌가 하는 생각도 들어요. 한편으로는 예산이나 이런 문제를 떠나서 '실험실에서 우리끼리 실험하자' 이런 범주 안에서는 청중에 대해서도 조금은 자유로워졌고, 음악제를 기획하고 운영하는 데에서도 조금

자유롭게 사고할 수 있는 여유도 점점 생겼죠. 이 동네 시민들이 좋아하는 음악을 해보자, 듣기에 편한 음악을 해보자, 이런 생각을 구현할 때도 있었고요. 그것도 의미도 있는 작업이었고. 다른 예술 장르와 접목도 다양하게 시도했었고요. 예를 들면, 지역 시인들의 시에 곡을 붙이는 작업을 했거든요. 그럼 시인들이 청중들을 모시고 오시더라고요. 그런 해에는 청중이 넘쳐서 자리가 부족하기도 하고, 그런 해도 종종 있고 했어요.

※ 즐거운 질문을 하나 해보겠습니다. 예산이든 뭐든 모든 것을 굉장히 풍족하게 쓸 수 있는 상황이 갖춰진다면 합포만현대음악제에서 한번 해보고 싶다, 이런 것이 있을까요?

전욱용 : 불러올 수 있는 한 가장 좋은 연주 단체와 같이 작업 해보고 싶어요. 이건 지금도 창작자들끼리 늘 이야기하는 부분이기는 해요. 음악을 하는 사람들 사이에서는 좋은 연주자, 뛰어난 연주자라고 정평이 나 있는 분들을 합포만현대음악제에도 많이 모셔 오지만, 대중들에게 인기 있는 연주자나 연주 단체 몇몇 말고는 잘 모르거든요. 베리 웹이라는 연주자는 세계적인 연주자이지만 몇 년이나 연주를 해도 일반 시민들은 잘 몰라요.

김지만 : 저도 비슷한 생각인 것 같아요. 연주자나 편성에 아낌없이 비용을 써보고 싶어요. 이름난 연주자를 불러올 수 있으면 내 곡도 빛이 날 거고, 합포만현대음악제도 빛이 날 거고, 사람들의 시선도 받을 거고.

이성준 : 장소든 연주자든 제약 없이 진짜 한 번 멋지게 해보고 싶네요. 세미나도 할 수 있고, 다양한 부대 행사도 하고. 그 구성을 화려하게 해볼 수 있을 거 같아요.

이형근 : 저도 비슷한 생각이에요. 마음껏 해봐라 그러면... 작곡가마다 오케스트라로 한 곡씩, 각자 지휘하는 그런 방식으로 한번 해보고 싶어요. 작곡가들이 직접 지휘하면서 해설도 하는 그런 무대를 꾸며 보고 싶어요.

최천희 : 나는 작곡가들한테 작곡료를 두둑하게 주고 싶네. 작곡가들한테 작곡료를 주면서 야, 합포만현대음악제는 곡을 맡기면 연주도 잘 하지만 위촉료도 두둑하게 받는다. 그 소리는 꼭 듣고 싶어요.

※ 30년이라는 역사 속에서 아쉬운 점도 있으실 텐데요.

최천희 : 초창기에 문신미술관에서 합포만현대음악제를 열었을 때, 완연한 가을에 마산만이 내려다보이는 장소에서 음악제를 열었으니까... 경치 좋지, 미술관 안으로 들어가면 조각도 감상할 수 있지, 거기에서 현대음악을 연주하니... 당시에 작곡가, 연주자, 관객 모두가 좋아했었어. 상당히 괜찮은 컨셉이었는데, 아쉬운 부분은 이걸 지역 사회와 연계해서 뭔가를 구상해 보지 못한 거예요. 이를테면 통영처럼, 통영항을 끼고 문화 예술을 감상하고 누릴 수 있는 장소들이 산적해 있고, 이를 기반으로 국제 음악제도 기틀을 잡았고, 거기에 연계해

서 통영이 관광으로도 손색이 없는 도시가 되고 그러잖아요. 합포만현대음악제도 문신미술관, 마산항, 마산이 가진 관광적인 요소를 연결 지어서 생각해 볼 수 있었는데, 그걸 제대로 들여다보지를 못했어요. 왜냐하면 당장 음악제 치를 돈 만들기 급급했었고, 연주자들 묵을 호텔 구하러 다니고, 식사나 등등 여러 가지 연주에 부족함이 없게 뒷바라지하고 음악제를 진행하는 데에만 매년 집중할 수밖에 없었으니까... 합포만 현대음악제를 좀더 거시적인 관점에서 해석하고 성장시키지 못한 점이 아쉬워요.

※ 30주년을 맞으면서 합포만현대음악제 운영에 대한 고민도 있으시겠어요.

최천희 : 작년부터는 내가 이걸 과연 계속해야 하나 말아야 하나 고민이 많이 되어요. 지역 사회에서 과연 합포만현대음악제가 가진 공헌도는 있는 것인지, 이걸 계속해 나가야 할 당위성이 있는 것인지? 그런 생각들이 들어요. 그래서 작년 올해 계속해서 이 부분에 대해서 후배들과도 이야기를 하고 있습니다. 어떻게 하면 좋겠느냐고 물었던 거죠. 확실하지는 않지만 대체로 내가 있는 동안은 계속 합포만현대음악제가 지속되었으면 좋겠다, 그런 의견이 지배적인 것 같아요. 사실 음악제의 존속 문제 가운데는 운영비에 대한 어려움이 있어요. 도비로 나오던 지원금이 문예진흥원 지원사업으로 성격이 바뀌었어. 그래서 예술단체 도 단위 회장들이 도지사를 면담하는 등등 현장의 목소리를 전했고, 그래서 도 단위에 있는 사업 하나씩만 도비로 하고 나머지는 모두 공모로 돌렸어요.

248

어쨌든 힘이 들어도 지금까진 어찌어찌 운영을 해왔어요. 그런데 지원 한도가 줄면서 고민이 깊어진 거죠. 이전엔 음악제 기간도 이틀에, 외국 연주자들 협연을 위한 경비도 문예진흥기금 내에서 해결할 수 있었거든. 어느 정도 규모를, 내가 조금 부지런히 뛰면 운용할 수 있었단 말이지. 여기에 내가 경남도 음악협회장이니까 약간의 인센티브도 규정 내에서 활용할 수 있었고요. 그런데 이제는 그게 안 되니까... 고민이 되지요. 작년부터는 경남메세나를 통해 지원을 받고 있어요. 메세나 지원 또한 쉬운 일이 아니에요.

※ 합포만현대음악제의 끝을 생각하시는 건가요?

최천희 : 그게 사실이야. 내가 언제 이것을 끝내야 할지 고민을 상당히 해요. 30년을 했으니까, 어떻게 마무리 지어야 할지 고민스러울 수밖에 없어요. 누가 맡아서 이걸 이끌어 갈 것인가? 내 손으로 쫑을 낼 거냐?

이형근 : 맞아요. 선생님 말씀 이해가 됩니다. 합포만현대음악제에 대한 공식적인 지원금 아예 없습니다. 합포만현대음악제는 해마다 예산을 만들어서 해야 하니까 그게 제일 힘든 거죠.

※ 각자 생각하시는 합포만현대음악제의 미래가 궁금합니다.

김지만 : 미래에 어떻게 될지는 모르죠. 저 개인적으로는 작곡가로서 성장하고 앞으로 나아갈 수 있도록 곡을 집중해서 쓸 수 있는 기회가 매년 주어진다는 의미로... 합포만현대음악

제가 무조건 지속되었으면 하고 바라고 있습니다. 합포만현대음악제가 사라지면 다른 거라도 만들어서 우리끼리 뭐라도 하겠지, 라고 농담 반 진담 담으로 이야기를 했지만, 이름이 달라진 같은 내용의 현대음악 창작의 장을 만든다는 건... 무슨 의미가 있나 싶어요. 합포만현대음악제가 지속되기를 바랍니다. 음악제가 유지되기 위해서 관객을 끌어들일 방법, 예산을 조달할 방법, 이 부분에 대해서는 특별한 노력이 계속해서 필요하다고 생각해요. 이 이야기를 하다 보니, 대학 처음 갔을 때 동네에서 몇만 원씩 스폰을 받으러 다녔던 기억이 나요. '우리 음악회 합니다' 하면서 학교 앞에 술집이나 식당 사장님께 3만 원씩, 5만 원씩 지원을 부탁하러 다녔죠. 그게 '스폰'이었어요. 그러면 사장님들이 또 그걸 무시하지 않으시고 후원금을 십시일반 넣어 주세요. 그 돈으로 음악회를 했어요. 그런 문화가 있었습니다. 하지만 그것도 우리 세대까지일 것 같고, 요즘은 상상하기 어렵겠죠. 우리 세대가 이제 40대 중반을 넘어가고 있는데, 개인적인 맨 파워를 활용해서 예술단체 후원이 가능한... 이를 테면 기업체나 메세나 등등 이런 쪽과 적극적으로 연결되기는 어렵고요. 합포만현대음악제의 지속성 여부가 그런 부분에 달린 거라면 아직 우리 세대가 이 부분을 책임질만한 역량을 갖췄다고 말할 수는 없는 것이 사실이에요.

이성준 : 어떻게 보면 저는 합포만현대음악제의 막차를 탄 입장이거든요. 그 입장에서 바라봤을 때, 사실 저는 생업에 더 중점을 두고 일을 하려고 생각하고 있었어요. 직장인으로 사는 것에 집중할 마음을 먹었던 거죠. 그런데 작년에 우연한

기회로 음악제에 참여하게 되면서 오랜만에 도파민이 터지더라고요. 학교에서 배웠던 그런 것들을 떠올리면서 다시 창작하는 시간을 가지는데 그 과정이 정말 즐겁고 재미있었어요. 그래서 이 과정을 지속할 수 있는 이 단체가 계속해서 유지가 된다면은 저는 계속 이 차를 타고 싶거든요. 해마다 어려운 건 사실이지만... 모두 힘을 보태어서 명맥을 유지할 수 있다면 저 또한 이 기회를 통해 창작의 의지를 실현할 수 있지 않을까 하는 기대를 합니다.

※ 여기서 명확한 답을 내릴 수는 있는 건 아니라는 생각이 듭니다. 합포만현대음악제를 이끌어 가는 분들이 각자의 입장에서 이러한 고민이 있다는 것을 확인한 것 같고, 어쨌든 음악제를 계속해 나가고 싶다는 것에는 모두가 긍정하시는 것 같습니다. 그렇다면 앞으로 합포만현대음악제를 어떤 식으로 살려 나갈 것이냐, 혹은 나중에 장렬한 전사를 선택할 것이냐, 이것은 당면한 미션은 아닌 것 같네요. 오늘 이 자리에서 수렴된 공통의 뜻은 '지금은 영위하는 것'으로 모이는 것 같습니다.

최천희 : 혹시나 또 40주년 인터뷰나 책을 만들 기회가 있을지 없을지... 40주년이 과연 우리한테 가당키나 한 일일지 궁금해지기도 하네요.

모두 : 하하하.

For Mr. Choi Chun Hee and Happoman Contemporary Music Festival

MÉMOIRE I
for oboe solo (2025)

Paweł Łukaszewski
[*1968]

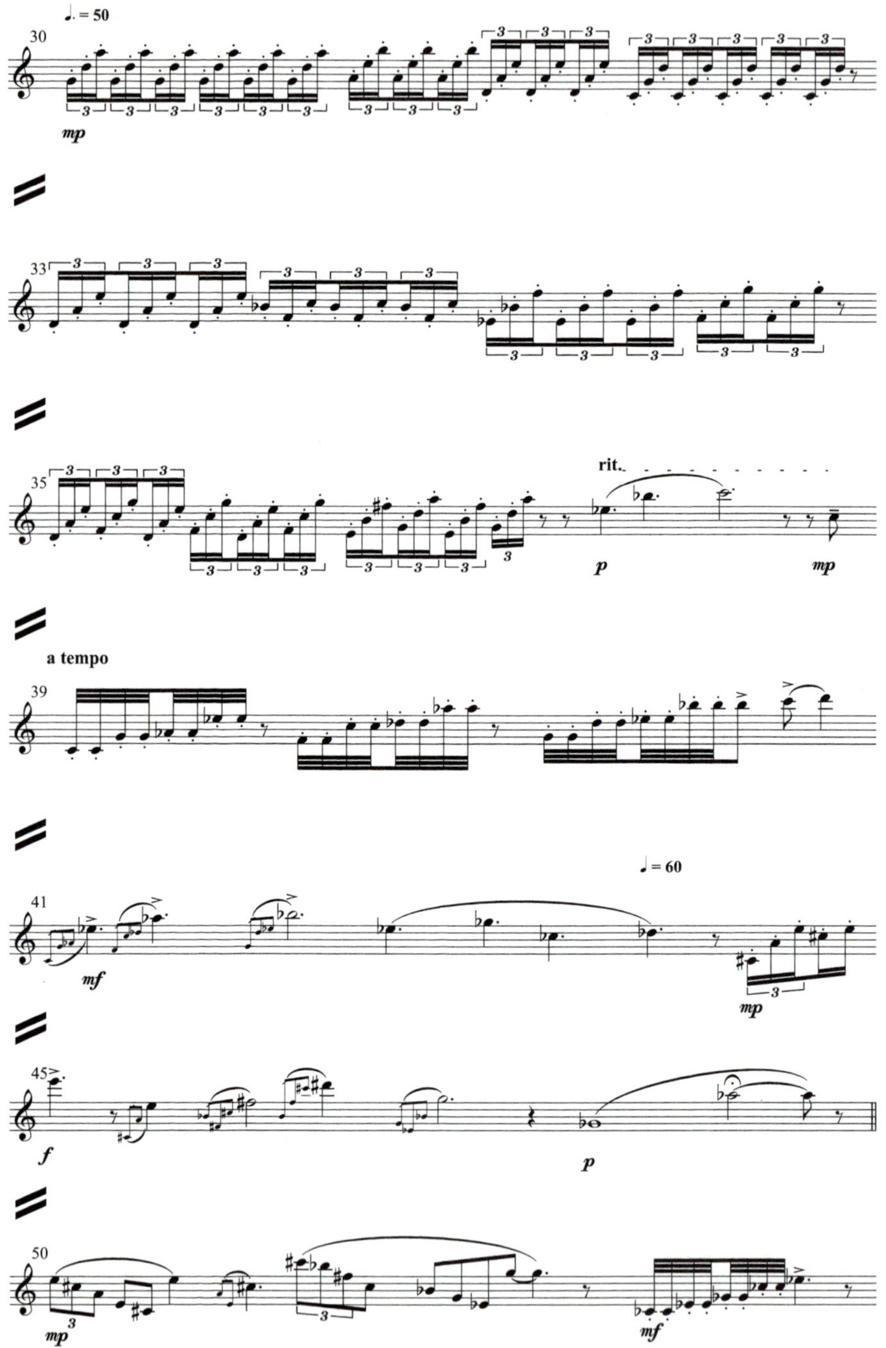
♩. = 50
30
mp
33
35
rit.
p
mp
a tempo
39
♩ = 60
41
mf
mp
45
f
p
50
mp
mf

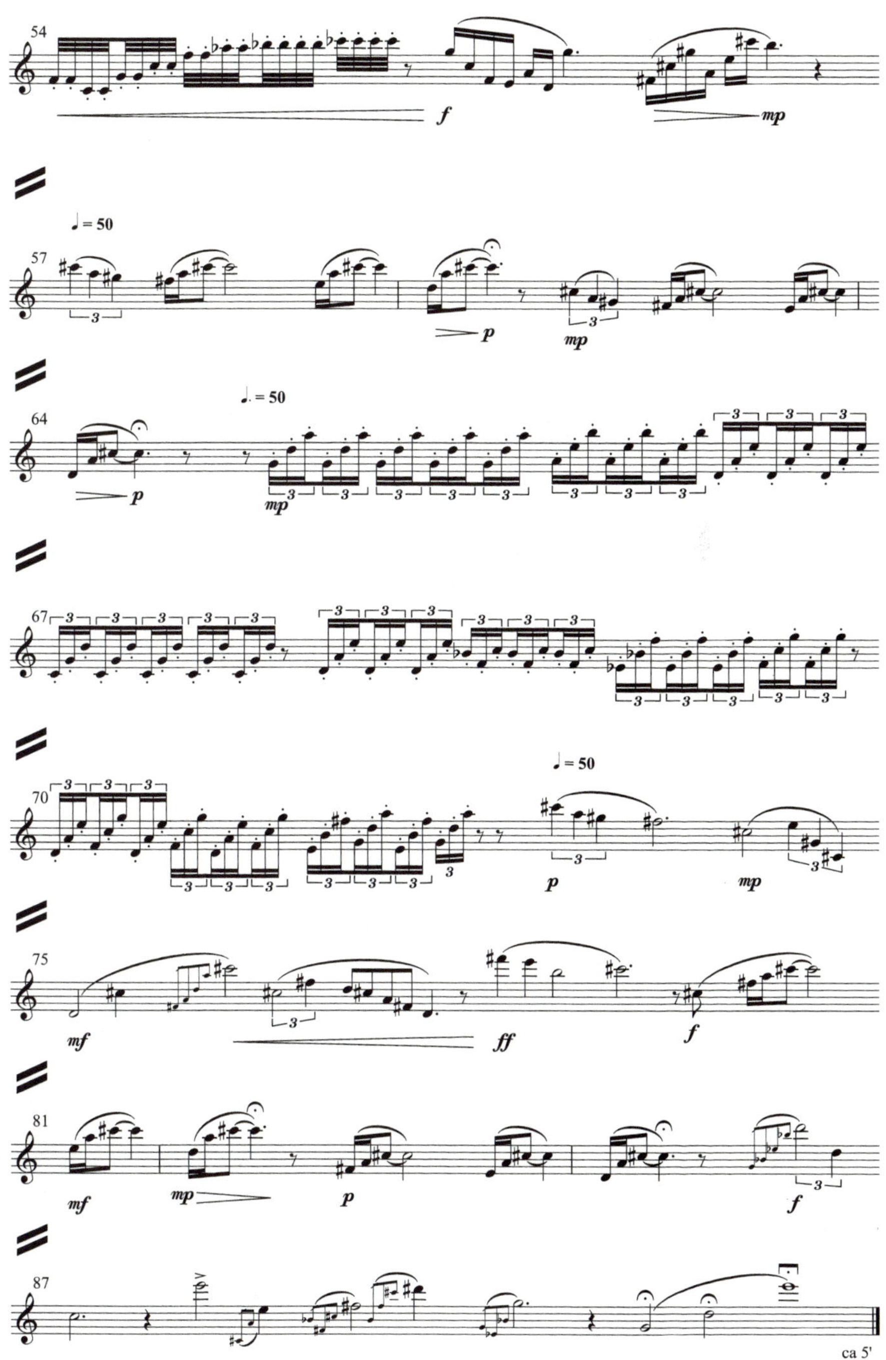

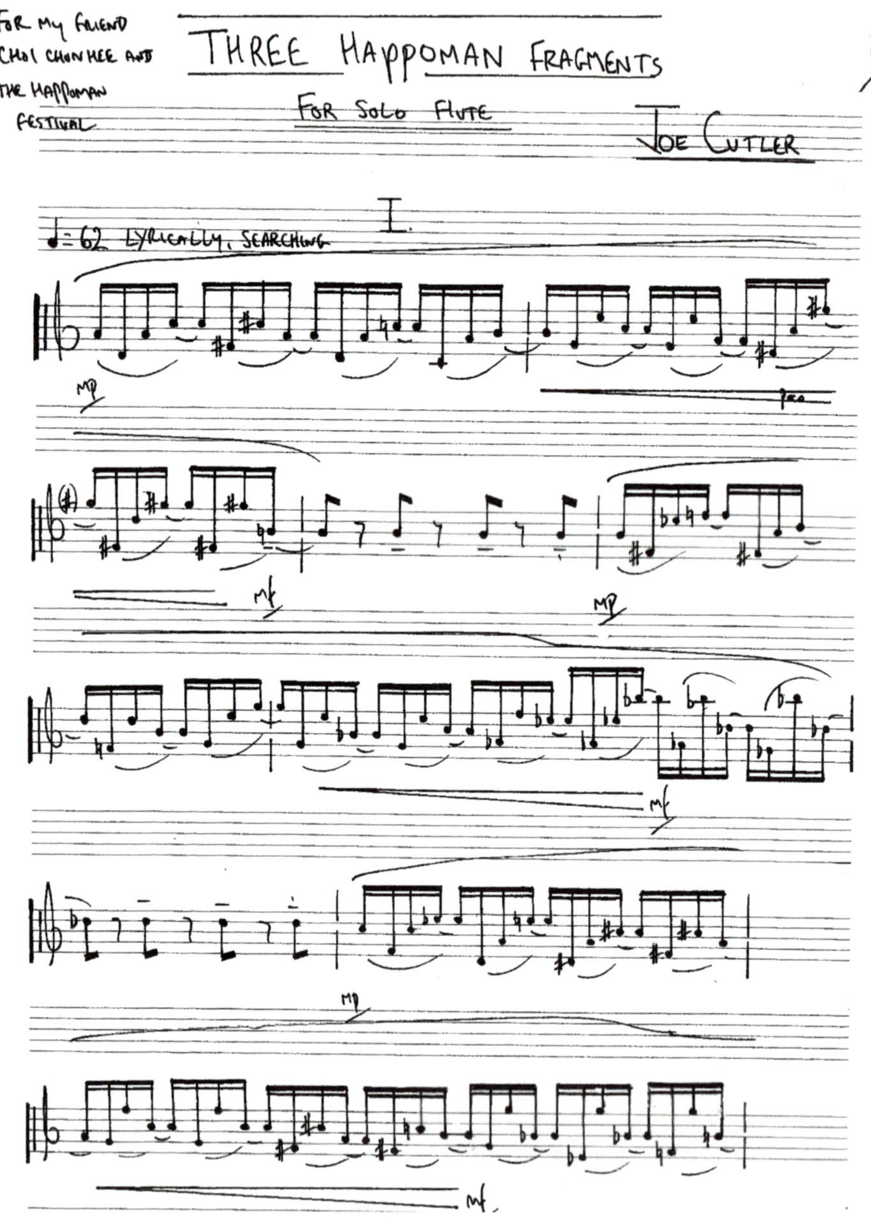

FOR MY FRIEND
CHOI CHUN HEE AND
THE HAPPOMAN
FESTIVAL
THREE HAPPOMAN FRAGMENTS
FOR SOLO FLUTE
JOE CUTLER
I.
♩= 62 LYRICALLY, SEARCHING
mp
mf
mp
mf
mp
mf

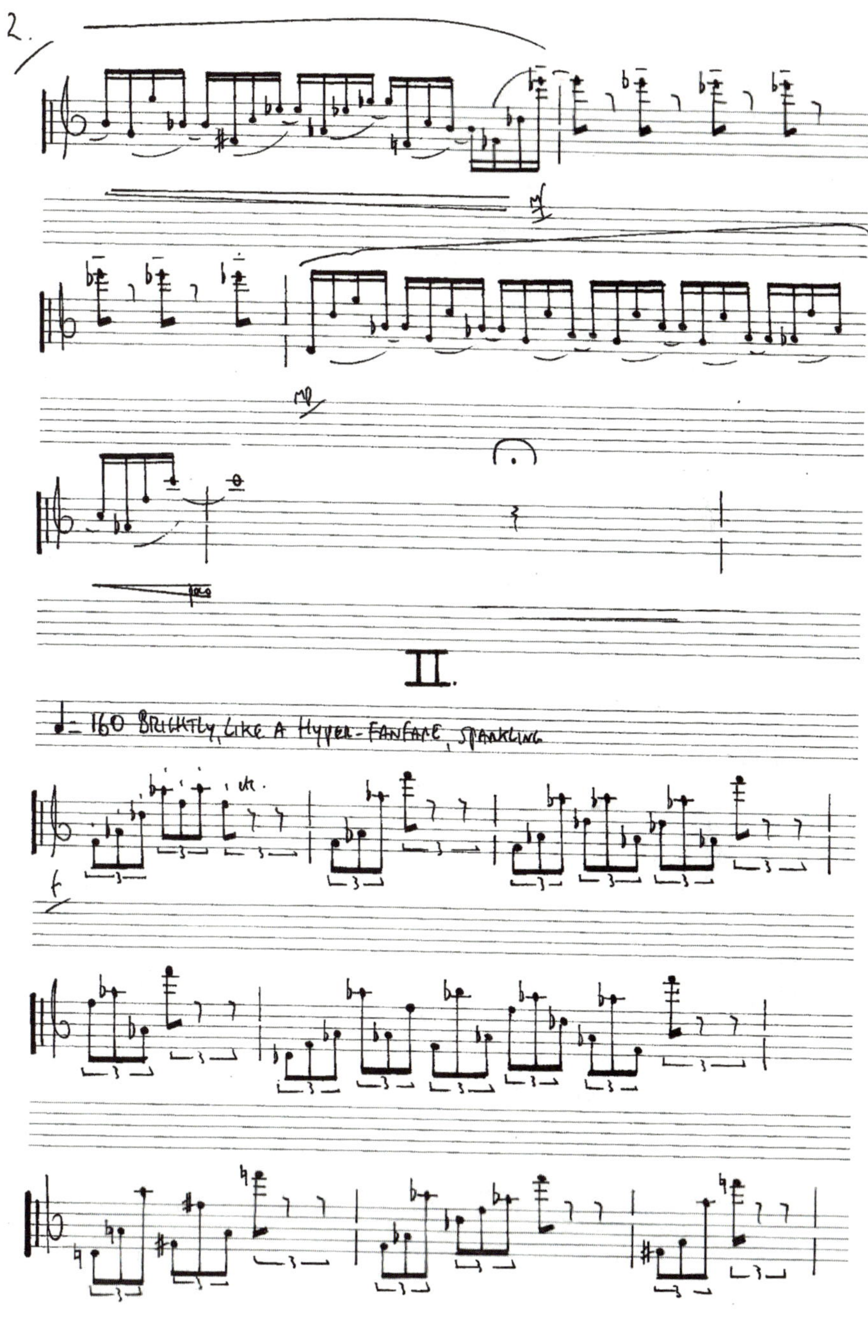
2.
II.
♩= 160 BRIGHTLY, LIKE A HYPER-FANFARE, SPARKLING

3.

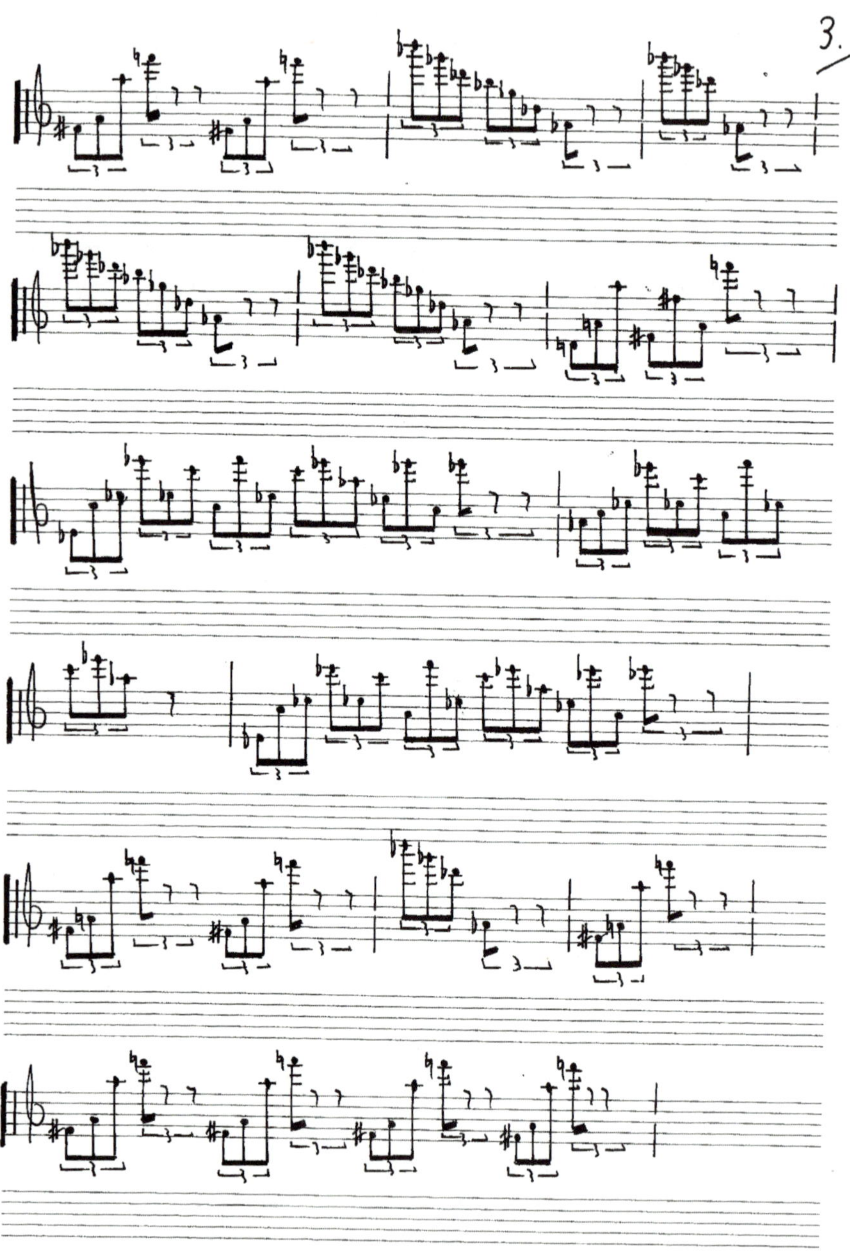

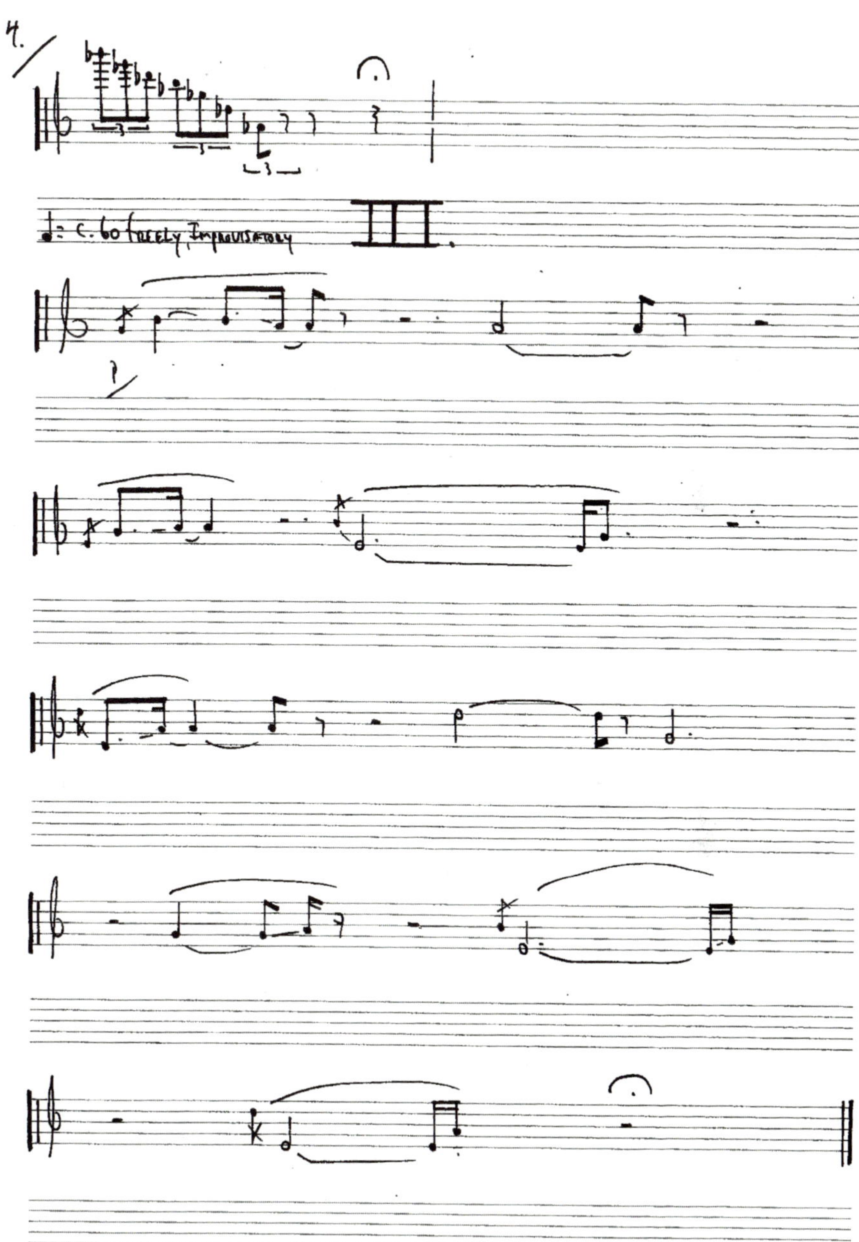
4.
♩= c. 60 Freely, Improvisatory

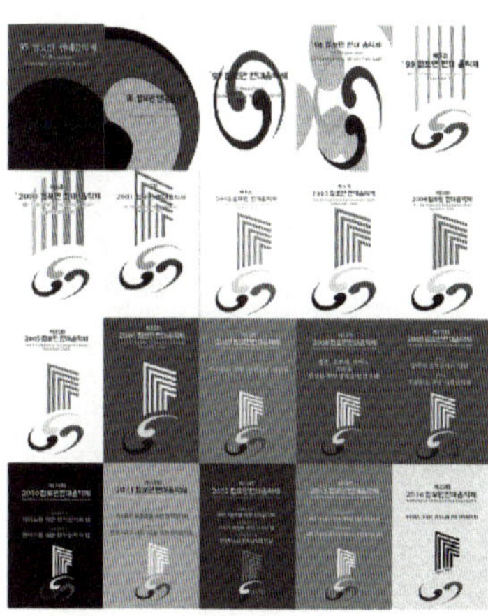
2015 합포만현대음악제
The Festival of Contemporary Music Happoman 2015
합포만, 20년...
일시 2015. 10. 13(화) ~ 15(목) 오후 7:30
장소 창원 성산아트홀 소극장
주최·주관 합포만현대음악제 운영위원회
후원 경상남도
경남문화예술진흥원
한국문화예술위원회

<연혁(HISTORY)>

'95 합포만현대음악제

'95 Happoman Contemporary Music festival
1995.12.6 ~ 12.7

세미나 I -작곡가 조두남의 삶과 음악세계

(발표자:김봉천,이근택)

세미나 II - 지방화 시대를 맞이한 지역 창작계 및 연주계를 위한 제언

(발표자:안종배, 강동주)

일시 1995.12.6(수)오후 4시
장소 마산 문신미술관 제1전시실

Concert I 조두남 작품 연주회

일시 1995.12. 6(수)오후 7시
장소 마산 문신미술관 제1전시실

Concert II 현대작품 연주회

일시 1995.12.7(목)오후 7시
장소 마산 문신미술관 제1전시실
주최 합포만 현대음악제 운영위원회,경남작곡가회
후원 경상남도/마산시
협찬 삼익피아노 마산판매장/FILA 창동점
* 이 음악제는 경상남도문예진흥기금의 지원을 받았습니다.

'96 합포만현대음악제

96 Happoman Contemporary Music festival

1996.10.28. ~ 10.30

개막연주회

최문진 가야금 독주회 – 황병기 가야금 독주곡을 중심으로

일시 1996.10. 28(월)오후 7시

장소 마산 문신미술관 제1전시실

세미나 – 작곡가 우종억의 삶과 음악세계

우종억의 작품 속에 나타난 한국의 정서 (발표자 : 문일근)

Concert I 우종억 작품 연주회

일시 1996. 10. 29(화)오후 6시, 7시 30분

장소 마산 문신미술관 제1전시실

Concert II 현대작품 연주회

일시 1996.10.30(수)오후 7시

장소 마산 문신미술관 제1전시실

주최 합포만 현대음악제 운영위원회

후원 한국문예진흥원/경상남도/마산시

협찬 FILA 창동점/사보이 관광호텔

* 이 음악제는 한국문예진흥기금·경상남도문예진흥기금의 지원을
받았습니다.

'97 합포만현대음악제

97 Happoman Contemporary Music festival

1997.9.9. ~ 9.10

Concert I 현대작품 연주회

Concert II 목관악기를 위한 현대작품 연주회

일시 1997.9.9.(화)~10(수) 오후 7:30

장소 마산시청 대강당

주최 합포만 현대음악제 운영위원회／馬山文化院

후원 경상남도 마산시

협찬 FILA 창동점／사보이 관광호텔

경남스틸주식회사

* 본 음악제는 경상남도 문예진흥기금 지원을 받았습니다.

'98 합포만현대음악제

98 Happoman Contemporary Music festival

1998.9.7. ~ 9.8

워크샵 - 현대 트롬본 주법에 관하여

(강사 : 베리 웹, 통역 : 김호준)

일시 1998.9.7(월)오후 1시

장소 창원대 콘서트홀

Concert I 현대 창작가곡 연주회

일시 1998.9.7(월)오후 7:30

장소 창원대 콘서트홀

Concert II 베리 웹 트롬본 리사이틀

일시 1998.9.8(화)오후 7:30

장소 마산시청 강당

주최 합포만 현대음악제 운영위원회

후원 경상남도 마산시

협찬 FILA 창동점/사보이 관광호텔

마산현대 자동차 학원

* 본 연주회는 도문예진흥기금 지원을 받았음.

'99 합포만현대음악제

99 Happoman Contemporary Music festival

1999.9.30. ~ 10.1

Concert I 베리 웹 트롬본 리사이틀

일시 1999.9.30(목)

장소 마산 올림픽 국민생활관 극장(마산종합운동장)

Concert II 이언 페이스 피아노 리사이틀

일시 1999.10.1(금)오후 7:30

장소 창원대학교 예술관 콘서트홀

주최 합포만 현대음악제 운영위원회

후원 경상남도 마산시

*본 연주회는 도문예진흥기금 지원을 받았음.

제6회 2000 합포만현대음악제

The 6th Festival of Contemporary Music Happoman
2000

2000.10.5. ~ 10.7

Concert I 헬렌 바이올린 리사이틀

일시 2000.10.5(목)오후 5시
장소 창원대학교 예술관 콘서트홀

Concert II 베리 웹 트롬본 리사이틀

일시 2000.10.6(금)오후 7시
장소 마산 구산면 구복예술촌 전시실

Concert III 샬뤼모 클라리넷 앙상블 현대음악 연주회

일시 2000.10.7(토)오후 7시
장소 함양군 함양읍 귀빈예식장
주최·주관 합포만 현대음악제 운영위원회
후원 경상남도 함양군

* 본 연주회는 도문예진흥기금 지원을 받았음·

제7회 2001 합포만현대음악제

The 7th Festival of Contemporary Music Happ'oman
2001

2001.11.10

트럼펫과 클라리넷을 위한 현대음악 연주회

일시 2001.11.10(토)오후 5시
장소 마산 문신미술관 전시실
주최·주관 합포만 현대음악제 운영위원회
후원 경상남도

* 본 연주회는 도문예진흥기금 지원을 받았음.

제8회 2002 합포만현대음악제

The 8th Festival of Contemporary Music Happ'oman
2002

2002.11.5. ~ 11.6

Concert I 클라리넷 창작음악의 밤

Concert II 트럼펫 창작음악의 밤

일시 2002.11. 5(화)~6(수)오후 6시
장소 마산 문신미술관 전시실
주최 합포만 현대음악제 운영위원회
후원 경상남도, 한양(주),신야교통(주)

* 본 연주회는 도문예진흥기금 지원을 받았음.

제9회 2003 합포만현대음악제

The 9th Festival of Contemporary Music Happoman
2003

2003.10.29

Concert

현악기를 위한 창작음악의 밤

일시 2003.10.29(수)오후 7시
장소 마산 시립박물관
주최 합포만 현대음악제 운영위원회
후원 경상남도

* 본 연주회는 도문예진흥기금 지원을 받았음.

제10회 2004 합포만현대음악제

The 10th Festival of Contemporary Music Happoman
2004

2004.10.19. ~ 10.20

Concert I
아돌프 색소폰 4중주단 초청 색소폰 창작음악 연주회

Concert II
베리 웹 초청 트롬본 창작음악 연주회

일시 2004.10.19.(화) ~ 20(수)오후 7시
장소 마산 문신미술관 제1전시실
주최 합포만 현대음악제 운영위원회
후원 경상남도

*본 연주회는 경남도문예기금의 지원을 받았음.

제11회 2005 합포만현대음악제

The 11th Festival of Contemporary Music Happoman
2005

2005.10.11

Concert

아돌프 색소폰 4중주단 초청 색소폰 창작음악 연주회

일시 2005.10. 11(화)오후 7:30
장소 마산 문신미술관 제1전시실
주최 합포만 현대음악제 운영위원회
후원 경상남도

* 본 연주회는 경남도문예진흥기금의 지원을 받았음.

제12회 2006 합포만현대음악제

The 12th Festival of Contemporary Music Happoman
2006

2006.10.11. ~ 10.12

Concert I

베리 웹 초청 트롬본 창작음악 연주회

Concert II

마티아스 산네뮐러 초청 비올라 창작음악 연주회

일시 2006.10.11(수)~12(목)오후 7:30
장소 장소 마산 문신미술관 제1전시관
주최 합포만 현대음악제 운영위원회
후원 경상남도

* 본 연주회는 2006년 문화예술진흥기금을 지원 받았음.

제13회 2007 합포만현대음악제

The 13th Festival of Contemporary Music Happoman
2007
2007.10.9~10.10

Concert I 타악기를 위한 창작음악 연주회
일시 2007.10.9.(화) ~ 10(수)오후 7:30
장소 마산아트센터

Concert II 가야금을 위한 창작음악 연주회
일시 2007.10.10(수)오후 7시 30분
장소 마산시립 문신미술관 제1전시관

주최 합포만 현대음악제 운영위원회
후원 경상남도 마산시

* 본 연주회는 2007년 문화예술진흥기금을 지원 받았음.

제14회 2008 합포만현대음악제

The 14th Festival of Contemporary Music Happoman
2008

2008.10.21. ~ 10.22

Concert I

플롯, 오보에, 피아노 그리고 인성을 위한 창작음악 연주회

Concert II

앙상블 "오감" 초청 창작음악 연주회

일시 2008.10.21(화)-22(수)오후 7:30
장소 마산시립 문신미술관 제1전시관
주최 합포만 현대음악제 운영위원회
후원 경상남도 마산시

* 본 연주회는 2008년 문화예술진흥기금을 지원 받았음

제15회 2009 합포만현대음악제

The 15th Festival of Contemporary Music Happoman
2009

2009.10.12. ~ 10.13

Concert

가야금을 위한 창작음악 연주회

일시 2009.10.12(월)오후 7:30
장소 마산 우리누리 청소년문화센터 소공연장

Concert I 발레와 전자음악의 만남

Concert II 트롬본을 위한 창작음악회

일시 2009. 10. 13(화)오후 7시
장소 마산 315아트센터 소극장
주최 합포만 현대음악제 운영위원회
후원 경상남도 마산시

* 이 연주회는 2009년 문화예술진흥기금을 지원받았음.
* 이 연주회는 2009년 무대공연작품제작지원금을 지원받았음.

제16회 2010 합포만현대음악제

The 16th Festival of Contemporary Music Happoman
2010

2010.10.12. ~ 10.13

Concert I 피아노를 위한 창작음악의 밤

일시 2010.10.12.(화) 오후 7시
장소 창원 성산아트홀 소공연장

Special Concert 창작가곡의 밤(마산을 기억하며)

일시 2010.10.12.(화) 오후 8시
장소 창원 성산아트홀 소공연장

Concert II 현악기를 위한 창작음악의 밤

일시 2010.10.13(수)오후 7:30
장소 창원시 문신미술관 제1전시관
주최 합포만 현대음악제 운영위원회
후원 경상남도, 창원시

*본 연주회는 2010년 문화예술진흥기금을 지원 받았음.

제17회 2011 합포만현대음악제

The 17th Festival of Contemporary Music Happoman
2011

2011.10.11. ~ 10.12

Concert I 색소폰과 트롬본을 위한 창작음악회

일시 2011.10. 11(화) 오후 7:30
장소 창원시 문신미술관 제 1전시관

Concert II 전통가곡과 서양가곡을 위한 창작음악회

일시 2011. 10. 12(수)오후 7:30
장소 창원시 가곡전수관
주최 합포만현대음악제 운영위원회
주관 합포만현대음악제 운영위원회,가곡전수관
후원 경상남도, 창원시, 경남문화재단, 한국문화예술위원회

이 연주회는 「2011년 무대공연작품제작지원금」을 지원받았음

제18회 2012 합포만현대음악제

The 18th Festival of Contemporary Music Happoman
2012

2012.10.18. ~ 10.19

Concert I
목관4중주를 위한 창작음악회

일시 2012.10.18(목)오후 7:30
장소 창원시 문신미술관 제1전시실

Concert II
작곡가 최천희 창작 가곡의밤

Concert III
현대무용과 전자음악의 만남

일시 2012.10.19(금)오후 7시
장소 창원성산아트홀 소극장
주최·주관 합포만현대음악제 운영위원회
후원 경상남도,창원시,경남문화재단

이 연주회는 「2012년 무대공연작품제작지원금」을 지원받았음

제19회 2013 합포만현대음악제

The 19th Festival of Contemporary Music Happoman
2013
2013.10.7~10.8

Concert I

대금, 가야금, 거문고, 해금을 위한 창작음악회

Concert II

플롯, 오보에, 클라리넷, 바순을 위한 창작음악회

일시 2013.10. 7(월) ~ 8(화)오후 7:30
장소 창원시 가곡전수관
주최·주관 합포만현대음악제 운영위원회
후원 경상남도, 창원시, 경남문화재단,
한국문화예술교육진흥원

이 연주회는 「2013년 지역문화예술육성사업지원금」을 지원받았음

제20회 2014 합포만현대음악제

The 20th Festival of Contemporary Music Happoman 2014

2014.10.8

Concert

바이올린, 트롬본, 피아노를 위한 창작음악회

일시 2014.10.8(수)오후 7:30
장소 창원 성산아트홀 소극장
주최·주관 합포만현대음악제 운영위원회
후원 경상남도, 창원시, 경남문화재단,
한국문화예술교육진흥원

이 연주회는 「2014년 지역문화예술육성사업지원금」을
지원받았음

제21회 2015 합포만현대음악제

The 21th Festival of Contemporary Music Happoman
2015

2015.10.13~10.15

Concert I - JAZZ

벤자민 샤츠 재즈트리오 연주회

Concert II - Trombone and Strings

트롬본과 현악기를 위한 창작음악회

Concert Ⅲ - Ballet and Electronic Music

발레와 전자 음악의 만남

일시 2015. 10. 13(화)~15(목) 오후 7:30
장소 창원 성산아트홀 소극장
주최·주관 합포만현대음악제 운영위원회
후원 경상남도, 경남문화예술진흥원, 한국문화예술위원회

이 연주회는 2015경남문화예술진흥원의 지원을 받았음

제22회 2016 합포만현대음악제

The 22th Festival of Contemporary Music Happoman 2016

2016.10.11~10.12

Concert I - JAZZ

Shigeki Okubo Trio Meet Lee Byeong-ju

Concert II - Film Music

영상을 위한 창작음악회

일시 2016.10.11(화)오후 7시

장소 창원성산아트홀 소극장

Concert III - 목관 악기를 위한 창작음악회

일시 2016.10.12(수)오후 7:30

장소 창원성산아트홀 소극장

주최·주관 합포만현대음악제 운영위원회

후원 경상남도, 경남문화예술진흥원, 한국문화예술위원회

이 연주회는 2016경남문화예술진흥원의 지원을 받았음

제23회 2017 합포만현대음악제

The 23th Festival of Contemporary Music Happoman
2017

2017.10.17. ~ 10.18

Concert I

가곡과 Jazz의 만남

Concert II

현악기·색소폰을 위한 창작음악회

일시 2017.10. 17(화)~18(수)오후 7:30
장소 문화공간 파랑새(창원 시티세븐 43층)
주최 합포만현대음악제 운영위원회
후원 경상남도, 경남문화예술진흥원, 한국문화예술위원회

이 연주회는 2017경남문화예술진흥원의 지원을 받았음

제24회 2018 합포만현대음악제

The 24th Festival of Contemporary Music Happoman 2018

2018.10.16. ~ 10.17

Concert I

가곡, Jazz + 가야금의 만남

Concert II

트롬본 연주자 베리 웹, 합포만현대음악제 데뷔 20년
트롬본과 마림바의 만남

일시 2018.10. 16(화)~17(수)오후 7:30
장소 클라우드 아트홀(창원 시티세븐 43층)
주최·주관 합포만현대음악제 운영위원회
후원 경상남도, 경남문화예술진흥원, 한국문화예술위원회

이 연주회는 2018경남문화예술진흥원의 지원을 받았음

제25회 2019 합포만현대음악제

The 25th Festival of Contemporary Music Happoman 2019

2019.10.15. ~ 10.16

Concert I

국악앙상블을 위한 창작음악의 밤

Concert II

피아노를 위한 창작음악의밤

일시 2019. 10.15(화)~16(수)오후 7:30
장소 창원 성산아트홀 소극장
주최·주관 합포만현대음악제 운영위원회
후원 경상남도, 경남문화예술진흥원, 한국문화예술위원회

이 연주회는 2019경남문화예술진흥원의 지원을 받았음

제26회 2020 합포만현대음악제

The 26th Festival of Contemporary Music Happoman
2020

2020.10.13. ~ 10.14

Concert I

피아노를 위한 창작음악의 밤

일시 2020. 10. 13(화) 오후 7시 30분
장소 창원성산아트홀 소극장

Concert II

색소폰과 트롬본을 위한 창작음악의 밤

일시 2020. 10. 14(수) 오후 7시 30분
장소 제이에스복합문화공간

주최·주관 합포만현대음악제 운영위원회
후원 경상남도, 경남문화예술진흥원, 한국문화예술위원회

이 연주회는 2020경남문화예술진흥원의 지원을
받았음

제27회 2021 합포만현대음악제

The 27th Festival of Contemporary Music Happoman 2021

2021.10.12 ~ 10.13

Concert I

실내악을 위한 창작음악의 밤

일시 2021. 10. 12(화) 오후 7시 30분

장소 315아트센터 소극장

Concert II

국악기를 위한 창작음악의 밤

일시 2021. 10. 13(수) 오후 7시 30분

장소 카페 이안

주최·주관 합포만현대음악제 운영위원회

후원 경상남도, 경남문화예술진흥원, 한국문화예술위원회

이 연주회는 2021경남문화예술진흥원의 지원을 받았음

제28회 2022 합포만현대음악제

The 28th Festival of Contemporary Music Happoman
2022

2022.10.11 ~ 10.12

Concert I

목관악기를 위한 창작음악의 밤

일시 2022. 10. 11(화) 오후 7시 30분
장소 마산문화예술센터 시민극장

Concert II

국악기를 위한 창작음악의 밤

일시 2022. 10. 12(수) 오후 7시
장소 카페 이안

주최·주관 합포만현대음악제 운영위원회
후원 경상남도, 경남문화예술진흥원, 한국문화예술위원회

이 연주회는 2022경남문화예술진흥원의 지원을 받았음

2022 합포만현대음악제 스페셜 콘서트

Festival of Contemporary Music Happoman - Special Concert

2022.12.28

콘서트 오페라 논개

일시 2022. 12. 18(수) 오후 7시 30분

장소 315아트센터 소극장

제29회 2023 합포만현대음악제

The 29th Festival of Contemporary Music Happoman
2023

2023.10.10

Concert

가야금을 위한 창작음악의 밤

일시 2023. 10. 10(화) 오후 7시
장소 창원시 마산합포구 진전면 적석산길 224

주최·주관 합포만현대음악제 운영위원회
후원 경상남도, 경남문화예술진흥원, 한국문화예술위원회

이 연주회는 2023경남문화예술진흥원의 지원을 받았음

2024 합포만현대음악제 - 30회 기념연주회

The 30th Festival of Contemporary Music Happoman 2024

2024.10.14 ~ 10.15

Concert I

재즈 + 가곡

일시 2024. 10. 14(월) 오후 7시 30분

장소 창원시티세븐 43층 클라우드 아트홀

Concert II

현악 + 소품

일시 2024. 10. 15(화) 오후 7시 30분

장소 창원시티세븐 43층 클라우드 아트홀

주최·주관 합포만현대음악제 운영위원회

후원 경상남도, ㈜이나인파워텍, 경남메세나협회

제30회 2024 합포만현대음악제

The 30th Festival of Contemporary Music Happoman 2024

2024.10.14 ~ 10.15

Concert I

가야금을 위하여

일시 2024. 11. 11(월) 오후 7시 30분
장소 창원시 마산합포구 진전면 적석산길 224

Concert II

마산 시인들과 함께하는 창작 가곡의 밤

일시 2024. 11. 12(화) 오후 7시 30분
장소 마산 창동 시민극장

주최·주관 합포만현대음악제 운영위원회
후원 경상남도, 경남문화예술진흥원

이 연주회는 2024경남문화예술진흥원의 지원을 받았음

제31회 2025 합포만현대음악제

The 31th Festival of Contemporary Music Happoman
2025

2025. 6. 24

Concert

마산 시인들과 함께하는 새로운 가곡

일시 2025. 6. 24(화) 오후 7시 30분
장소 마산 창동 시민극장

주최·주관 합포만현대음악제 운영위원회
후원 경상남도, 경남문화예술진흥원

이 연주회는 2024경남문화예술진흥원의 지원을 받았음

합포만현대음악제 30주년 기념 음악회

30th Anniversary Concert of Contemporary Music
Happoman

2025.10.20 ~ 10.21

Concert I

재즈로 듣는 창작가곡
Arts Songs Reimagined in Jazz

일시 2025. 10. 20(월) 오후 7시 30분
장소 창원시티세븐 43층 클라우드 아트홀

Concert II

플룻과 오보에를 위한...
Flutes and Oboes

일시 2025. 10. 21(화) 오후 7시 30분
장소 창원시티세븐 43층 클라우드 아트홀

주최·주관 합포만현대음악제 운영위원회
후원 경상남도, ㈜이나인파워텍, 경남메세나협회

<역대 참여 작곡가(Composer)-국내>

강동수 Kang Dong-soo

- 타악기에 의한 인형과 비트
(2005 Doll & Beat in Percussions / 김태훈 현대무용단)

강석중 Kang Suk-jung

- 플루우트에 의한 3개의 에세이 (1997 "3Essays" for Solo Flute / Fl. 타카기)

강석희 Kang Suk-hi

- 가야금을 위한 "다섯 개의 단편"
(2007"Five Fragments"for Gayageum / Gayageum 심새미)

공태진 Gong Tae-jin

- 성광집 (2010 / Ten. 허동권, P.f. 손정화)
- 뮟버들 길해 것거 (2011 / 영송당가곡보존회, P.f. 전경주)
- 배터리 (2012 Battery / 렉나드 댄스 프로젝트(R.ecnaD Dance Project)
- 대금과 해금을 위한 "꼭두각시" (2013 "Kkokdugaksi"for Daegum and
Haegeum / Daegum 이영섭, Haegeum 신현석)

곽준권 Kwak Jun-kwon

-갈매기 (2017 / Sop. 유소영, Shigeki Okubo Trio, Sax.이병주, Vn.임병원)

곽진향 Kwah Jin-hyang

- 트롬본 독주에 의한 "트립틱"

(2004 "Tirptych" for solo Trombone / Tb.Barrie Webb)

- 트롬본 독주에 의한 "트립틱"

(2006 "Tirptych"for solo Trombone / Tb.Barrie Webb)

- 트롬본 독주에 의한 "트립틱"

(2009 "Tirptych" for solo Trombone / Tb.Barrie Webb / 합포만(마산만)프로젝트)

구자만 Koo Ja-man

- 10개의 심벌즈를 위한 "Zeichnung X und...5"

(2007"Zeichnung X und...5"fuer 10 Cymblas / New Percussion)

권유미 Kwon Yu-mi

- 두 대의 피아노를 위한 "거울과 이상"

(2019 "Mirror And Ideal"for Two Pianos / P.f.이지선, P.f.이소진)

- 바이올린 솔로 곡을 위한 "경계 너머로" (2021 "Beyond the boundary" for Violin solo / Vn. 심정은)
- 바순을 위한 대칭 (2022 'Symmetry' for Bassoon solo / Bn. 이준철)
- 경계를 넘어 Ⅱ (2024 Beyond boundary Ⅱ / Neoquartet)
- 그대 보내려고 (2025 / Bar. 김종홍)
- 바람의 노래 (2025 / Sop. 허미경)

권은실 Kwon Eun-sil
- 독주 바이올린에 의한"出爾反爾"
(2003"Aus Mir Zurueck Mir" / Vn.Taishi Harada)
- 상사몽(2011 / 영송당가곡보존회, Daegum 정나례)
- 대금 솔로와 전자음악을 위한 무용음악 "비밀의 통로"
(2015 "The secret passage" for Daegeum Solo and Electronic Sound / Daegeum 허유진, 노원 이원국 발레단)
- 색소폰 4중주를 위한 "캐논 인버스"
(2017 "Canon Inverse"for Saxophone Quartet/Sop.Sax. Hiroki SAITO,
Alt.Sax. Raymond Takeru YOSHIZAWA, Ten.Sax. Taketo ANDO,
Bar.Sax. Megumi JINNOUCHI)
- 12 초절기교 연습곡 中

(2019 12 Transcendental Studies for Piano 中／P.f.이지선)
- 25현 가야금을 위한 "나비" (2024)
- 접속 (2025 Contact for flute / Fl. Shuo-yu Chang)

김동학 Kim Dong-hak

- 오보에 독주를 위한 "송 (松) "

("SONG " for Oboe Solo／Ob. Yokota Takako)

김명표 Kim Myeong-Pyo

- 첼로독주를 위한 "滅入"(1995 Solo for Violoncello ／ V.c김성덕)

- 오보에에 의한 "독백" (1997 "Monologue" for Solo Oboe / Ob. 미야자와)

- 이 어둠속에는 (1998 / Sop.김정혜 , P.f.정미경)

- 클라리넷 앙상블을 위한 "사당의 노래" (2000 / 샬뤼모 클라리넷 앙상블)

김명현 Kim Myeong-hyeon

- 내포리 바다 (2010 / Sop.김정, P.f.박수원)

김민지 Kim Min-ji

- 트롬본과 마림바를 위한 "스플래쉬 워터" (2018 Splash Water for Trombone and Marimba / Tb. Barrie Webb, Mar.이상준)

김범기 Kim Beom-gi

- 별 (2017 / Ten. 김화수, Shigeki Okubo Trio, Sax. 이병주, Vn. 임병원)
- 트롬본 솔로를 위한 "라이프"
(2018 The Life for Solo Trombone / Tb.Barrie Webb)

김병기 Kim Byung-ki

- 보이지 않는...vi
(2012 Invisible... vi / 렉나드 댄스 프로젝트(R.ecnaD Dance Project))

김보현 Kim Bo-hyun

- 바이올린 독주를 위한 "바람 속의 나무"
(1996 "Wind tree"for Solo Violin / Vn.임병원)

김상욱 Kim Sang-uk

- 복사꽃 소금 (2025 / Sop. 조현진)

김성재 Kim Seong-jae

- 바리톤 색소폰을 위한 "창세기 1:26-27"
(2004 "Genesis 1:26-27" for Baritone Saxophone / Baritone Sax. Kazuya Shono)

김영 Kim Young

- 가상악기를 위한 우중무 (雨中舞)

(2009" Dancing on the Raining Field" for Virtual
Instrument

/ 노원 이원국 발레단)

- 소환 (2016 영화 '달마가 동쪽으로 간 까닭' 중에서 Recall
for Movie Part of

'What is the Reason What Bodhidharma Went to the
East?' / Film Music)

김영진 Kim Young-jin

- 고은의 詩에 의한 4개의 노래 (1998 / Bar. 김휘중 , P.f.
정미경)

- 아주 평범한 후회 (2025 / Bar. 김종홍)

김용교 Kim Yong-kyo

- 피아노에 의한 "音潒" (1997 "音潒" for Solo Piano /
P.f.김지미)

김용규 Gregory Kim

- 바이올린, 비올라, 첼로를 위한 "트리오"

(2010 "Trio" for Violin, Viola and Cello / 아니 현악사중주단)

김우태 Kim Woo-tae

- 굿거리 장단에 의한 흥겨움(1996)
(1997 The Cheerfulness by the Rhythm Gudgorie / Per.
전영수, Per.이재복)
- 설악산조 (1998 / Bar. 유영성 , Pf. 황정선)

김유리 Kim Yoo-ri

- 독주 비올라에 의한 "즉흥곡"
(2006"Improvisation" for Viola / Vla. Matthias
Sannemüller)

김유정 Kim Yu-jeong

- 바순과 피아노를 위한 "고백"
(1996 "Confession"for Bossoon and Piano / Bn.전만의,
P.f.이경희)
- 광안리 바닷가에 앉아보니 (1998 / Ten. 이상은 , P.f. 강
정욱)

김인철 Kim In-cheol

- 독주 플루우트를 위한 "빛" (1996 "Das Licht"für Flote
Solo / Fl. 한은경)
- 클라리넷에 의한 "음악" (1997 "Music" for Solo Clarinet
/ Cla. 타케우찌)
- 못잊어 (1998 / Sop. 이혜연, P.f. 황정선)

- 피아노를 위한 3개의 단편 (1999 3 Stück für Klavier /
P.f. lan Pace)
-"Musik" (2001 "Musik" für Clarinet Solo No.2 / Cla.
호리우찌)

김재희 Kim Jae-hee

- 4대의 가야금을 위한 "불놀이" (2009 "Firework" for 4
Gayageums
/ Quartet Ensemble Koreana)

- 플롯, 클라리넷 그리고 바순을 위한 대조 III (2022
'Contrasts III' for Flute, Clarinet in B♭ and Bassoon /
Fl. 박현정, Cla. 김민욱, Bn. 이준철)

김정수 Kim Jeong-soo

- 임 그리는 마음 (1998/ Sop. 이혜연 , P.f . 황정선)

김종삼 Kim Jong-sam

- 아듀 마이클(마이클 잭슨을 추모함) (2009 "Adieu
Michael" for MIDI and Dancer-Hommage an Michael
Jackson / 노원 이원국 발레단)

김중희 Kim Joong-hee

- 색소폰 3중주를 위한 "웨이브" (2005 "Wave" for
Saxophone Trio /Adolf Saxophone Quartet)

김지만 Kim Ji-man

- 산호공원 (2010 / Sop. 최윤희, P.f. 박수원)

- 소리 (2011 / 영송당가곡보존회, Daegum 정나례)
- 오보에와 클라리넷을 위한 "이니셜"
(2012 "Initial" for Oboe and Clarinet in Bb / Sono
Mania)
- 플룻과 클라리넷을 위한 "앙상블" (2013 "Ensemble" for
Flute and Clarinet in Bb / International New Music
CONSORTIUM)
- 현악 3중주를 위한 대조 (2015 The contrast for String
Trio / Vn. Yasutaka Hemmi, Vla. Chihiro Tai, V.c.
Yasunori Onishi)
- 바람이 분다 (2017 / Sop. 류지은, Shigeki Okubo Trio,
Sax. 이병주, Vn.임병원)
- 말뚝이 타령 (2018 / Bar. 김종홍, P.f. Keishi
Matsumoto, Bass. Yujiro Yoshimine, Drum. Shigeki
Okubo, Sax. 이병주)
- 25현 가야금과 대금을 위한 "정중동 (靜中動) " (2019 /
현대국악앙상블 '굿모리')
- 3대의 색소폰을 위한 "기제" (2020 "Mechanism" for
Three Saxophones / S.with Saxophone Quartet)
- 피아노 연탄을 위한 "굴레" (2021 "Gulle" for Piano four
hands / Pf. 김미현, Pf. 이지선)

- 플루트와 클라리넷을 위한 비대칭적 대칭성 (2022
"Asymmetric symmetry" for Flute and Clarinet in Bb /
Fl. 박현정, Cla. 김민욱)

- 바이올린과 첼로를 위한 앙상블 II (2024 Ensemble II for
Violin and Violoncello / Neoquartet)

- 돌 하나, 사랑 (2024 / Bar. 김종홍)

- 막차 (2025 / Sop. 이광근)

- 앙상블 III (2025 Ensemble III for flute & oboe / Fl.
Shuo-yu Chang, Ob. Fei-wen Lee)

김창재 Kim Chang-jae

- 색소폰 3중주를 위한 "우연 (偶然) 의 소리" (2005 "The
sound of Aleatory " for Saxophone Trio / Adolf
Saxophone Quartet)

김호준 Kim Ho-jun

- 클라리넷과 첼로에 의한 "시나위"

(1996 "Shinawi" for Clarinet and Cello / Cla. 전철민,
V.c. 사공명희)

- 오보에와 테이프에 의한 "메세지"

(1997 "Message" for Oboe and Tape / Ob. 미야자와)

- 효대 (1998 / Sop . 김정혜 , P.f. 정미경)

- "꼴라쥬" (1999 "Collage" for Trombone and Sound
Processor / Tb. Barrie Webb)

- 사물놀이와 클라리넷 앙상블을 위한 "만 중 삭" (2000 / 샬뤼모 클라리넷 앙상블, 사물놀이 소리바디)

- "Dialogue" (2001 "Dialogue" by 2 Clarinet Players / Cla. 조인국, Cla.호리우찌)

- 트럼펫 3중주 "광대와 아이들을 위한 춤" (2002 The Dance of Clown and children by Three Trumpets / Tp. 안희찬, Tp. Someya Hajume, Tp. Nakanishi Kiyokazu)

- 2대의 바이올린에 의한 "아비아카타"(2003 "Avyakata" for 2 Violins / Vn. 차문호, Vn. Haruko Daigo,)

- 색소폰 4중주 "靜慮 (정려) " (2004 "Samdahi"for Saxophone Quartet

/ Adolf Saxophone Quartet)

- 삐에로와 요정들의 춤 (2005 Dance of a clown and fairies / 김태훈 현대무용단)

- 트롬본과 전자장치에 의한 "꼴라쥬" (2006 "Collages" by Trombone & Eletronics / Tb. Barrie Webb)

- 어린요정의 춤 (2008 ""The Dance of a Little Fairy"for String Trio / 앙상블 "오감 (娛感) ")

- 무 (武) ·중 (中) ·력 (力) (2009 고인이 된 두 대통령을 기리며 / 노원 이원국 발레단)

- 트롬본과 전자장치에 의한 "꼴라쥬" (2009 "Collages"by Trombone &Eletronics / Tb. Barrie Webb / 합포만(마산만)프로젝트)

- 마산 오미 (2010 / Bar. 신화수, P.f. 손정화)

- 조창 유정당 (2011 / 영송당가곡보존회, Daegum 정나례, P.f. 전경주)
- 목관4중주를 위한 "한여름 밤의 시골풍경" (2012 "A Midsummer Night's Rural Landscape" for Woodwind Quartet / SonoMania)
- 목관4중주를 위한 "無念無想"
(2013 "Freedom from all ideas and thoughts " for Woodwind Quartet / International New Music CONSORTIUM)
- 바이올린과 피아노를 위한 "윤회 (輪廻)" (2014 "Samsãra" for Violin and Piano / Vn. Yasutaka Hemmi, P.f. Kaori Ohsuga)
- 한 밤의 꿈 "방랑과 절규"(2015 The Midnight's Dream "Wander and Scream" / 노원 이원국 발레단)
- 따로 국밥 (2017 / Bar.김종홍, Shigeki Okubo Trio, Sax. 이병주, Vn. 임병원)
- 강강술래 (2018 / Bar. 김종홍, P.f.Keishi Matsumoto, Bass.Yujiro Yoshimine, Drum.Shigeki Okubo, Sax.이병주)
- 두대의 가야금을 위한 '나빌레라' (2023 / Gayageum 조은결, Gayageum 이언화)
- 마산 풍향계 ((2024 / Sop. 서주희, 이병주 Quartet)
- 25현 가야금을 위한 "달빛 서정" (2024)
- 가을 의자 (2024 / Bar. 이광근)

박규동 Park Gyu-dong

- 대금, 거문고를 위한 "추월야-秋月夜"(2013 "Chuwolya" for Daegum and Geomungo / Daegum 이영섭, Geomungo 김준영)

- 대금 솔로를 위한 "새벽길" (2019 / 현대국악앙상블 '굿모리')

박기섭 Park Ki-seob

- 클라리넷을 위한 독주곡 (1995 Piece for Clarinet / Cla. 김헌일)

- 프로코를 위한 3개의 노래 (1999 Three songs for Proko / P.f. Ian Pace)

박성미 Park Seong-mi

- 현악3중주를 위한 "스며들다" (201 "Seep into .." for String Trio / Vn. 김유경, Vla. 윤태영, V.c. 나인국)

박인호 Park In-ho

- "수 9에 관한 실험" (2010 "Versuch über Zahl 9" für Streichquartett / 아나 현악사중주단)

박주희 Park Ju-hee

- 오보에와 바순을 위한 "Schatten im Klang" (2013 "Schatten im Klang" for Oboe and Bassoon/International New Music CONSORTIUM)

- 트럼본 독주를 위한 "Ein Lied von Zion" (2014 "Ein Lied von Zion"for Trombone Solo / Tb. Barrie Webb)
- YH (ypsiloon ha:)(2016 YP (ypsiloon ha:) for Flute, Oboe and Clarinet / Fl. 박현정, Ob. 이현옥, Cla. 홍창준)
- 소프라노, 알토 색소폰을 위한 "다바르 인 미드바르"
(2017 DABAR(spoke) - IN MIDBAR(wilderness) / Sop.Sax. Hiroki SAITO, Alt.Sax. Raymond Takeru YOSHIZAWA)
- 트롬본 솔로를 위한 "그의 장막에서의 노래"
(2018 Ein Lied in seinem Zelt for Solo Trombone / Tb. Barrie Webb)

박창민 Park Chang-min
- 색소폰 4중주를 위한 "디베르티멘토"
(2005 "Diverimento" for Saxophone Quartet / Adolf Saxophone Quartet)
- 플룻과 오보에를 위한 "조화와 대조 VII" (2008 "Combination & Contrast VII"for Flute and Oboe / Fl. Raiko Manabe, Ob. Yokota Yakako)
- 거울속의 유희 (2009 Computer Programed Music - "Amusement in the mirror" for Dance / 노원 이원국 발레단)
- 바이올린을 위한 3개의 모놀로그
(2017 3 Monologues for Violine Solo / String Quartet 秀)

- 현악4중주 제4번 (2021 String Quartet No.4 / Vn. 심정은, Vn. 김유경, Vla. 윤태영, V.c. 나인국)
- 낮은음자리표 ((2025 / Bar. 김종홍)

박현수 Park Hyeon-su
- 25현 가야금을 위한 "오스만의 바람과 구름" (2024)
- 파도의 노래 (2025 / Sop. 유소영)

박현숙 Park Hyeon-suk
-무용음악 "새야 새야" (2012 "Dancemusic "Säya Säya" / 렉나드 댄스 프로젝트(R.ecnaD Dance Project)

배우민 Bae Woo-min
- 녹음된 바이올린과 가야금 독주를 위한 "소문2"

(2015 "Gossip 2" for recorded Violin Sound and Gayageum Solo

/ Gayageum 정진, 노원 이원국 발레단)
- 녹음된 음원과 영상을 위한 "숨"

(2016 "SU:M" for Recorded Sound and images / Film Music)
- 집이 집을 나왔다

(2017 / Bar. 김종홍, Shigeki Okubo Trio, Sax. 이병주, Vn. 임병원)
- 두 대의 피아노, 세 손을 위한 "이바구"

(2019 "I-BA-GU" for Two Piano 3 hands / P.f. 김미현, P.f. 이주은)

- 피아노 솔로를 위한 소품 "이바구"

(2020 "IBAGU" for Piano Solo / P.f. 이주은)

백승태 Paek Seung-tae

- 독주 비올라에 의한 "마음"

(2006 "The Heart"for Viola / Vla. Matthias Sannemüller)

- 타악기를 위한 "소리" (2007 "Sori" for Percussions / New Percussion)

- 현악4중주를 위한 "심"

(2008 "The Heart" for String Quartet / 앙상블 "오감 (娛感) ")

- 가야금3중주를 위한 "자유" (2009 "Freedom" for Gayageum Trio / Quartet Ensemble Koreana)

- 갈뫼산 사계 (2010 / Sop. 최윤희, P.f. 박수원)

- 첼로를 위한 "혼돈" (2010 "Chaos" for Solo Violoncello / 아니 현악사중주단)

- 빈초가 (2011 / Sop.허미경, Daegum 허유진, P.f. 손정화)

- 플룻을 위한 "여백" (2012 "Space" for Flute / SonoMania)

-심 (心) (2016 Heart for Solo Bassoon / Bn.김진훈)

- 트롬본과 마림바를 위한 "모정"(母情) (2018
Maternal Love for Trombone and Marimba /
Tb.Barrie Webb, Mar.이상준)

- 피아노를 위한 "심 II" (2019 "Heart II" of 6 minutes
for Piano / P.f.이주은)

- "명상" (2021 "Contemplation" for Clarinet in Bb,
Cello and Piano / Trio Les Amis)

- 가야금과 거문고를 위한 동심나들이 (2022 Childhood
Trip for Gayageum and Geomungo / Gayageum 박정
은, Geomungo 최용석)

- 가야금을 위한 "율(律)"(2023 / Gayageum 조은결)

- Vlola를 위한 모정 (2024 Mother's love for Viola /
Neoquartet)

- 뻐꾹새, 메아리 (2024 / Sop. 유소영)

- 달빛 반야 (2025 / Sop. 조은별)

성용원 Seong Yong-won

- 색소폰 4중주 (2005 Saxophone Quartet / Adolf
Saxophone Quartet)

- 바람의 저편 (2018 / Sop. 김민형, P.f. Keishi
Matsumoto, Bass. Yujiro

  Yoshimine, Drum. Shigeki Okubo, Sax. 이병주)

- 두 대의 피아노를 위한 “비트.폴 2”
(2019 “Bit.Fall 2” for Two Pianos / P.f. 김미현, P.f. 이
주은)
- 미니멀 산조 (2024 Minimal Sanjo / Neoquartet)
- 하이힐 (2025 / Sop. 유소영)

심은영 Shim Eun-young
- 슈베르트 “도플갱어” 그라운드 베이스에 의한 목관4중주

(2013 Woodwind Quartet on ground bass of
“Doppelgänger" by Schubert / International New Music
CONSORTIUM)

안성혁 An Sung-hyuk
- 거문고, 해금을 위한 “새벽기행” (2013“Travel at
  dawn" for Geomungo and Haegeum /
  Geomungo 김준영, Haegeum 신현석)

안혜윤 Ahn Hye-yoon
- 해금 독주을 위한 “반영”
(2021 “Reflextion’ for Haeguem Solo” / Haegeum
  송현수)

어정우 Eo Jeong-woo

- 사랑의 찬가 <Gerard de Nerval 시> (2024 / Sop.
  유소영, 이병주 Quartet)

오세일 Oh Se-il

- 2대의 비올라에 의한 "관계"

("Relation"for 2 Violas / Vla. Matthias Sannemüller,
Vla. 김형란)

- 2명의 타악기 주자를 위한 "대조" (2007
  "Contrast" for Percussionists / New
  Percussion

- 현악4중주를 위한 "4인 가족"

(2008"A Family of Four " for String Quartet / 앙상
블 "오감 (娛感) ")

- 가야금 독주를 위한 "독백"

(2009 "Monologue" for Gayageum Solo / Quartet
Ensemble Koreana)

- "Space" for Two Pianos (2010 / Osnabrücker
Klavierduo)

- 미더덕의 꿈 (2010 / Bar. 김종홍, P.f. 손정화)

- 앨토색소폰을 위한 독백 II :되뇌임 (2011 "Monologue II"
for Alto Saxophone Solo / Duo "Back to Back")

- 독주 클라리넷을 위한 "독백IV" (2012 Monologue IV :
"Murmuring"for Clarinet solo / SonoMania)

- 모놀로그 V : 피아노 독주를 위한 프렐루드 (2014
Monologue V:A Prelude for Piano Solo / P.f. Kaori
Ohsuga)
- 꿈꾸는 금호 (2015 / Sop. 윤원주, 벤자민 샤츠 재즈트리
오)
- 발레와 전자음향을 위한 '悲歌' (2015 Lament for Ballet
and Electronic sound / 노원 이원국 발레단)
- 영상과 콘트라베이스를 위한 '심연의 고백' (2016
Confession from an Abyss for Contrabass solo
and Visual image / C.b. 유진, Film Music)
- 찰비산의 그리움 (2017 / Ten. 김화수, Shigeki
Okubo Trio, Sax. 이병주, Vn. 임병원)
- 독백VII : 트롬본 독주를 위한 "탄식" (2018
Monologue VII : Lamentation for Trombone Solo
/ Tb. Barrie Webb)
- 두 대의 피아노를 위한 "어두운 밤의 반향" (2019 "A
Echo from Dark Night"for Two Pianos / P.f. 이지선,
P.f. 이소진)
- 피아노 연탄을 위한 "교감"(또 다른 전주곡) (2020
"Communion"(Another Prelude) for Piano Four
Hands / P.f. 이주은, P.f. 김미현)
- 가야금과 거문고를 위한 '雅歌(아가)' (2021 'Song of
Songs' for Gayageum and Geomungo / Gayageum
이지영 Geomungo 김준하)
- 오보에 독주를 위한 독백 IX : 고독 (2022 'Monologue

IX : Solitude' for Oboe solo   / Ob. 이현옥)
- 독백Ⅵ : 바이올린 독주를 위한 자장가 (2024
    Monologue Ⅵ : Lullaby for Violin solo /
    Neoquartet)

- 목란 (2025 / Bar. 김종홍)
- 잡초의 시 (2025 / Bar. 김종홍)

오용철 Oh Yong-chul
- 무용음악을 위한 "나비춤" (2012 "Buttertfly dance"
for modern dance / 렉나드 댄스 프로젝트(R.ecnaD
Dance Project)
- 거문고 독주를 위한 "琴間蝶舞(금간접무)" (2021
"Butterfly dancin" for Geomungo solo   /
Geomungo 김준하)
- 회귀 (2025 / Bar. 이광근)

우경주 Woo Kyung-ju
- 클라리넷과 피아노에 의한 "음악"(1994) (1997
"Music" for Clarinet and Piano / Cla. 전철민, P.f.
강정욱)

우종억 Woo Jong-uek
- 우종억 작품 연주회 (1996)
클라리넷과 피아노에 의한 "念" ("Nyum"for Clarinet
and Piano / Cla. 김헌일, P.f. 김윤숙)

- 현악4중주 제2번 (String Quartet No.2 / New Polish string Quartet / Rec.)

관현악을 위한 "운율" (Music for Orchestra "Woon yul" / New Polish Philharmonic / Rec.)

독주 피아노를 위한 "투영" 제1번, 제2번 (1996 "Projection" for Solo Piano No.1 No.2 / P.f. 윤미선)

- 트롬본 독주에 의한 "심음보" (2004 "Sym-umbo" for solo Trombone / Tb. Barrie Webb)

- 트롬본 독주에 의한 "심음보" (2006 "Sym-umbo" for solo Trombone / Tb. Barrie Webb)

- 트롬본 독주에 의한 "심음보" (2009 "Sym-umbo" for solo Trombone / Tb. Barrie Webb / 합포만(마산만) 프로젝트)

- 트롬본 솔로를 위한 "심음보" (2015 "Symmbo" for Trombone Solo / Tb. Barrie Webb, 노원 이원국 발레단)

- 그리움 (2017 / Sop. 유소영, Shigeki Okubo Trio,Sax. 이병주, Vn. 임병원)

- 매미의 죽음 (2018 / Sop. 유소영, P.f. Keishi Matsumoto, Bass. Yujiro Yoshimine, Drum. Shigeki Okubo, Sax. 이병주)

위혜리 We Hye-ree
- 두 대의 피아노를 위한 "푸른 수염 이야기" (2020
"Histoire de la Barbe Bleue" for Two Pianos / P.f.
윤민선, P.f. 이지선)

육수근 Yuk Su-keun
- 가을비 내리네 (2024 / Sop. 유소영, 이병주
  Quartet)
- 이별연습 (2025 / Sop. 조현진)

윤병철 Youn Byung-cheol
- 안경을 위하여
(1995 1. 라떼에서 2. 충무에서 3. 에이스에서 / Tb. 이
형우, P.f. 손인실)
- 바리톤과 피아노에 의한 "회상" <원은희 시> (1996
"Remember" for baritone and Piano / Bar. 김휘중,
P.f. 정미경)
-밤도둑 (1998 / Bar. 김휘중 , P.f. 정미경)
-클라리넷 독주 "아뇩다라삼먁삼보리" - 이상없는 바른
깨달음 -
(2002 "Consciousness"for solo Clarinet / Cla.
Kobayashi Satoshi)

이귀련 Lee Guy-ryeon

- 대화 (2000 Dialogue for Violin and Piano / Vn.
Helen Brackley Jones, P.f.안미영)
- 독주첼로에 의한 소품 (2003 Piece for Violoncello
1.Dream(꿈) 2.Faith(믿음) / V.c. Koji Sekihara)

이규봉 Yi Gyu-bong

- 트롬본 솔로를 위한 "몽상에...IV" (2018 Dreamy...IV
for Solo Trombone / Tb. Barrie Webb)

이근택 Lee Keun-taek

- 소프라노와 피아노 , 첼로에 의한 가자 아름다운 나라
(1995 Trio for Soprano, Piano and Violoncello /
Sop. 정희경, P.f. 허현주, V.c. 김향미)
- 플루우트와 클라리넷에 의한 "모세와 아론" (1997
"Mose and Aron" for Flute and Clarinet / Fl. 타카
기, Cla. 타케우찌)
- 나의 생명 (1998/Sop . 조미숙, P.f. 강정욱)
- 즉흥곡 (1999 Improvisation(1) / P.f. Ian Pace)
- 트롬본 독주에 의한 "동·중·정" (2004 "Moving in
Tranquility" for solo Trombone / Tb.Barrie Webb)
- 미로 (迷路) (작은 쥐의 여행) (2005 A Maze/ 김
태훈 현대 무용단)

- 트롬본 독주에 의한 "동·중·정" (2006 "Moving in Tranquility" for solo Trombone / Tb. Barrie Webb)
- 트롬본 독주에 의한 "동·중·정" (2009 "Moving in Tranquility" for solo Trombone / Tb. Barrie Webb / 합포만(마산만) 프로젝트)
- 사랑 (2010 / Sop. 허미경, P.f. 박수원)
- 눈꽃 (2017 / Ten. 김화수, Shigeki Okubo Trio, Sax. 이병주, Vn. 임병원)
- 초승달 (2018 / Sop. 허미경, P.f. Keishi Matsumoto, Bass. Yujiro Yoshimine, Drum. Shigeki Okubo, Sax. 이병주)
- 피아노를 위한 "세 번째의 여정" (2019 "Journey of 3rd times" for Piano / P.f. 이소진)
- 피아노를 위한 "별들의 노래" (2020 ""Songs of starlight" for Piano Solo / P.f. 김미현)
- 상남동 연가 (2024 / Bar. 김종홍, 이병주 Quartet)

이문석 Lee Moon-seok

- 소리와 국악 앙상블을 위한 "심 (心) " (2019 / 현대국악 앙상블 ' 굿모리 ')
- 거문고 독주를 위한 문신무(文信舞) (2022 Moonshin's Dance for Geomungo solo / Geomungo 최용석)

이병무 Lee Byung-moo

- 탄성체 ver.2 (2009 "Elastomer ver.2" for Tape / 노원 이원국 발레단)

이병주 Lee Byeong-ju

-It's time to say goodbye (2016 / Shigeki Okubo Trio, Sax. 이병주)
-Travel (2016 / Sop. 이윤경, Shigeki Okubo Trio, Sax. 이병주)

이설호 Yi Seol-ho

- 클라리넷 이중주 "자화상 2" -박제가 되어버린 천재의 두 번째 이야기 -

(2002 Clarinet Duet "Self-Portrait 2" / Cla. Kobayashi Satoshi,
Cla. 여선영)

이성준 Lee Seong-jun

- 채송화 (2024 / Sop. 서주희, 이병주 Quartet)

- 그때 (2025 / Sop. 유소영)

- 점, 선, X (2025 Point, Line, X for two flutes / Fl. Shuo-yu Chang, Fl. 박현정)

이승민 Lee Seung-min

- 두 대의 피아노를 위한 "박(拍) 2" (2020 ""Beat II" for
Two Pianos / P.f. 이주은, P.f. 김미현)

이승선 Lee Seung-sun

- 앨토색소폰 3중주 "시가와 코냑" (2004 "Cigar &
Cognac" for 3 Alto
Saxophone / Adolf Saxophone Quartet)
- 낙동강 둑길 홀로그램 (2024 / Sop. 유소영, 이병주
  Quartet)

이승은 Lee Seung-eun

- 왕관자리 (2016 Corona for Solo Flute / Fl. 박현정)

이애련 Lee Ae-lyun

- 해금독주를 위한 "한(恨)" (2022 "Sorrow" for Haegeum
solo / Haegeum 변주현)

이원정 Lee Won-jung

- 트롬본과 피아노를 위한 "일곱번째 천사, 일곱 우레" (2014
"Seventh Angel, Seven Thunders"

[in the days of the voice of the seventh angel] for
Trombone and Piano

/ Tb. Barrie Webb,P.f. Kaori Ohsuga)

이일주 Lee IL-joo

- 두 대의 피아노를 위한 "풍경들" (2020 Landscapes for Two Pianos / P.f. 윤민선, P.f. 이지선)
- 소쇄원의 봄, 여름, 가을 그리고... (2021 Soswaewon's spring, summer, autumn and... for Daeguem Solo / Daeguem 이초롱)
- 플롯, 오보에, 클라리넷 그리고 바순을 위한 '풍류' (2022 'Pungnyu' for Flute, Oboe, Clarinet and Bassoon / Fl. 박현정 Ob. 이현옥 Cla. 김민욱Bn. 이준철)
- 가야금을 위한 '풍류(風流)' (2023 / Gayageum 조은결)
- 내가 죽거든(Christina Rosseti 시) (2024 / Bar. 이광근, 이병주 Quartet)
- 으아리 꽃 (2025 / Bar. 이광근)

이종만 Lee Jong-man

- 젓대 독주곡 "뜰의 대나무" (1995 / Jeotdae 김현정, Changgo 김웅식)
- 바이올린에 의한 "침묵" (1996) (1997 "Silence" for Solo Violin / Vn. 곽안나)
- "무제" (1998 "Untitle" / Tb. Barrie Webb)

이정연 Lee Jeong-yeon

- 해금을 위한 "공생" (2013 "Symbiosis" for Haegeum Solo / Haegeum 신현석)

이진우 Lee Gene-woo

- 가야금 2중주 "여울" (2007 "Rapids" for Gayageums / Gayageum 우아련, Gayageum 장위령)
- 현악4중주 (2008 String Quartet / 앙상블 "오감 (娛感) ")
- "Prelude & Passacaglia" for Piano (2010 / P.f. Chenxi-Lu)
- 아! 꽃은 아름답게 피어나고 (2011 / Sop.허미경, Tb. Barrie Webb, P.f. 손정화)
- 바순을 위한 "두 개의 에세이" (2012 "Two Essaya" for Bassoon Solo / SonoMania)
- 현악 3중주와 트롬본을 위한 "포물선" (2015 "Parabola" for Stiring Trio & Trombone / Vn. Yasutaka Hemmi, Vla. Chihiro Tai, V.c. Yasunori Onishi & Tb. Barrie Webb)
- 속절없는 사랑 (2017 / Sop. 류지은, Shigeki Okubo Trio, Sax. 이병주, Vn. 임병원)

이찬해 Lee Chan-hae

- 보름달 뜬 섬에서 (2004 From the Island under the Full Moon / Tb. Barrie Webb)

이철우 Lee Chol-woo

- 트럼펫과 북에 의한 "길놀이 취타 (吹打) " (2002 Gilnori-tschita for Trumpet &Korean drum / Tp. Nakanishi Kiyokazu, Buk. 신정화)
- 꽃에 대한 예의 (2025 / Bar. 김종홍)

이형근 Lee Hyeong-geun

- 트럼펫을 위한 "다섯 개의 소품" (2002 Five Pieces for Solo Trumpet / Tp. Someya Hajume)
- 색소폰 4중주 "4중주" (2004 "Quartet" for Saxophone Quartet / Adolf Saxophone Quartet)
- 나 오늘 그대를 품었노라! (2005 / Vn. 차문호, 김태훈 현대무용단)
- 트롬본과 마림바를 위한 곡 "바람의 노래" (2006 "Wind Song" for Trombone and Marimba / Tb. Barrie Webb, Mar. 이현수)
- 25현 가야금을 위한 독주곡 "물"
(2007"Mul"for Gayageum / Gayageum 박혜리나)
- 오보에와 피아노를 위한 "방황 그 자리에서" (2008 "Wandering" for Oboe and Piano / Ob. Yokota Yakako, P.f. 박수원)
- 민요 "새타령" 주제에 의한 가야금 4중주곡 (2009 Gayageum Quartet on a Theme of Folk song"Sae Taryung" / Quartet Ensemble Koreana)

- 마산의 노래 (2010 / Ten. 허동권, P.f. 손정화)
- 현악사중주를 위한 "풍경" (2010 "Scenery" for Stringquartet / 아니 현악사중주단)
- 꽃잎 (2011 / 영송당가곡보존회, P.f. 손정화)
- 새벽의 캠페인 (2012 At dawn campaign / 렉나드 댄스 프로젝트(R.ecnaD Dance Project)
- 의령수박 (2016 / Sop. 이윤경, Shigeki Okubo Trio, Sax. 이병주)
- 12개의 단편 - 사람이 흐르는 강 (2016 12 short-The river which flows / Vn.김준영, Film Music)
- 천주산 (2018 / Sop. 허미경, P.f. Keishi Matsumoto, Bass. Yujiro Yoshimine, Drum. Shigeki Okubo, Sax. 이병주)
- 가야금, 생황, 해금을 위한 "몽환의 숲" (2019 / 현대국악앙상블 '굿모리')
- 클라리넷과 첼로를 위한 5개의 소품 "구름속의 산책" (2021 5 piece for clarinet and cello "A walk in the clouds"/ Trio Les Amis)
- 두 대의 가야금을 위한 '양촌리' (2023 / Gayageum 조은결, Gayageum 이언화)
- 唐詩를 읽으며 (2024 / Bar. 이광근, 이병주 Quartet)
- 새봄-지심도 (2024 / Bar. 김종홍)
- 진해연가 (2024 / Sop. 허미경)
- 오월 편지, 이슬이고 싶다 (2025 / Sop. 유소영)

이희주 Lee Hee-joo

-영상 III - 하늘, 바람 그리고 물 (2009 Image III-Sky, Wind & Water / Quartet Ensemble Koreana)

인병오 In Byoung-oh

- 영상을 위한 "자연 그리고 전자, 충격파" (2016 "Nature & Electronic, Shockwave" for Video / Film Music)

임승혁 Lim Seung-hyuk

- 흔적 (2012 "Trace" for Tape / 렉나드 댄스 프로젝트 (R.ecnaD Dance Project))

임우상 Lim Woo-sang

- 클라리넷 독주 "3개의 단편" (2002 "3 Fragments" for solo Clarinet / Cla. Oikawa Gou)

임재경 Lim Jae-kyung

- 해금과 대금을 위한 '소릿길' (2021 "Sorigil" for Haeguem & Daeguem / Haeguem 송현수, Daeguem 이초롱)
- 대금 독주를 위한 "긴 숨" (2022 "Gin Sum" for Daegeum Solo / Daeguem 이성동)
- 열다 (2025 / Bar. 이광근)

임주섭 Lim Ju-seub

- 만남 VII - "이산 50" (2001 / Tp. 후지시마, Tp. 안희찬)
- 색소폰 4중주 "놀이" (2004 "Nori" for Saxophone
Quartet / Adolf Saxophone Quartet)
- 독주 바이올린을 위한 시조 V -물은 돌보다 강하다- (2005
"Sijo-V" for Solo Violin / Vn. 차문호, 김태훈 현대무용단)
- 독주 비올라에 의한 "시조" (2006 "Sijo" for Viola / Vla.
Matthias Sannemüller)
- 4명의 타악기 주자를 위한 "품바" (2007 "Poomba" for 4
Percussionists / New Percussion)
-플룻 독주를 위한 "품바" (2008"Pumba"for Flute Solo /
Fl. Raiko Manabe)
- 독주 가야금을 위한 "마돈나" (2009 "Madonna" for
Gayageum / Quartet Ensemble Koreana)
- 바이올린과 비올라를 위한 "향" (2010 "Hyang" for Violin
and Viola / 아니 현악사중주단)
- 앨토색소폰을 위한 "한 (恨) " (2011 "Resentment" for
Alto Saxophone Solo / Duo "Back to Back")
- 오보에를 위한 "시조 VIII" (2012 "Sijo VIII" for Oboe /
SonoMania)
- 가야금, 거문고, 해금을 위한 "각시춤" (2013
"Gaksichum" for Gayageum, Geomungo, Haegeum /
Gayageum 이지혜, Geomungo김준영, Haegeum 신현석)

- 독주 트롬본을 위한 "물은 돌보다 강하다 II" (2015
"Water stronger than Stone II" for Trombone Solo /
Tb. Barrie Webb, 노원 이원국 발레단)
- 신 사물놀이 (2016 New Samulnori for Woodwind
Quartet / Fl. 박현정, Ob. 이현옥, Cla. 홍창준, Bn.김진훈)
- 제 소원 들어 주소서 (2017 / Sop. 이윤경, Shigeki
Okubo Trio, Sax. 이병주, Vn. 임병원)
- 이 가슴에 (2018 / Sop. 김민형, P.f. Keishi Matsumoto,
Bass. Yujiro Yoshimine, Drum. Shigeki Okubo, Sax. 이
병주)
- 독주 해금을 위한 "시조-10" (2019 / 현대국악앙상블 '굿
모리')
- 3대의 색소폰을 위한 "만남 X" (2020 "Man-nam X" for
Three Saxophones / S.with Saxophone Quartet)
- 클라리넷, 첼로와 피아노를 위한 "다음" (2021 "Next" for
Clarinet, Cello and Piano / Trio Les Amis)
- 독주 가야금을 위한 "또 하나의 하루" (2022 Gayageum
solo for "one more day" / Gayageum 박정은)
- 천상일출 (2024 Sunrise of the Sky / Neoquartet)
- 아라 홍련 (Sop. 허미경)

임준희 Lim June-hee

- 넋춤 (2025 Soul Chum for oboe solo / Ob. Fei-wen Lee)

임지훈 Lim Ji-hoon

- 2대의 가야금을 위한 "단편" (2007 "The fragment" for 2 Gaygeums / Gaygeum 서근종, Gaygeum 유현문)
- 플룻과 피아노를 위한 "이중주" (2008 "Duo" for Flute and Piano / Fl. Reiko Manabe, P.f. 박수원)
- 3대의 가야금을 위한 "동 (動) " (2009 "Movement " for 3 Gayageums
/ Quartet Ensemble Koreana)
- 만날 고개 둘레길 (2010 / Sop. 김정, P.f. 박수원)
- 현악사중주를 위한 "流" (2010 "流" for Stringquartet / 아니 현악사중주단)
- 무언가 (2011 / Sop. 허미경, Daegum 허유진)
- 플룻, 클라리넷 그리고 바순을 위한 "3개의 모음곡" (2012 "3 Suite" for flute, clarinet and bassoon / SonoMania)
- 플룻 독주를 위한 "대조" (2013 "Kontrast" for Flute Solo / International New Music CONSORTIUM)
- 바이올린, 첼로를 위한 "시선" (2015 "Graze" for Violin and Cello Duo / Vn. Yasutaka Hemmi, V.c. Yasunori Onishi)
- 플룻과 클라리넷을 위한 이중주 "시선II" (2016 "Gaze II" for Flute and Clarinet Duo / Fl. 박현정, Cla. 홍창준)
-빵 (2017 / Sop. 이윤경, Shigeki Okubo Trio, Sax. 이병주, Vn. 임병원)

- 숲에 가리라 (2018 / Bar. 김종홍, P.f. Keishi Matsumoto, Bass. Yujiro Yoshimine, Drum. Shigeki Okubo, Sax. 이병주)
- 25현 가야금과 판소리 "사월청화" (2019 / 현대국악앙상블 '굿모리')
- 알토 색소폰과 트럼본을 위한 "이중주" (2020 "Duo" for Alto Saxophone and Trombone / Sax. 이승동, Tb. 서윤호)

전욱용 Jeon Wook-yong
- 피아노에 의한 "환상곡" (1997 "Fantasy" for Solo Piano / P.f 박은숙)
- 夜의 雨滴 (1998 /Sop . 조미숙 , P.f. 강정욱)
- 트롬본에 의한 "광 (狂) " (1999 "crazy" for Trombone / Tb . Barrie Webb)
- 苦惱 (2001"Anguish " for Solo Piccolo Trumpet / Tp . 후지시마)
- 클라리넷 이중주 "고뇌 (苦惱) " (2002 "Anguish" for 2 Clarinets / Cla. Oikawa Gou, Cla. 조인국)
- 현악4중주 "상념"(2003 "Thought" for String Quartet / Vn. Taishi Harada, Vn. Haruko Daigo, Vla. Masanori Tokuhisa, V.c. Koji Sekihara)
- 트롬본 독주를 위한 "인토네이션" (2004 "Intonation" for solo Trombone / Tb. Barrie Webb)

- 트롬본 독주를 위한 "인토네이션" (2006 "Intonation" for solo Trombone / Tb. Barrie Webb)
- 마림바와 2명의 타악기주자를 위한 "Floating"(2007 "Floating" for Marimbaphon and 2 Percussionists / New Percussion)
- 첼로 독주를 위한 "즉흥곡" (2008 "Improvisation" for Violoncello Solo ／앙상블"오감 (娛感) ")
- 트롬본 독주를 위한 "인토네이션" (2009 "Intonation" for solo Trombone / Tb. Barrie Webb / 합포만(마산만) 프로젝트)
- 가포 바다 (2010 / Bar. 신화수, P.f. 손정화)
- "Alptraum II" for Two Pianos (2010 / Osnabrücker Klavierduo)
- 테너색소폰을 위한 "무브먼트"(2011 "Movement" for Tenor Saxophone Solo / Duo "Back to Back")
- 녹턴 (2012 "Nocturne" for Tape / 렉나드 댄스 프로젝트 (R.ecnaD Dance Project))
- 거문고를 위한 "울림" (2013 "Ul-Lim" for Geomungo solo / Geomungo 김준영)
- 조화(화합,일치)와 분열 (2014 Unisono e Divsonale for Violin, Trombone and Piano / Vn. Yasutaka Hemmi, Tb. Barrie Webb, P.f. Kaori Ohsuga)

- 현악 사중주 제2번 (2015 String Quartet No.2 / Vn. Yasutaka Hemmi, Vn. Yoshu Kamei, Vla. Chihiro Tai, V.c. Yasunori Onishi)

- 솔로 오보에를 위한 신경질적인...II (2016 Nervös II for Solo Oboe / Ob. 이현옥)

- 알토, 테너 그리고 바리톤 색소폰을 위한 "넋두리" (2017 "Neokduri" for Saxophone Trio / Alt. Sax. Raymond Takeru YOSHIZAWA, Ten.Sax. Taketo ANDO, Bar.Sax. Megumi JINNOUCHI)

- 마림바 솔로를 위한 "흥"II (2018 "Heung" II for Solo Marimba / Mar. 이상준)

- 피아노를 위한 "크로마틱" (부제 : 때로는 고집스럽게...) (2019 "Chromatic" for Piano / P.f.김미현)

- 소프라노 색소폰을 위한 "신경질적인..." (2020 "Nervous" for Soprano Saxphone Solo / Sax. 이승동)

- "뒤벼리" (2021 'Dwibyeori' for Voice, Daeguem, Haeguem, Gayageum and Geomungo / Voice 임상숙, Daeguem 이초롱, Haeguem 송현수, Gayageum 송미정, Geomungo 김준하)

- 오보에와 바순을 위한 '무제' (2022 'Untitled' for Oboe and Bassoon / Ob. 이현옥, Bn. 이준철)

- 가야금 솔로를 위한 '익숙함 그리고...' (2023 / Gayageum 이언화)

- 이보시오 토선생 (2024 / Bar. 김종홍, 이병주 Quartet)

- 바이올린과 비올라를 위한 변이(變異) (2024 / Mutation for Violin ana Viola / Neoquartet)

- 봄날은 간다, 통증 (2024 / Bar. 이광근)
- 자화상 (2025 / Sop. 이광근)
- 따로 또 같이 (2025 Apart & Together for two oboe /
Ob. Fei-wen Lee,
  Ob. 한승화)

정강석 Jeong Kang-seok
- 색소폰 4중주를 위한 "세 개의 춤" (2005 "The Three of
Dance" for
Saxophone Quartet / Adolf Saxophone Quartet)
- 독주 비올라에 의한 "허튼가락" (2006 "Hotungarak" for
Viola / Vla. Matthias
Sannemüller)
- 2대의 가야금을 위한 "3개의 춤" (2007"The Three of
Dance" for Gayageum
duet / Gayageum 이유림, Gayageum 염둘이)
- 소프라노, 오보에 그리고 피아노를 위한 "가을 독백" (2008
"An autumn monologue" for Voice,Oboe and Piano /
Sop. 이주련, Ob. Yokota Yakako, P.f. 박수원)
- 녹슨 관계 푸는 법 (2024 / Bar. 이광근, 이병주 Quartet)
- 황후의 노을 (2025 / Bar. 이광근)
- 별 보러 갈래 (2025 / Sop. 허미경)

정애련 Jung Ae-lyun

- 내 사랑아 (2018 / Sop. 유소영, P.f. Keishi Matsumoto,
Bass. Yujiro Yoshimine, Drum.Shigeki Okubo, Sax. 이병
주)

정영현 Jeong Young-hyun

- 플루우트를 위한 독주곡 (1995 Solo for Flute / Fl. 한은
경)
- 3대의 바이올린에 의한 3장(1993) (1996 Drei Stücke Für
3 Violinen / Vn. 안희경, Vn. 권명자, Vn. 박은진)

정주희 Jeong Ju-hee

-"New Piece"for Piano (2010 / P.f. Chenxi-Lu)

정현수 Chung Hyun-sue

- 피아노 독주를 위한 "프러그 누와" (2020 "Frug Noir"
for Piano Solo / P.f. 이지선)
- 현악사중주를 위한 "공감적 반영" (2021 "Empathetic
Reflection" for String Quartet / Vn. 심정은, Vn. 김유
경, Vla. 윤태영, V.c. 나인국)
- 푸른 안개 새벽 하늘에 자욱하고 (2022 Blue mist
thickens over the dawn sky / Gayageum 박정은,
Geomungo 최용석)

조두남 Cho Du-nam
- 조두남 작품 연주회(1995)

산너머 남촌, 산촌, 풍년타령 (Ten. 윤석진, P.f. 김정희)
길손, 학, 새타령 (Sop. 조인자, P.f. 정미경)

마금산 팔경, 옛이야기, 밭을 갈아 (Bar. 김휘중, P.f. 정미경)
제비, 청산별곡, 산도화 (Ten. 김대욱, P.f. 정미경)
또 한송이의 나의 모란, 산, 접동새 (Sop. 이혜연, P.f. 김정희)
그리움, 뱃노래, 선구자 (Bar. 김병호, P.f. 김정희)

조혜연 Cho Hye-yeon
- 알토, 테너 색소폰을 위한 "화합" (2017"Unity" for Alto & Tenor Saxophone / Alt.Sax. Hiroki Saito, Ten.Sax. Taketo ANDO)

진규영 Chin Kyu-young
- 트롬본 독주를 위한 "민속리듬의 회상" (2009 "Reminiscence of the Folk Rhythm"for Trombone Solo / Tb. Barrie Webb / 합포만(마산만)프로젝트)
- "Folk Rhythm on E" for Two Pianos (2010 / Osnabrücker Klavierduo)
- 고향에게 (2010 / Bar. 김종홍, P.f. 손정화)

- 색소폰 독주를 위한 "어스름 밤에" (2011 "At a night with a hazymoon.."for Saxophone Solo / Duo "Back to Back")
- 목관3중주를 위한 "노래 I" (2013 "NORE I" for Woodwind Trio / International New Music CONSORTIUM)
- 바이올린과 피아노를 위한 4개의 소품 (2014 4 Piece for Violin and Piano / Vn. Yasutaka Hemmi, P.f. Kaori Ohsuga)
- 통영바다 (2015 / Sop. 윤원주, 벤자민 샤츠 재즈트리오)
- 쉼표가 있는 통영바다 (2016 / Bar. 김종홍, Shigeki Okubo Trio, Sax. 이병주)
- 소환 (2016 영화 '달마가 동쪽으로 간 까닭' 중에서 (Recall for Movie Part of 'What is the Reason What Bodhidharma Went to the East?' / Film Music)

- 가는 길 (2017 / Sop. 유소영, Shigeki Okubo Trio, Sax. 이병주, Vn. 임병원)
- 왕십리 (2018/Sop. 허미경, P.f. Keishi Matsumoto, Bass.Yujiro Yoshimine, Drum. Shigeki Okubo, Sax. 이병주)
- 여창과 생황을 위한 "흰 상여" (2019 / 현대국악앙상블 '굿모리')
- 피아노 독주를 위한 "세 정경" (2020 "3 Landscapes" for Piano Solo / P.f. 윤민선)

- 인성, 해금 가야금을 위한 "내 사랑 통영" (2021 My
Love 'Tong yeung' for voice , Haeguem and
Gayageum. / Haeguem 송현수 and 이지영)
- 국악기 4종을 위한 "물레타령" (2022 "Spinning Songs"
for 4 Korean Instruments / Daegeum 이성동,
Daegeum 박정은, Haegeum 변주현, Geomungo 최용석)
- 당신에게 (2024 / Sop. 서주희, 이병주 Quartet)
- 담쟁이 (2024 / Sop. 유소영)
- 어머니의 강 (2025 / Sop. 조은별)

진용우 Jin Young-woo

- Transmutation for solo Trombone (2000 / Tb. Barrie
Webb)
- 독주 비올라에 의한 "뮤직" (2003 "Music" for solo Viola
/ Vla. Masanori Tokuhisa)

탁현욱 Tak Hyun-wook

- 형제같이 (2025 Fraternal for flute & oboe / Fl. 박현
정, Ob. 한승화)

최병석 Choi Byeong-seog

- 클라리넷 삼중주 "한국민속촌" (2002 Clarinet
Trio "Korean folk village"
/ Cla. Oikawa Gou,Cla. Kobayashi Satoshi, Cla. 조인국)

최삼화 Choi Sam-hwa

- On the Travel for Violin (2000 / Vn. Helen Brackley Jones)

최석태 Choi Suk-tae

- 두 여명 (2014 Zwei Dämmerungen / P.f. Kaori Ohsuga)
- 노래 (2016 A Song for Solo Clarinet / Cla. 홍창준)

최정아 Choi Jeong-a

- 황혼에 서서 (2018 / Sop. 유소영, P.f. Keishi Matsumoto, Bass. Yujiro Yoshimine, Drum. Shigeki Okubo, Sax. 이병주)

최종남 Choi Jong-nam

- 테이프와 트롬본을 위한 Antiphony II (1995 / Tb. 박양제)

최천희 Choi Chun-hee

- 목관 4중주 제2번 (1995 Wood Wind Quartet No.2 / Fl. 오명선, Ob. 김영주, Cla. 이정호, Bn. 남영진)

- 독주 첼로에 의한 "가을밤 비"(1995) (1996 "Rain in the Autumn night" for Solo Cello / V.c. 김성덕)
- 목관 4중주 제2번 (1997 Woodwind Quartet No.2/ Fl. 타카기, Ob. 미야자와, Cla. 타케우찌, Bn. 권동련)
- 트롬본과 장고에 의한 "산조" (1999 "Sanjo" for Trombone and Chango / Tb. Barrie Webb, Janggo 이경원)
- 클라리넷 앙상블을 위한 "산조" (2000 / 샬뤼모 클라리넷 앙상블)
- 트롬본 4중주 "대취타" (2004 "Royal March" for Trombone Quartet
/ Tb. 정선화, Tb. 강상욱, Tb. 류진수, Tb. 박통수)
- 2대의 비올라에 의한 "가을밤의 비"(2006 "Rain in the Autumn night" for Duo Viola / Vla. matthias Sannemüller, Vla. 김형란)
- 트롬본과 장고에 의한 "산조" (2006 "Sanjo" for Trombone & Changgo / Tb. Barrie Webb, Changgo 조진영)
- 4대의 가야금을 위한 "산조" (2007 "San-jo" for 4 Gayageums / Gayageum 김일륜, Gayageum 우아련, Gayageum 박경선, Gayageum 이유림, Janggo 김형석)
- 가을밤 비 (2011 / 영송당가곡보존회, Sax. Emil Sein, P.f. 전경주)

- 창작 가곡의 밤(2012)

그렇게 살지요, 나는 울고 싶다 / Ten. 정능화, p.f. 이지선
겨울 산, 연지 곤지 / Sop. 이주련, P.f.전경주
손님 오요, 귀향의 바다에서 / Bar. 신화수, P.f. 이지선
가을밤 비, 잠투정 / Sop. 이윤경, P.f. 전경주, Sax. Emil Sein
친구에게, 구지가 / Bar. 김종홍, P.f. 이지선
미루나무 한 그루 서 있는 초가을 저녁, 가을밤의 꿈 / Sop. 허미경, Cla. Emil Sein P.f. 전경주
- 가을 밤의 꿈 (2015 / Sop. 윤원주, 벤자민 샤츠 재즈트리오)
- 구지가 (2015 / Sop. 윤원주, 벤자민 샤츠 재즈트리오)
- 귀향의 바다에서 (2016 / Bar. 김종홍, Shigeki Okubo Trio, Sax. 이병주)
- 승무 (2016 / Bar. 김종홍, Shigeki Okubo Trio, Sax. 이병주)
- 나는 날고 싶다 (2016 / Sop. 이윤경, Shigeki Okubo Trio, Sax. 이병주)
- 좋다라는 말 (2016 / Sop. 이윤경, Shigeki Okubo Trio, Sax. 이병주)
- 가을이 찾아오는 소리 (2018/Sop. 김민형, P.f. Keishi Matsumoto, Bass. Yujiro Yoshimine, Drum. Shigeki Okubo, Sax. 이병주)

- 명자꽃에게 (2018 / Gayageum. 이언화, Sop. 김민형, P.f. Keishi Matsumoto, Bass. Yujiro Yoshimine, Drum. Shigeki Okubo, Sax. 이병주)
- 여름밤 (2018 / Gayageum. 이언화, Bar. 김종홍, P.f. Keishi Matsumoto, Bass. Yujiro Yoshimine, Drum. Shigeki Okubo, Sax. 이병주)
- 2대의 가야금을 위한 "놀이"(2019 / 현대국악앙상블 '굿모리')
- 색소폰 4중주를 위한 "겨울에서 봄으로"(2020 From Winter to Spring for Saxophone Quartet / S.with Saxophone Quartet)
- 골목길에서...(2021 In an alley for Two Gayageum / Gayageum 이지영, Gayageum 송미정)
- 오페라 논개 (2022 / 지휘 최천희, 음악감독 임병원, 논개 Sop. 박유리, 황진장군 Ten. 김동녘, 계화 Sop. 박소진, 왜장 Bar. 김종홍, 김천일장군 Bar. 정명기, 최경희장군 B-Bar. 주상민, Dance 윤옥주, 경남페스티벌오케스트라, 프로젝트코러스)
- 수국총 수국총 (2023 / Jeongga 남수연, Gayageum 조은결, Gayageum 이언화)
- 귀향의 바다 (2024 / Bar. 김종홍, 이병주 Quartet)
- 현악사중주 2번 (2024 String Quartet No.2 / Neoquartet)
- 가을밤 비 (2024)
- 18현 가야금을 위한 "산조" (2024)

- 참새의 이름은, 봄바람 보이스 피싱 (2024 / Sop. 허미경)
- 제비꽃 (2025 / Sop. 조은별)
- 바람 노래 (2025 / Bar. 이광근)
- 하늘을 날고 싶다 (2025 / Sop. 조현진)

하순봉 Ha Soon-bong
- **최치원의** 古詩에 의한 3개의 노래 (1998 / Bar . 유영성 , P . f . 황정선)

하종태 Ha Jong-tae
- 현악4중주를 위한 "십자가에 못 박혀" (2017 Crucifixus No . 2 for String Quartet /String Quartet 秀)

한대섭 Han Dae-seob
- 플루트 독주를 위한 사이렌의 속삭임 (2022 'The Whisper of a Siren' for Flute solo /Fl. 박현정)
- 강아지 목련 (2025 / Sop. 유소영)

한아름 Han Ah-reum
- 어느 트럼펫 연주자를 위한 "회상"
(2002"Reminiscence"for Trumpet / Tp.안희찬)

한정훈 Han Jung-hoon

- Solo Trombone for A Deep (2000 / Tb. Barrie Webb)
- "Three Character Piece" (2001 "Three Character Piece" for Three Trumpets / Tp. 안희찬, Tp. 후지시마, Tp. 안명기)
- 트럼펫 2중주 - "내가 나비인가? 나비가 나인가?"- (2002 I Am butterfly? or Is it I? for 2 Trumpets / Tp. Someya Hajume, Tp. Nakanishi Kiyokazu)
- 현악4중주 "영상의 굴절" (2003 String Quartet "Refraction of Image"
/ Vn. Taishi Harada, Vn. Haruko Daigo, Vla. Masanori Tokuhisa,
V.c. Koji Sekihara)
- 트롬본 독주에 의한 "오방색" (2004 "Obangsaek" for solo Trombone Yellow Black Red Blue White / Tb. Barrie Webb)
- 소프라노 색소폰을 위한 "절규.1" (2005"Scream.1"for Soprano Saxophone / Sax. Hiroki Saito)
- 전자음향을 위한 "작업" (2005 "Work" for Electronic sound / 김태훈 현대무용단)
- 트롬본 독주를 위한 "절규.2" (2006"SCREAM.2"for solo Trombone / Tb. Barrie Webb)
- 25현 가야금을 위한 "길 (路) " (2007 "Road" for Gatageum / Gatageum 박경선)

-플룻 독주를 위한 "퐁류" (2008"Pungryu" for Flute Solo / Fl. Reiko Manabe)

- 발레리노 독무를 위한 "작업" (2009 A Solo Ballerino for "Work" / 노원 이원국 발레단)

- 트롬본 독주를 위한 "절규.2" (2009 "SCREAM.2" for solo Trombone / Tb. Barrie Webb / 합포만(마산만) 프로젝트)

- 무학산의 봄 (2010 / Sop. 허미경, P.f. 박수원)

- 바이올린 솔로를 위한 "미동 (微動) " (2010 "Mi-dong" for Solo Violin / 아니 현악사중주단)

- 앨토색소폰과 트롬본을 위한 "M.9"(진도 9) (2011 Alto Saxophone and

Trombone for "M.9" (Magnitude 9) / Duo "Back to Back")

- 목관 4중주를 위한 "함지" (2012"Ham-ji"for Woodwind Quartet / SonoMania)

- 25현 가야금을 위한 "미수 (未樹) " (2013"Mi-su"for Gayageum solo / Gayageum 이지혜)

- 바이올린 솔로를 위한 "미동 II" (2015"Mi-dong II"for Violin Solo / Vn. Yasutaka Hemmi)

홍금표 Hong Gum-Phow

- 행진곡 (1998/Ten. 이상은, P.f. 강정욱)

홍신주 Hong Shin-ju

- 플룻과 오보에를 위한 "투사적 반영 III" (2008 "Projective reflection III" for Flute and Oboe / Fl. Raiko Manabe, Ob. Yokota Yakako)

황병기 Hwang Byeong-gi

- 최문진 가야금 독주회 (1996)

(석류집(1965) 침향무(1974) 전설(1979) 춘설(1991) / Gayageum 최문진, Changgo 박근영)

<역대 참여 작곡가(Composer)-국외>

Arnold Schönberg (Germany)

- 판타지 (2000 Phantasy for Violin Op.47/Vn.Helen Brackley Jones)

Barrie Webb (UK)

- "틸풀룬" (1998 "Tilpulun"(1996) for Didgeridoo and Sound Processor / Tb. Barrie Webb)

- Second Skin for amplified Didgeridoo and Tape (1999 Second Skin for amplified Didgeridoo and Tape / Tb. Barrie Weeb)

Benjamin Schatz (Austria)

- Circle Song(2015 / 벤자민 샤츠 재즈트리오)
- Whisper Not(2015 / 벤자민 샤츠 재즈트리오)
- Unknow Colors (2015 / 벤자민 샤츠 재즈트리오)
- Summner Song (2015 / 벤자민 샤츠 재즈트리오)
- Open End (2015 / 벤자민 샤츠 재즈트리오)

Brian Elias (UK)

- Tzigane for solo Violin (2000 / Vn. Helen Brackley Jones)

Brian Ferneyhough (UK)

- 레마-아이콘-에피그람 (1999 Lemma-lcon-Epigram /
P.f. lan Pace)

Christopher Fox (UK)

- How Time Passes(2000 How Time Passes / Vn. Helen
Brackley Jones)

Dan Dediu (Romania)

- 색소폰과 트롬본을 위한 "좀비들과 탱고를" (2011 Tango
with Zombies / Duo "Back to Back")

Dora Cojocaru (Romania)

- Fragmenti (2000 / Tb. Barrie Webb)

Ernst Křenek (Austria)

- 다섯개의 소품 (1999 Five Pieces for Trombone and
Piano / Tb.Barrie Webb P.f. lan Pace)

Folk Rabe (Sweden)

- "바스타"(1982) (1998 "Basta"(1982) / Tb. Barrie Webb)

Fumio Tamura (Japan)

- 바순을 위한 "수직정원 II" (2013"Vertical Garden II"for Bassoon Solo / International New MusicCONSORTIUM)

Heather Dixon (UK)

- Anger Softly Mine (2000 / Tb. Barrie Webb)

Huck Hodge (USA)

- 알토 플롯과 클라리넷을 위한 "Two Scenes" (2013 "Tow Scenes" for Alto Fulte and Clarinet / International New Music CONSORTIUM)

- 라이브 피아노와 전자음향을 위한 "Pools of shadow from an older sky"(2014 Pools of shadow from an older sky live-processed Piano and Computer-realized sound / P.f. Huke Hodge)

- 제례 (祭禮) (2016 Zeremonie / Film Music)

Issei Tsukamoto (Japan)

- 오보에에 의한 "幻影" (1997"幻影" for Solo Oboe /
Ob. 강대우)

James Liddle (UK)

- Samizdat(2000 / Tb. Barrie Webb)

Joe Cutler (UK)

- 가장자리에서 (1996 "On the eage" for Solo Piano /
P.f. 황정선)
- 트롬본에 의한 "샤먼"(1997 "Shaman" for Solo
Trombone / Tb. 정선화)
- "샤먼" (1998 "Shaman" for Trombone and Resonance
/ Tb. Barrie Webb)
- "샤먼" (2015 "Shamen" for Trombone Solo / Tb.
Barri Webb)
- 합포만, 3개의 단편(합포만현대음악제 30주년 헌정작)
(2025 Three Happoman Fragments for solo flute / Fl. 박현
정)

John Casken (UK)

- A Belle Pavine for Violin and Tape

(2000 A Belle Pavine for Violin and Tape / Vn. Helen Brackely Jones)

Jonathan Harvey (UK)

- 리체르카레 운아 멜로디아 (1999 Ricercare una Melodia for Trombone and Tape / Tb. Barrie Webb)

Katuji Maeda (Japan)

- Intermezzo(2000 / Tb. Barrie Webb)

Keishi Matsumoto (Japan)

- D(2016 / Shigeki Okubo Trio, Sax. 이병주)
- 1984(2016 / Shigeki Okubo Trio, Sax. 이병주)

Kubo Tadashi (Japan)

- 보칼리제(Vocalise) (2010 / Sop. Hayashi Maya, P.f. 박태희)

Kurt Weil (Germany)

- Speak low(2016 / Shigeki Okubo Trio, Sax. 이병주)

Luciano Berio (Italy)

- "스퀜짜 5"(1966) (1998 "Sequenza5"(1966) / Tb. Barrie Webb)

Marian Borkowski (Poland)

- 피아노에 의한 "토카타"(1960) (1997 "Tocata" for Solo Piano / P.f . 황정선)

Masakazu Natsuda (Japan)

- 두대의 바이올린을 위한 "선사시대의 노래 III" (2008"Les Chants Prehistoriques III " pour deux violons/ 앙상블 "오감 (娛感) ")
- 독주 트롬본을 위한"신의 계시" (2011"Oracle" for Trombone / Duo"Back to Back")

Michael Finnissy (UK)

- Alkan-Paganini:An Imaginary Portrait(1999 / P.f. lan Pace)

Michael Sidney Timpson (USA)

- 색소폰 4중주를 위한 "SAXATIONS" no. 2 (2020 "SAXATIONS" no. 2 for Saxophone Quartet / S.with Saxophone Quartet)

Miwa Dojo (Japan)

- 트롬본 독주를 위한 "황혼의 기도" (2015"A Prayer in the Du나"for Trombone Solo / Tb. Barrie Webb)
- 현악3중주를 위한 "장애물"

(2017 Stolperstein for String Trio / String Quartet 秀)

M. J. Jankowski (Ukraine)

- 도자기의 꿈 (2015 Porcelain Dreams / Vn. 백현경, 노원 이원국 발레단)
- 폭풍을 지나 (2016 Thru the Storm / Film Music)

Paweł Łukaszewski (Poland)

- 기억(합포만현대음악제 30주년 헌정작) (2025 Memoire 1 for oboe solo / Ob. 한승화)

Pierre Boulez (France)

- 소나타 3번 (1999 Sonata No.3 / P.f. lan Pace)

Pierre Max Dubois (France)

- Quartett 1.Allegreto 2.Allegro 3.Pastoral 4.Menuet (2000 / 샬뤼모 클라리넷 앙상블)

Rebeca Sanders (UK)

- 거울, 벽에 걸린 거울 (1999 Mirror, Mirror on the Wall
/ P.f. lan Pace)

Takashi Fujii (Japan)

- Dancing Bones (2000 / Tb. Barrie Webb)

Tatsuya Kurachi(Japan)

- 오보에와 클라리넷에 의한"風水"

(1997 "Fû-Sui" No.2 for Oboe and Clarinet / Ob. 강대
우, Cla. 박경택)

Tetsuya Omura (Japan)

-바이올린과 비올라에 의한 "상응 (相應) " (2006 "Soh-oh"
for Violin & Viola / Vn. 차문호, Vla. 최혁)

Toru Nakimura (Japan)

- 색소폰 4중주 "리키오스 4번" (2004 "Rekios No.4 " for
Saxophone
Quartet/Adolf Saxophone Quartet)

Trisutji Kamal (Indonesia)

- 피아노에 의한 "아루스"(1982) "라마단"(1984)
(1997"Arus", "Ramadhan"for Solo Piano / P.f. 정미경)

Tsuyoshi Ninomiya (Japan)

- 밤의 향기 (2007 Fragrance of Night / New Percussion)

- 아리온(Arion) (2010 / Sop. Hayashi Maya, P.f. 박태희)

- 대금을 위한 "난곡" (2013"Ultimately Song"for Daegum Solo / Daegum 이영섭)

- 독주 트롬본을 위한 "엑스트라바겐자" (2015" Extravaganza"for Solo Trombone / Tb. Barrie Webb)

- 현악4중주를 위한 "나무를 통과한 바람" (2017 Breeze Wafted Over the Forest for String Quartet / String Quartet 秀)

Ty Unwin (UK)

- "빅 휠"(1993) / (1993 "Big Wheel" for Trombone and Tape(1993) / Tb. Barrie Webb)

- Big Steel Drum for Trombone and Tape (1999 Big Steel Drum for Trombone and Tape / Tb. Barrie Webb)

Vinko Globokar (France)

- "프레스탑 II"(1991) (1998 "PrestopII"(1991) for
Trombone and Sound Processor / Tb. Barrie Webb)
- 색소폰과 트롬본을 위한 "Dos a Dos" (Back to Back)
(2011 / Duo "Back to Back")

Wing-Wah Chan (Hong Kong)

- "Impressions"for Two Pianos (2010 / Osnabrücker
Klavierduo)

Yamashita Kousuke (Japan)

- 클라리넷 이중주 "3개의 소품" (2002 Three pieces for 2
clarinets / Cla. Oikawa Gou, Cla. Kobayashi Satoshi)

Yao Hsuan Huang (Taiwan)

- 불꽃과 이슬의 책 (2025 The Book of Flame & Dew for
solo flute / Fl. 박현정)

<역대 참여 연주자(Musician)-국내>

강대우 (Ob. Kang, Dae-woo 1997)

강성인 (Janggo, Kang, Seong-in 2024)

강정욱 (P.f Kang, Jeong-Wook 1997, 1998)

곽안나 (Vn. Kwak, An-na 1997)

김동녘 (Ten. Kim, Dong-nyeok 2022)

권동련 (Bn. Kwon, Dong-ryon 1997)

김동혜 (Vla. Kim, Dong-hye 2008)

권명자 (Vn. Kwon, Myeong-ja 1996)

김대욱 (Ten. Kim, Dae-wook 1995)

김미현 (P.f. Kim, Mi-hyeon 2019, 2020)

김민형 (Sop. Kim, Min-Hyeong 2018)

김민욱 (Cla. Kim, Min-wook 2022)

김병호 (Bar. Kim, Byeong-ho 1995)

김성덕 (V.c. Kim, Seong-deok 1995, 1996)

김영주 (Ob. Kim, Yeong-ju 1995)

김웅식 (Janggo, Kim, Ung-sik 1995)

김유경 (Vn. Kim, Yu-gyeong 2021)

김윤숙 (P.f. Kim, Yun-suk 1996)

김일륜 (Gayageum, Kim, Il-ryun 2007)

김 정 (Sop. Kim, Jeong 2010)

김정혜 (Sop. Kim, Jeong-Hyea 1998)

김정희 (P.f. Kim, Jeong-hee 1995)

김종홍 (Bar. Kim, Jong-hong 2010, 2012, 2016, 2017,
   2018, 2022, 2024, 2025)

김주은 (Vn. Kim, Ju-eun 2017)

김준영 (Geomungo, kim, Jun-young 2013, 2016)

김준하 (Geomungo, kim, Jun-ha 2021)

김지미 (P.f. Kim, Ji-mi 1997)

김진훈 (Bn. Kim, Jin-hun 2016)

김향미 (V.c. Kim, Hyang-mi 1995)

김헌일 (Cla. Kim, Heonil 1995, 1996)

김현정 (Jeotdae, Kim, Hyeon-jeong 1995)

김형란 (Vla. Kim, Hyeong-ran 2006)

김형석 (Janggo, Kim, Hyeong-seok 2007)

김화수 (Ten. Kim, Hwa-soo 2017)

김휘중 (Bar. Kim, Hyi-jung 1995, 1996, 1998)

나인국 (V.c. Na, In-guk 2021)

남수연 (Gagok. Nam, Su-yeon 2023, 2024)

남영진 (Bn. Nam, Yeong-jin 1995)

류지은 (Sop. Ryu, Ji-eun 2017)

박경선 (Gayageum, Park, Gyeong-seon 2007)

박경택 (Cla. Park, Gyeong-taek 1997)

박근영 (Changgo, Park, Geun-yeong 1996)

박소진 (M-Sop. Park, So-jin 2022)

박수원 (P.f. Park, Su-won 2008, 2010)

박양제 (Tb. Park, Yang-je 1995)

박유리 (Sop. Park, Yu-ri 2022)

박은숙 (P.f. Park, Eun-suk 1997)

박은진 (Vn. Park, Eun-jin 1996)

박정은 (Daegeum Park, Jeong-eun 2022)

박태희 (P.f. Park, Tae-hee 2010)

박한나 (V.c. Park, Han-na 2017)

박현정 (Fl. Park, Hyeon-jeong 2016, 2022, 2025)

박혜리나 (Gayageum, Park, Hyerina 2007)

백현경 (Vn. Baek, Hyun-kyung 2015)

변주현 (Haegeum Byun, Joo-hyun 2022)

사공명희 (V.c. Sagong, Myeong-hee 1996)

서근종 (Gayageum, Seo, Geun-jong 2007)

서윤호 (Tb. Seo, Yun-ho 2020)

서주희 (Sop. Seo Ju-hui 2024)

손인실 (P.f. Son, In-sil 1995)

손정화 (P.f. Son, Jeong-hwa 2010, 2011)

송미정 (Gayageum, Song Mi-jeong 2021)

송현수 (Haegeum, Song Hyeon-su 2021)

신정화 (Korean drum, Shin, Jeong-wha 2002)

신현석 (Haegeum, Shin, Hyun-suck 2013)

신화수 (Bar. Shin, Hwa-soo 2010, 2012)

심새미 (Gayageum, Shim, Sae-mi 2007)

심정은 (Vn. Shim, Jeong-eun 2021)

안명기 (Tp. Ahn, Myeong-gi 2001)

안려경 (Gayageum, Ahn, Ryeo-gyeong 2024)

안미영 (P.f. Ahn, Mi-yeong 2000)

안희경 (Vn. Ahn, Hee-gyeong 1996)

안희찬 (Tp. Anh, Hee-chan 2001, 2002)

여근하 (Vn. Yeo, Geun-ha 2017)

여선영 (Cla. Ye, Sun-young 2002)

염둘이 (Gayageum, Yeom, Dul-i 2007)

오명선 (Fl. Oh, Myeong-seon 1995)

우아련 (Gayageum, Woo, A-ryeon 2007)

유소영 (Sop. Yu, So-yeong 2017, 2018, 2024, 2025)

유영성 (Bar. Yu, Yong-soung 1998)

유　진 (C.b. Yoo, Jin 2016)

유현문 (Gayageum, Yu, Hyeon-mun 2007)

윤미선 (P.f. Yun, Mi-seon 1996)

윤민선 (P.f. Yoon, Min-sun 2020)

윤석진(Ten. Yun, Seok-jin 1995)

윤지현 (P.f. Yun, Ji-hyeon 2024)

윤태영 (Vla. Yun, Tae-Yeong 2021)

윤옥주 (Dance Yun Ok-ju 2022)

윤원주 (Sop. Yun, Won-ju 2015)

이경원 (Janggo, Lee, Kyung-won 1999)

이경희 (P.f. Lee, Gyeong-hee 1996)

이광근 (Bar. Lee, Gwang-geun 2024, 2025)

이민아 (Vn. Lee, Min-a 2008)

이병주 (Sax. Lee, Byeong-ju 2015, 2017, 2018,
　　　 2024, 2025)

이상은 (Ten. Lee, Sang-eun 1998)

이상준 (Mar. Lee, Sang-jun 2018)

이성동 (Daegeum　Lee Seong-dong 2022)

이선진 (Vn. Lee, Seon-jin 2008)

이소진 (P.f. Lee, So-jin 2019)

이승동 (Sax. Lee, Seung-dong 2020)

이언화 (Gayageum. Lee, Eun-hwa 2018, 2023, 2024)

이영섭 (Daegum, Lee, Young-sub 2013)

이예진 (Gayageum. Lee, Ye-jin 2024)

이유림 (Gayageum, Lee, Yu-rim 2007)

이윤경 (Sop. Lee, Yun-gyeong 2012, 2016, 2017)

이정호 (Cla. Lee, Jeong-ho 1995)

이재복 (Per. Lee, Jae-bok 1997)

이주련 (Sop. Lee, Ju-ryun 2008, 2012)

이주은 (P.f. Lee, Ju-eun 2019, 2020)

이준철 (Bn. Lee, Jun-cheol 2022)

이지선 (P.f. Lee, Ji-sun 2012, 2019, 2020)

이지영 (Gayageum, Lee, Ji-yeong 2021)

이지혜 (Gayageum, Lee, Ji-hye 2013)

이초롱 (Daegum, Lee, Cho-rong 2021)

이현수 (Per. Lee, Hyeon-su 2006)

이현옥 (Ob. Lee, Hyeon-ok 2016, 2022)

이형우 (Tb. Lee, Hyeong-woo 1995)

이혜연 (Sop. Lee, Hyea-yeon 1995, 1998)

임경민 (Vla. Lim, Gyeong-min 2017)

임병원 (Vn. Lim, Byeong-won 1996, 2017, 2022)

임상숙 (Gagok Lim, Sang-suk 2021)

이병주 (Sax. Lee, Byeong-ju 2015, 2016)

장위령 (Gayageum, Chang, Wi-ryeong 2007)

전경주 (P.f Jeon, Gyeong-ju 2011, 2012)

전만익 (Bn. Jeon, Man-ik 1996)

전영수 (Per. Jeon, Young-su 1997)

전철민 (Cla. Jeon, Chul-min 1996, 1997)

정나례 (Daegeum, Jeong, Na-rye 2011)

정능화 (Ten. Jeong, Neung-hwa 2012)

정명기 (Bar. Jeong, Myeong-gi 2022)
정미경 (P.f. Jeong, Mi-kyong 1995, 1996, 1997, 1998)

정선화 (Tb. Jeong, Sun-hwa 1997, 2004)

정 진 (Gayageum. Jung, Jin 2015)

정희경 (Sop. Jeong, Hee-gyeong 1995)

조미숙 (Sop. Cho, Mi-suk 1998)

조은결 (Gayageum. Joe, Eun-gyeol 2023)

조은별 (Sop. Joe, Un-byeol 2025)

조인국 (Cla. Cho, In-guk 2001, 2002)

조인자 (Sop. Cho, In-Ja 1995)

조순자 (Gagok. Cho, Sun-ja 2011)

조진영 (Janggo. Cho, Jin-young 2006)

조진영 (V.c. Cho, Jin-young 2008)

조현진 (Sop. Cho, Hyeon-jin 2025)

주상민 (B-Bar. Ju, Sang-min 2022)

차문호 (Vn. Cha, Mun-ho 2003, 2005, 2006)

최문진 (Gayageum. Choi, Mun-jin 1996)

최윤희 (Sop. Choi, Yun-hee 2010)

최용석 (Geomungo Choi, Yong-seok 2022)

최 혁 (Vla. Choi, Hyeok 2006)

한승화 (Ob. Han, Seung-hwa 2025)

한은경 (Fl. Han, Eun-gyeong 1995, 1996)

허동권 (Ten. Huh, Dong-gwon 2010)

허미경 (Sop. Huh, Mi-kyoung 2010, 2011, 2012,
        2018, 2024, 2025)

허유진 (Daegeum. Huh, Yuj-in 2011, 2015)

허현주 (P.f. Huh. Hyeon-ju 1995)

홍여진 (P.f. Hong, Yeo-jin 2024)

홍창준 (Cla. Hong, Chang-jun 2016)

황정선 (P.f. Hwang, Jeong-sun 1996, 1997, 1998)

황호규 (Bass. Hwang, Ho-gyu 2015)

<역대 참여 연주단체(Musician)-연도별>

사물놀이 소리바디 (2000)

샬뤼모 클라리넷 앙상블 (2000)

부산트롬본사중주단 (2004)

김태훈 현대무용단 (2005)

중앙가야금아카데미 앙상블 코리아나
(Ensemble Koreana 2007)

NEW Percussion (2007)

앙상블 오감(娛感) (2008)

노원 이원국 발레단 (2009, 2015)

Quartet Ensemble Koreana (2009)

영송당가곡보존회 (2011)

렉나드 댄스 프로젝트 (2012)

String Quartet '秀' (2017)

현대국악앙상블 '굿모리'(2018)

에스윗 색소폰 콰르텟(S.with Saxophone Quartet 2020)

Trio Les Amis (트리오 레자미 2021)

경남페스티벌오케스트라 (2022)

경남프로젝트코러스 (2022)

이병주 콰르텟 (2024)

<역대 참여 연주자(Musician)-국외>

Ana Chifu (Romania, Fl. 2012)
Barrie Webb (UK, Tb. 1998, 1999, 2000, 2004,
                2006, 2009, 2011, 2014, 2015, 2018)

Benjamin Schatz (Austria, P.f. 2015)

Brackley-Jones Helen (UK, Vn. 2000)

Chihiro Tai (Japan, Vla. 2015)
Chang, Shuo-yu (Taiwan, Fl. 2025)

Emil Sein (Romania / Spain Cla. 2011, 2012, 2013)

Fujishima Genji (Japan, Tp. 2001)
Ghita Valentin (Romania, Ob. 2012, 2013)

Hagawa Shinseuke (Japan, V.c. 2010)

Haruko Daigo (Japan, Vn. 2003)

Hayashi Maya (Japan, Sop. 2010)

Hiroki Saito (Japan, Soprano Sax. 2004, 2005, 2017)

Horiuchi Nobuhiko (Japan, Cla. 2001)
Ian Pace (UK, P.f. 1999)

Kaori Ohsuga (Japan, P.f .2014)

Kazuya Shono (Japan, Baritone Sax. 2004, 2005)

Keishi Matsumoto (Japan, P.f. 2016, 2017, 2018)

Kim Hee-jung (South-Korea / Germany, P.f. 2010)

Kobayashi Satoshi (Japan, Cla. 2002)

Koji Sekihara (Japan, V.c. 2003)
Lee, Fei-wen (Taiwan, Ob. 2025)

Magumi Jinnouchi (Japan, Baritone Sax. 2017)

Manuel Weyand (Germany, Drum. 2015)

Maria Chifu (Romania, Bn. 2012)

Masaichi Takeuchi (Japan, Cla. 1997)

Masanori Tokuhisa (Japan, Vla. 2003)

Masato Miyazawa (Japan, Ob. 1997)

Matthias Sannemüller (Germany, Vla. 2006)

Moisi Albert (Romania, Bn. 2013)

Nakanishi Kiyokazu (Japan, Tp. 2002)

Naoki Takagi (Japan, Fl. 1997)

Oikawa Gou (Japan, Cla. 2002)

Oka Saori (Japan, Vla. 2010
Peter Florian (Romania / Germany, P.f.2010)

Raymond Takeru Yoshizawa (Japan, Alto Sax.2017)

Reiko Manabe (Japan, Fl.2008)

Satou Midoka (Japan, Vn. 2010)

Shigeki Okubo (Japan, Drum. 2016, 2017, 2018)

Shin-Ichiro Nishiguchi (Japan, Alto Sax. 2004, 2005)

Siba Sayaka (Japan, Vn. 2010)

Someya Hajime (Japan, Tp. 2002)

Stefan Diaconu (Romania, Fl. 2013)

Taishih Harada (Japan, Vn. 2003)

Taketo Ando (Japan, Tenor Sax. 2004, 2005, 2017)

Yasunori Onishi (Japan, V.c. 2015)

Yasutaka Hemmi (Japan, Vn. 2014, 2015)

Yoshu Kamei (Japan, Vn. 2015)

Yokota Yakako (Japan, Ob. 2008)

Yujiro Yoshimine (Japan Bass. 2016, 2017, 2018)

<역대 참여 연주단체(Musician)-국외, 연도별>

Adolf Saxophone Quartet (Japan, 2004, 2005)

Osnabrücker Klavierduo (Germany, 2010)

A-ni String Quartet (Japan, 2010)

Duo Back to Back (English / Spain, 2011)

SonoMania (Romania, 2012)

International New Music CONSORTIUM (Romania, 2013)

Shigeki Okubo Trio (Japan, 2016)

Quatuor de saxophones Les feuilles (Japan, 2017)

Neoquartet (Poland, 2024)

제3부 연주회 팸플릿

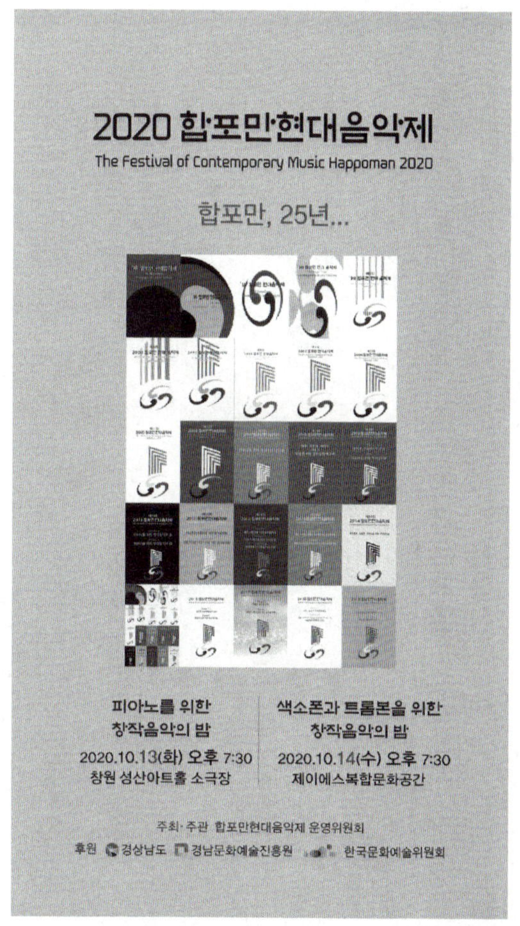

2020 합·포·만·현대음악제
The Festival of Contemporary Music Happoman 2020
합포만, 25년...
피아노를 위한
창작음악의 밤
2020.10.13(화) 오후 7:30
창원 성산아트홀 소극장
색소폰과 트롬본을 위한
창작음악의 밤
2020.10.14(수) 오후 7:30
제이에스복합문화공간
주최·주관 합포만현대음악제 운영위원회
후원 경상남도 경남문화예술진흥원 한국문화예술위원회

'95 합포만 현대음악제

'95 Happoman
Contemporary Music Festival

일시 • 1995. 12. 6(수) ▶ 7(목)
오후 4시·7시
장소 • 마산 문신미술관
주최 • 합포만 현대음악제 운영위원회
경남작곡가회
후원 • 경상남도, 마산시
협찬 • 삼익피아노 마산판매장, FILA 창동점

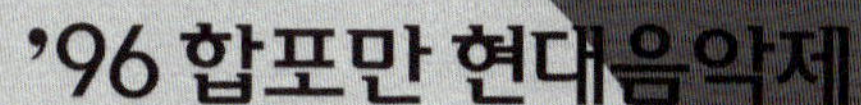

’96 합포만 현대음악제

’96 Happ’oman
Contemporary Music Festival

일시 · 1996. 10. 28(월) ▶ 30(수)
오후 6시 · 7시 · 7시 30분
장소 · 마산 문신미술관
주최 · 합포만 현대음악제 운영위원회
후원 · 한국문예진흥원 · 경상남도 · 마산시
협찬 · FILA 창동점 · 사보이관광호텔

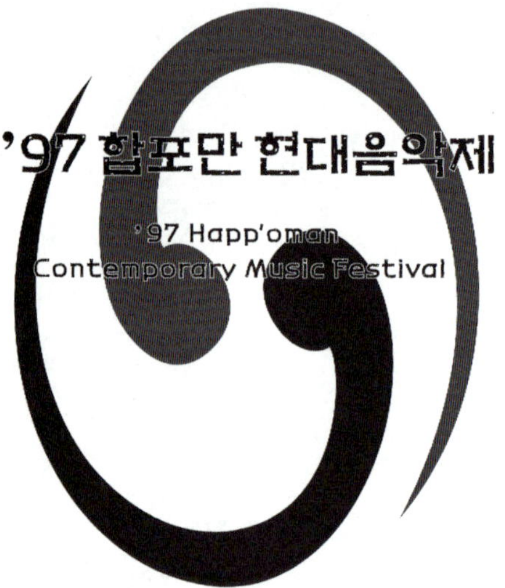

일시 · 1997. 9. 9(화) ▶ 10(수)
　　　오후 7시 30분

장소 · 마산시청 대강당

주최 · 합포만 현대음악제 운영위원회
　　　馬山文化院

후원 · 경상남도 · 마산시

협찬 · **FILA** 창동점 · 사보이관광호텔
　　　경남스틸주식회사

'98 합포만 현대음악제

'98 Happ'oman
Contemporary Music Festival

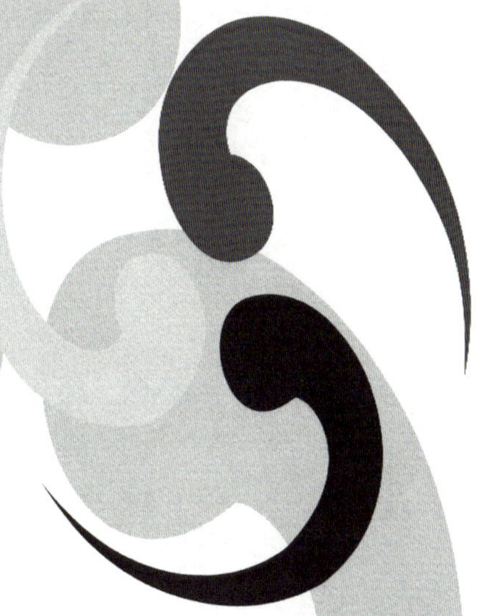

일시 : 1998. 9. 7(월) ▶ 8(화)
오후 1시 · 7시 30분

장소 : 마산시청 대강당 · 창원대 콘서트홀

후원 : 마산시 · 경상남도

협찬 : **FILA** 창동점 · 마산현대자동차학원
사보이관광호텔

제5회
'99 합포만 현대음악제

5th Festival of Contemporary Music
Happoman '99

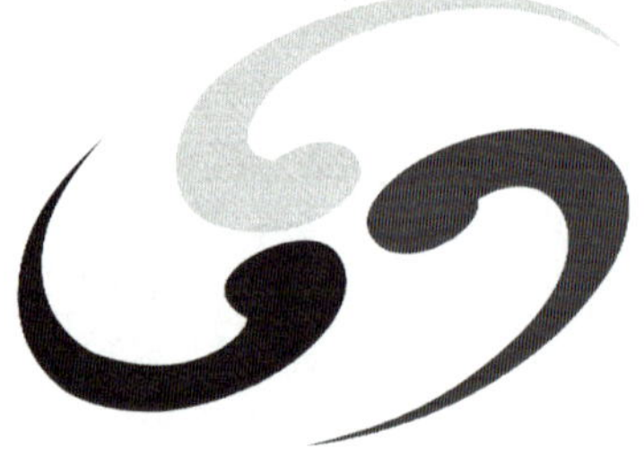

일시 : 1999. 9. 30 (목) ▶ 10. 1 (금)
오후 7시 30분
장소 : 마산 올림픽 국민생활관 극장
(마산종합운동장)
창원대학교 예술관 콘서트 홀
주최 : 합포만현대음악제 운영위원회
후원 : 경상남도·마산시

제6회
2000 합포만 현대음악제

6th Festival of Contemporary Music
Happoman 2000

일시 및 장소
2000년 10월 5일(목) 오후 5시
창원대 예술관 콘서트 홀

2000년 10월 6일(금) 오후 7시
마산 구산면 구복예술촌 전시실

2000년 10월 7일(토) 오후 7시
함양군 함양읍 귀빈예식장

주최 및 주관
합포만현대음악제 운영위원회

후원
경상남도 · 함양군

제7회
2001 합포만 현대음악제

7th Festival of Contemporary Music
Happoman 2001

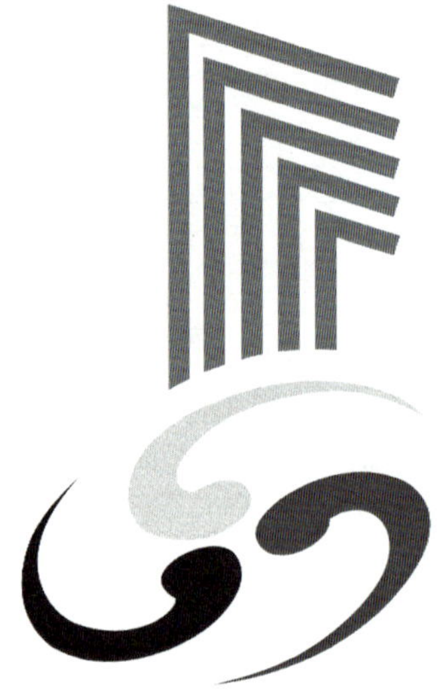

일시 : 2001년 11월 10일(토) 오후 5시
장소 : 마산 문신미술관 전시실
주최 : 합포만현대음악제 운영위원회
후원 : 경상남도

제8회
2002 합포만 현대음악제

The 8th Festival of Contemporary Music
Happoman 2002

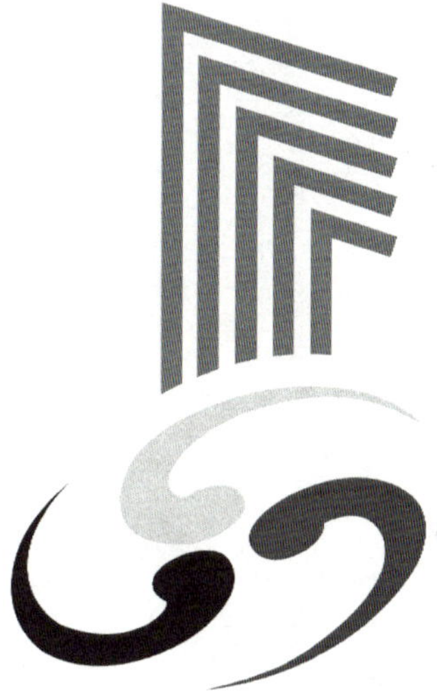

일시 : 2002. 11. 5일 (화) - 6 (수) 오후 6시
장소 : 마산 문신미술관 전시실
주최 : 합포만현대음악제 운영위원회
후원 : 경상남도, 한양 (주), 신아교통 (주)

제9회

2003 합포만 현대음악제

The 9th Festival of Contemporary Music
Happoman 2003

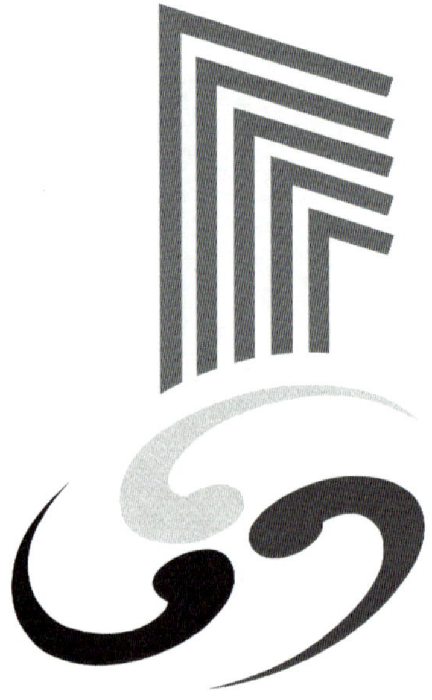

일시 : 2003년 10월 29일(수) 오후 7시
장소 : 마산 시립박물관
주최 : 합포만현대음악제 운영위원회
후원 : 경상남도

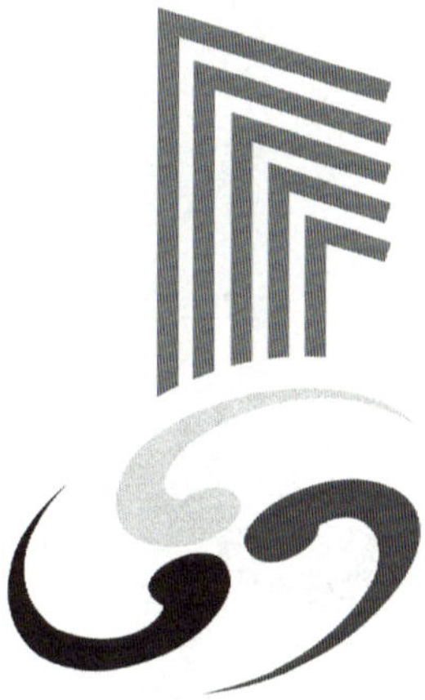

제10회
2004 합포만 현대음악제
The 10th Festival of Contemporary Music
Happoman 2004

일시 : 2004년 10월 19일(화) 오후 7시
장소 : 마산 문신미술관 제1전시실
주최 : 합포만 현대음악제 운영위원회
후원 : 경상남도

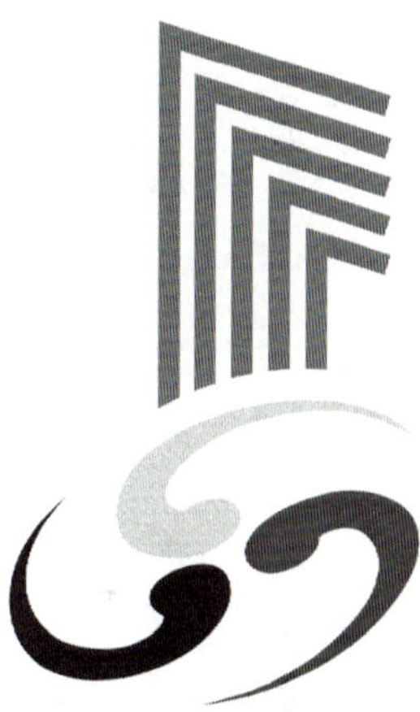

베리 웹 초청
트롬본 창작음악 연주회
The Concert for Trombones

일시 : 2004년 10월 20일(수) 오후 7시
장소 : 마산 문신미술관 제1전시실
주최 : 합포만 현대음악제 운영위원회
후원 : 마산시, 경상남도

합포만 현대음악제
Festival of Contemporary Music Happoman

창작음악과 무용의 만남

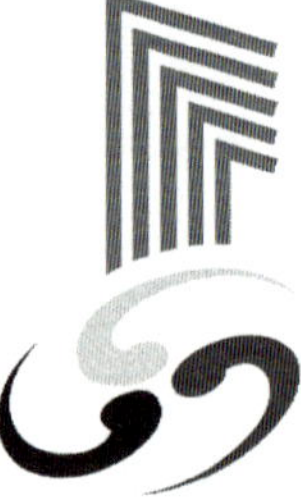

일시 : 2005년 10월 10일(월) 오후 7시 30분
장소 : 마산 문신미술관 야외전시장
주최 : 합포만 현대음악제 운영위원회
후원 : 경상남도 마산시

제11회
2005 합포만 현대음악제
The 11th Festival of Contemporary Music
Happoman 2005

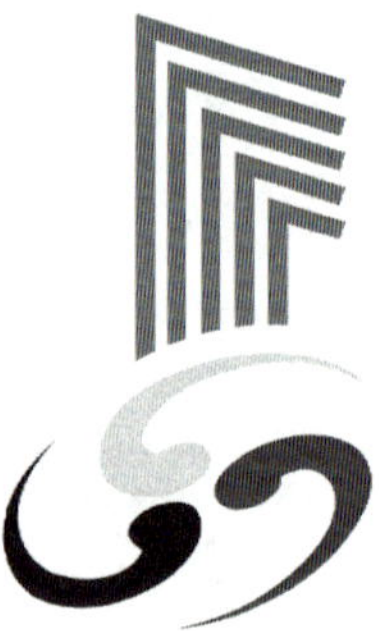

일시 : 2005년 10월 11일(화) 오후 7시 30분
장소 : 마산 문신미술관 제1전시실
주최 : 합포만 현대음악제 운영위원회
후원 : 경상남도

제12회
2006 합포만현대음악제
The 12th Festival of Contemporary Music
Happoman 2006

베리 웹 초청
Barrie Webb

트롬본 창작음악 연주회
Trombone Recital

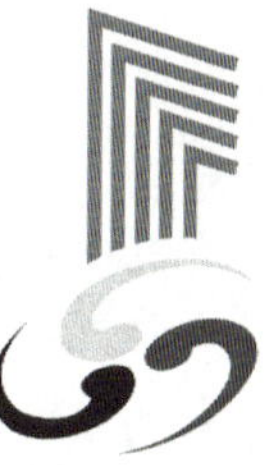

일시 : 2006년 10월 11일(수) 오후 7시 30분
장소 : 마산 문신미술관 제1전시관
주최 : 합포만 현대음악제 운영위원회
후원 : 경상남도 마산시

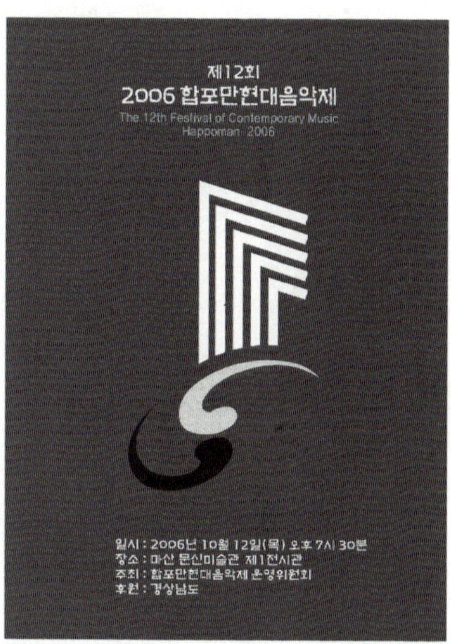

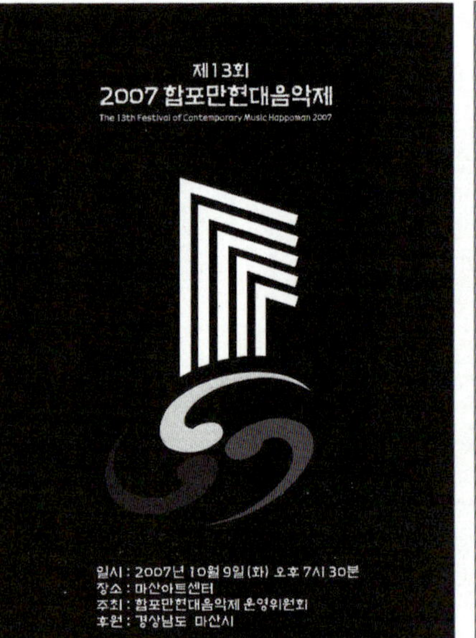

제13회
2007 합포만현대음악제
The 13th Festival of Contemporary Music Happoman 2007
일시 : 2007년 10월 9일(화) 오후 7시 30분
장소 : 마산아트센터
주최 : 합포만현대음악제 운영위원회
후원 : 경상남도 마산시

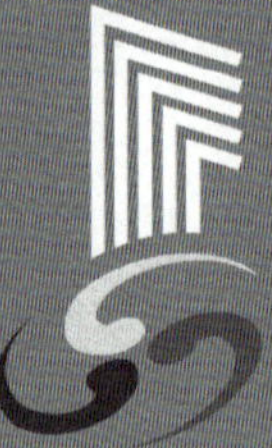

제13회
2007 합포만현대음악제
The 13th Festival of Contemporary Music Happoman 2007
가야금을 위한 창작음악 연주회
일시 : 2007년 10월 10일(수) 오후 7시 30분
장소 : 마산시립 문신미술관 제1전시관
주최 : 합포만현대음악제 운영위원회
후원 : 경상남도 마산시

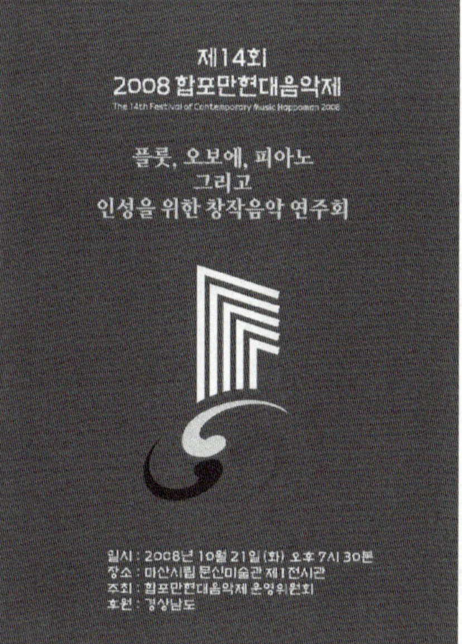

제14회
2008 합포만현대음악제
The 14th Festival of Contemporary Music Happoman 2008

플룻, 오보에, 피아노
그리고
인성을 위한 창작음악 연주회

일시 : 2008년 10월 21일 (화) 오후 7시 30분
장소 : 마산시립 문신미술관 제1전시관
주최 : 합포만현대음악제 운영위원회
후원 : 경상남도

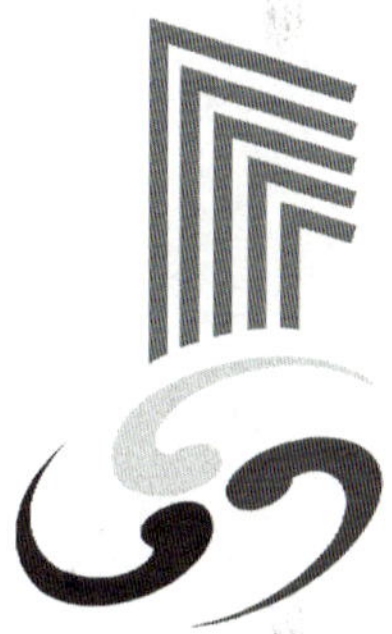

제14회
2008 합포만현대음악제
The 14th Festival of Contemporary Music Happoman 2008

일시 : 2008년 10월 22일 (수) 오후 7시 30분
장소 : 마산문신미술관 제1전시관
주최 : 합포만현대음악제 운영위원회
후원 : 경상남도 마산시

제15회
2009 합포만현대음악제
The 15th Festival of Contemporary Music Happoman 2009

가야금을 위한

창작음악 연주회

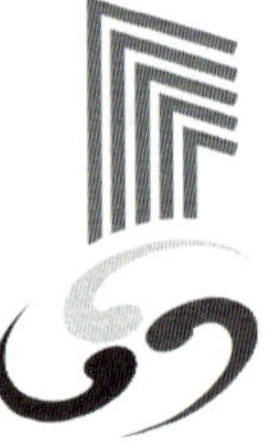

일시 : 2009년 10월 12일(월) 오후 7시 30분
장소 : 마산 우리누리 청소년문화센터 소공연장
주최 : 합포만현대음악제 운영위원회
후원 : 경상남도

제15회
2009 합포만현대음악제
The 15th Festival of Contemporary Music Happoman 2009

연주 I

발레와 전자음악의 만남

연주 II

트롬본을 위한 창작음악회

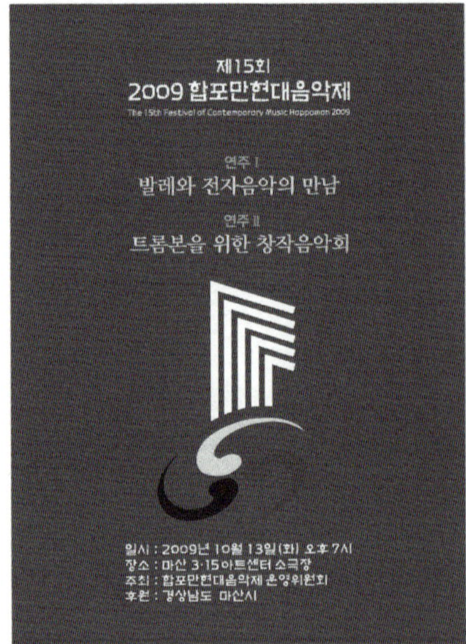

일시 : 2009년 10월 13일(화) 오후 7시
장소 : 마산 3·15아트센터 소극장
주최 : 합포만현대음악제 운영위원회
후원 : 경상남도 마산시

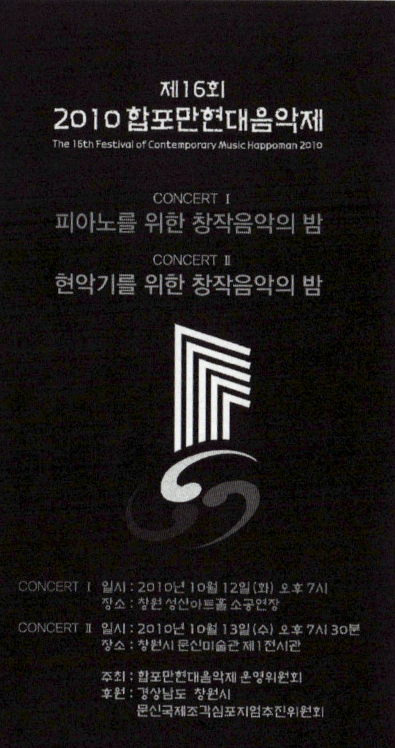

제16회
2010 합포만현대음악제
The 16th Festival of Contemporary Music Happoman 2010

CONCERT I
피아노를 위한 창작음악의 밤
CONCERT II
현악기를 위한 창작음악의 밤

CONCERT I 일시 : 2010년 10월 12일 (화) 오후 7시
장소 : 창원 성산아트홀 소공연장
CONCERT II 일시 : 2010년 10월 13일 (수) 오후 7시 30분
장소 : 창원시 문신미술관 제1전시관

주최 : 합포만현대음악제 운영위원회
후원 : 경상남도 창원시
문신국제조각심포지엄추진위원회

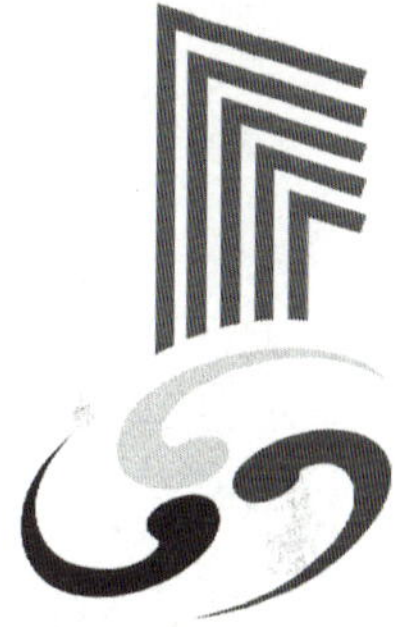

제16회
2010 합포만현대음악제
The 16th Festival of Contemporary Music Happoman 2010

마산을 기억하며
창작가곡의 밤

일시 : 2010년 10월 12일 (화) 오후 8시
장소 : 창원 성산아트홀 소공연장
주최 : 합포만현대음악제 운영위원회
후원 : 경상남도

제17회
2011 합포만현대음악제
The 17th Festival of Contemporary Music Happoman 2011

CONCERT Ⅰ
색소폰과 트롬본을 위한 창작음악회

CONCERT Ⅱ
전통가곡과 서양가곡을 위한 창작음악회

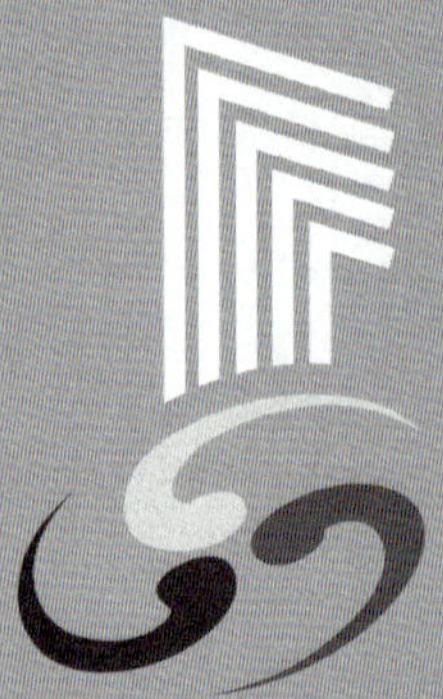

CONCERT Ⅰ 일시 : 2011. 10. 11 (화) 오후 7:30
장소 : 창원시 문신미술관 제1전시관

CONCERT Ⅱ 일시 : 2011. 10. 12 (수) 오후 7:30
장소 : 창원시 가곡전수관

주최 : 합포만현대음악제 운영위원회
주관 : 합포만현대음악제 운영위원회, 가곡전수관
후원 : 경상남도 창원시
GNFAC 경남문화재단 한국문화예술위원회

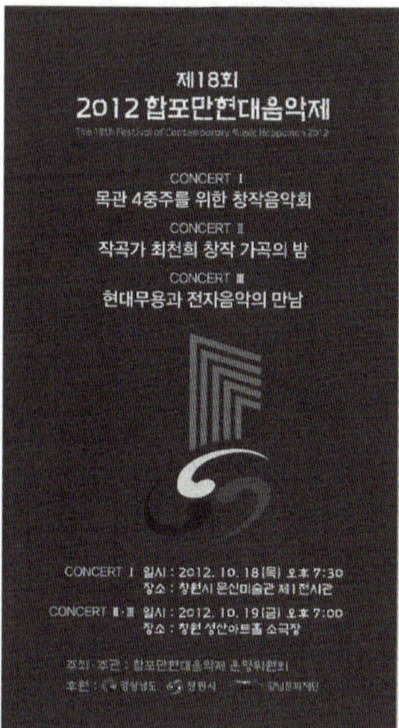

제18회

제18회
2012 합포만현대음악제

The 18th Festival of Contemporary Music Happoman 2012

최천희 창작 가곡의 밤

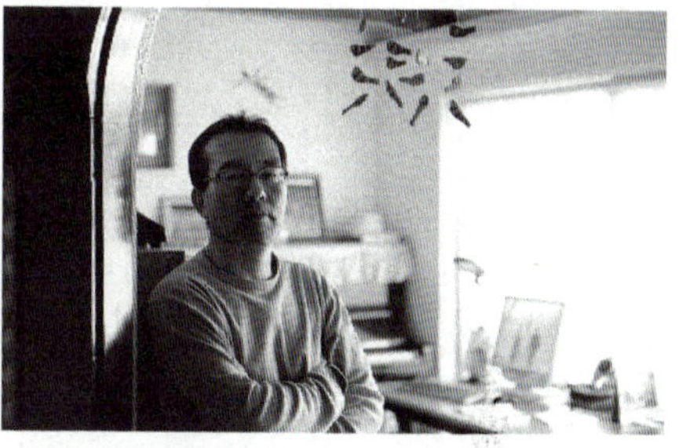

일 시 : 2012년 10월 19일 (금) 오후 7시

장 소 : 창원 성산아트홀 소극장

제19회
2013 합포만현대음악제

The 19th Festival of Contemporary Music Happoman 2013

CONCERT Ⅰ

대금, 가야금, 거문고, 해금을 위한 창작음악회

CONCERT Ⅱ

플룻, 오보에, 클라리넷, 바순을 위한 창작음악회

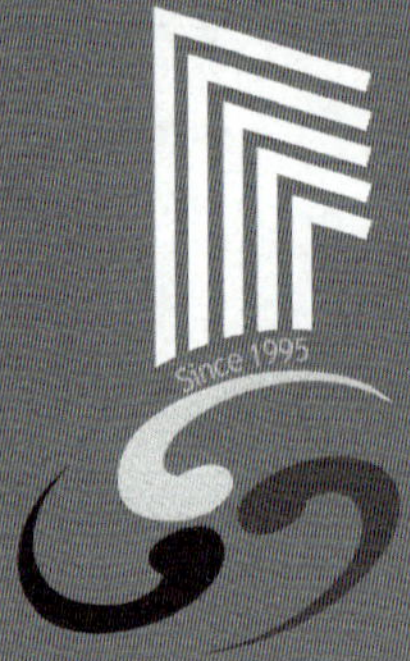

일시 2013. 10. 7(월) ~ 8(화) 오후 7:30
장소 창원시 가곡전수관
주최 합포만현대음악제 운영위원회
주관 합포만현대음악제 운영위원회 창원시 가곡전수관
후원 경상남도   창원시
     GNFAC (재)경남문화예술진흥원
     한국문화예술교육진흥원

제20회
2014 합포만현대음악제

The 20th Festival of Contemporary Music Happoman 2014

바이올린, 트롬본, 피아노를 위한 창작음악회

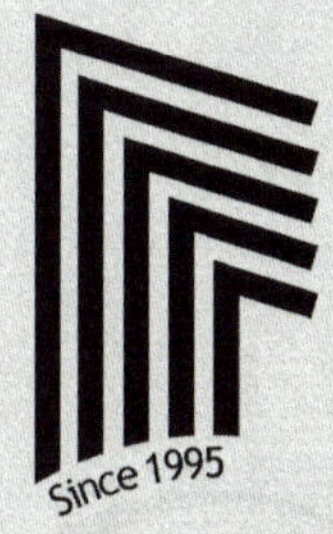

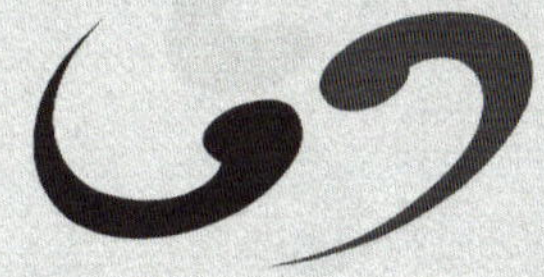

일시 2014. 10. 8(수) 오후 7:30
장소 창원 성산아트홀 소극장
주최 합포만현대음악제 운영위원회
주관 합포만현대음악제 운영위원회
후원 경상남도   창원시
　　　경남문화예술진흥원
　　　한국문화예술교육진흥원

2015 합포만현대음악제

The Festival of Contemporary Music Happoman 2015

합포만, 20년...

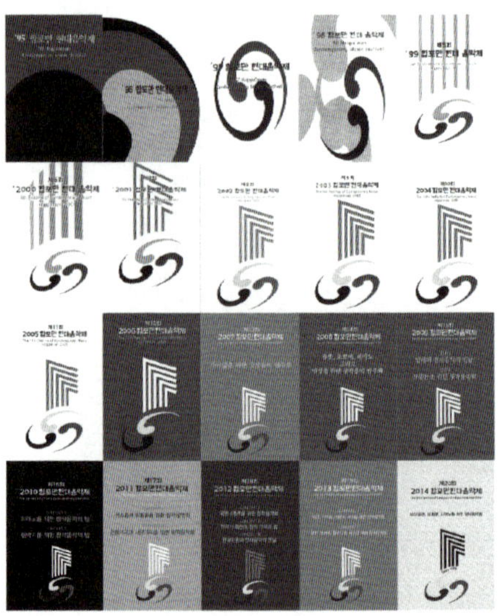

일시 2015. 10. 13(화) ~ 15(목) 오후 7:30

장소 창원 성산아트홀 소극장

주최·주관 합포만현대음악제 운영위원회

후원 경상남도
　　　경남문화예술진흥원
　　　한국문화예술위원회

2016 합포만현대음악제

The Festival of Contemporary Music Happoman 2016

Concert Ⅰ, Ⅱ

JAZZ and Film Music

Concert Ⅲ

목관악기를 위한 창작음악회

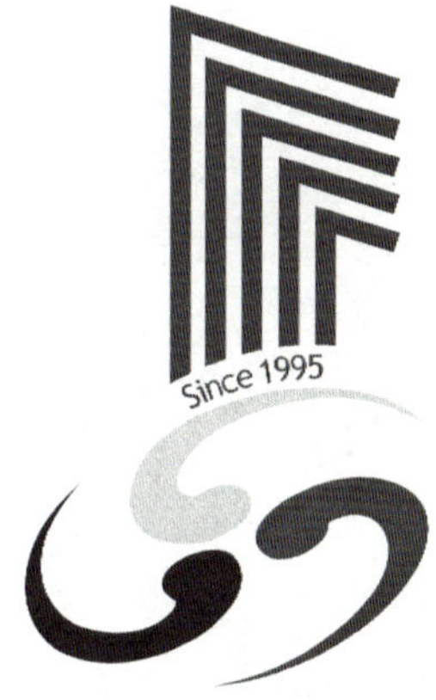

일시 2016. 10. 11(화) 오후 7:00
　　　2016. 10. 12(수) 오후 7:30
장소 창원 성산아트홀 소극장

주최·주관 합포만현대음악제 운영위원회
후원 경상남도
　　　경남문화예술진흥원
　　　한국문화예술위원회

2017 합포만현대음악제

The Festival of Contemporary Music Happoman 2017

Concert I
가곡과 Jazz의 만남

Concert II
현악기·색소폰을 위한 창작음악회

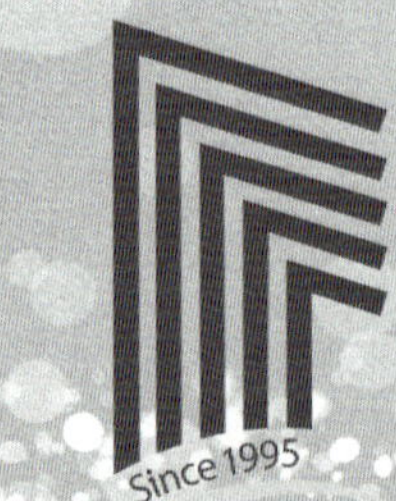

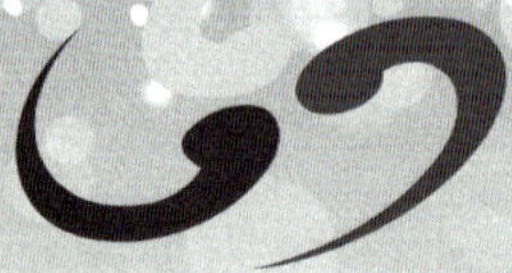

일시 2017. 10. 17(화) 오후 7시30분
2017. 10. 18(수) 오후 7시30분

장소 **문화공간 파랑새**(창원 시티세븐 43층)

주최 **합포만현대음악제 운영위원회**

후원 경상남도　경남문화예술진흥원　한국문화예술위원회

2018 합포만현대음악제

The Festival of Contemporary Music Happoman 2018

Concert I

가곡, Jazz + 가야금의 만남

Concert II

트롬본 연주자 베리 웹, 합포만현대음악제 데뷔 20년

트롬본과 마림바의 만남

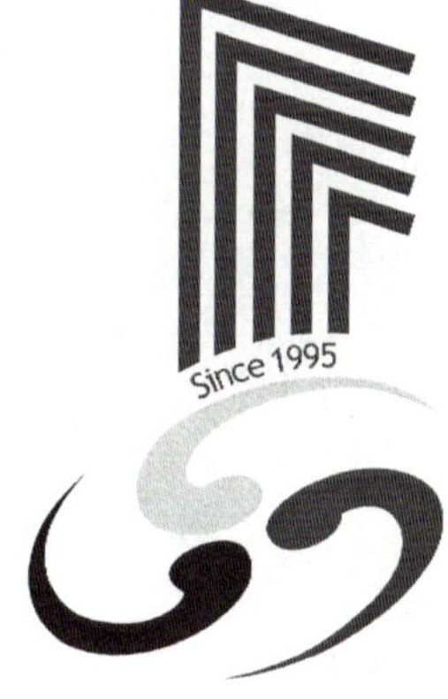

일시 2018. 10. 16(화) 오후 7:30
　　　2018. 10. 17(수) 오후 7:30
장소 클라우드 아트홀(창원 시티세븐 43층)

주최·주관 합포만현대음악제 운영위원회
후원 경상남도
　　　경남문화예술진흥원
　　　한국문화예술위원회

2019 합포만현대음악제

The Festival of Contemporary Music Happoman 2019

Concert I

국악앙상블을 위한 창작음악의 밤

Concert II

피아노를 위한 창작음악의 밤

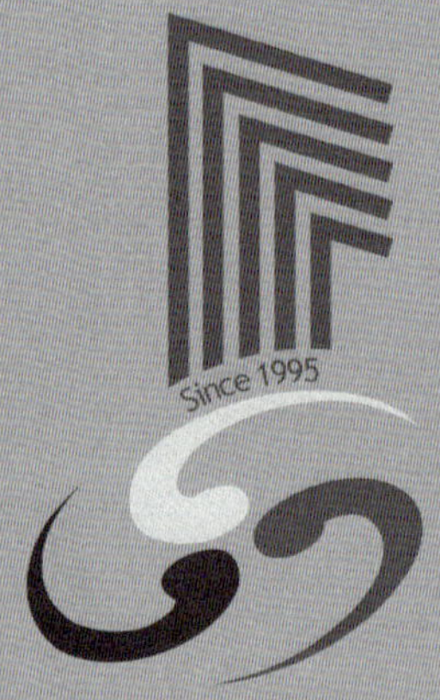

일시 2019. 10. 15(화) 오후 7:30
2019. 10. 16(수) 오후 7:30

장소 창원 성산아트홀 소극장

주최·주관 합포만현대음악제 운영위원회

후원 경상남도
경남문화예술진흥원
한국문화예술위원회

2020 합·포·만·현·대·음·악·제

The Festival of Contemporary Music Happoman 2020

합포만, 25년...

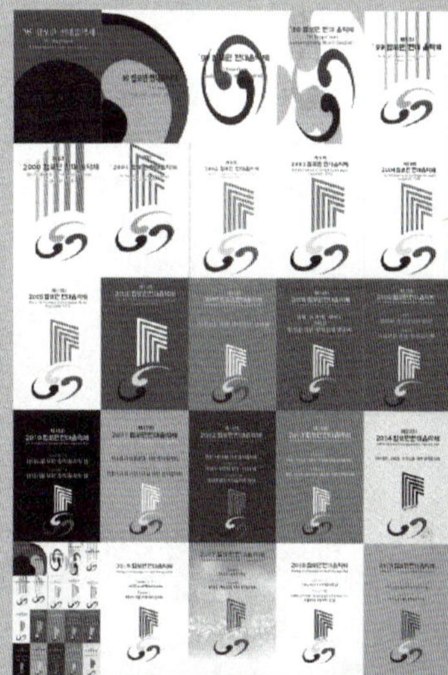

피아노를 위한
창작음악의 밤

2020.10.13(화) 오후 7:30
창원 성산아트홀 소극장

색소폰과 트롬본을 위한
창작음악의 밤

2020.10.14(수) 오후 7:30
제이에스복합문화공간

주최·주관 합포만현대음악제 운영위원회

후원 경상남도 경남문화예술진흥원 한국문화예술위원회

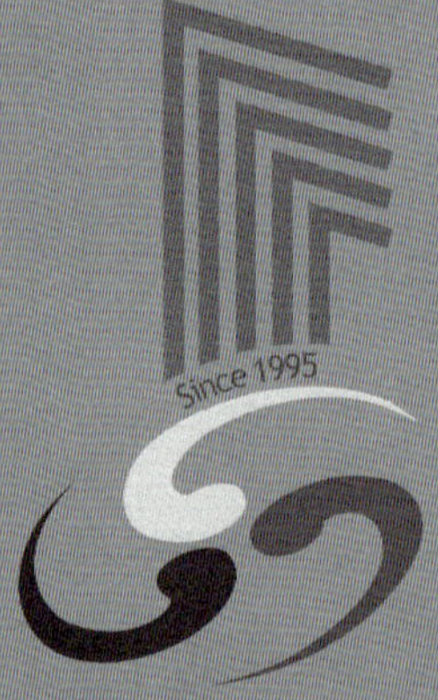

2021 합포만현대음악제

The Festival of Contemporary Music Happoman 2021

Concert I

실내악을 위한 창작음악의 밤

2021. 10. 12(화) 오후 7:30

3·15아트센터 소극장

Concert II

국악기를 위한 창작음악의 밤

2021. 10. 13(수) 오후 7:30

카페 이안

주최·주관 합포만현대음악제 운영위원회

후원 경상남도

경남문화예술진흥원

한국문화예술위원회

2022 합포만현대음악제

The Festival of Contemporary Music Happoman 2022

Concert I

목관악기를 위한 창작음악의 밤

2022. 10. 11(화) 오후 7:30
마산문화예술센터 시민극장

Concert II

국악기를 위한 창작음악의 밤

2022. 10. 12(수) 오후 7:00
카페 이인

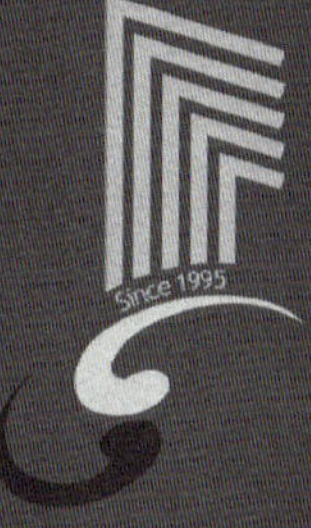

주최·주관 합포만현대음악제 운영위원회
후원 경상남도
경남문화예술진흥원
한국문화예술위원회

2022년 합포만현대음악제
Special Concert 1

현대창작오페라

최천희   김봉희
임병원   손상보
소프라노 박유리   테너 김동녈
메조소프라노 박소진   바리톤 김종흥
바리톤 정령기   베이스바리톤 주상민
윤옥주
경남페스티벌오케스트라   프로젝트코러스

2022. 12. 28(수) 오후 7:30
3·15아트센터 소극장

주최·주관 합포만현대음악제운영위원회   후원 경상남도

2023 합포만현대음악제

The Festival of Contemporary Music Happoman 2023

가야금을 위한
창작음악의 밤

일시 2023. 10. 10(화) 오후 7:00
장소 창원시 마산합포구 진전면 적석산길 224

주최·주관 합포만현대음악제 운영위원회
후원 경상남도
경남문화예술진흥원
한국문화예술위원회

2024 합포만현대음악제

The Festival of Contemporary Music Happoman 2024

30회 기념연주회

Concert I   Concert II

재즈 + 가곡   **현악 + 소품**

2024.10.14(월) 오후 7:30   2024.10.15(화) 오후 7:30

창원 시티세븐 43층 콜라우드 아트홀

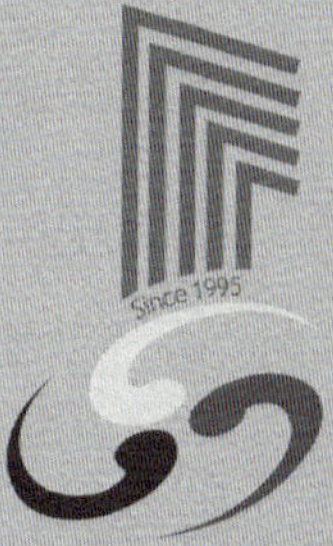

주최 · 주관 합포만현대음악제 운영위원회

후원 경상남도 · (주)이나인파워텍 · 경남매선니엄회

2024 합포만현대음악제

The Festival of Contemporary Music Happoman 2024

Concert I   Concert II

가야금   **가곡**

2024.11.11(월) 오후 7:30   2024.11.12(화) 오후 7:30

적석산길 224   마산 창동 시민극장

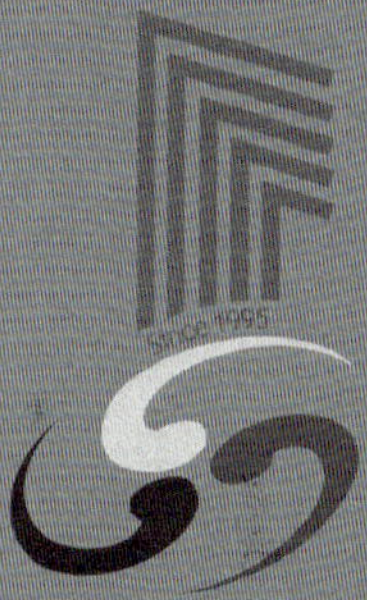

주최 · 주관 합포만현대음악제 운영위원회

후원 경상남도 · 경남문화예술진흥원

2025 합포만현대음악제

The Festival of Contemporary Music Happoman 2025

마산시인들과 함께하는
새로운 가곡

2025.6.24(화) 오후 7:30
마산 창동 시민극장

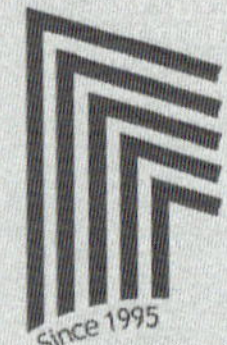

Since 1995

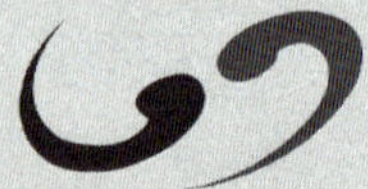

주최·주관 합포만현대음악제 운영위원회

후원 경상남도 GYEONGNAM · 경남문화예술진흥원

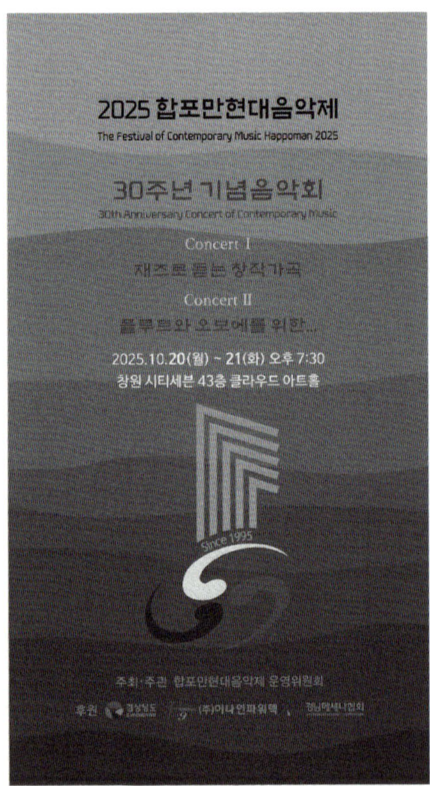